Ines-Jacqueline Werkner · Antonius Liedhegener
Mathias Hildebrandt (Hrsg.)

Religionen und Demokratie

Politik und Religion

Herausgegeben von
Manfred Brocker (Katholische Universität Eichstätt-Ingolstadt)
und Mathias Hildebrandt (Universität Erlangen-Nürnberg)

In allen Gesellschaften spielte der Zusammenhang von Politik und Religion eine wichtige, häufig eine zentrale Rolle. Auch die Entwicklung der modernen westlichen Gesellschaften ist ohne die politische Auseinandersetzung mit den traditionellen religiösen Ordnungskonzepten und Wertvorstellungen nicht denkbar. Heute gewinnen im Westen – und weltweit – religiöse Orientierungen und Differenzen erneut einen zunehmenden gesellschaftlichen und politischen Einfluss zurück. Die Buchreihe „Politik und Religion" trägt dieser aktuellen Tendenz Rechnung. Sie stellt für die Sozialwissenschaften in Deutschland, insbesondere aber für die Politikwissenschaft, ein Publikationsforum bereit, um relevante Forschungsergebnisse zum Zusammenhang von Politik und Religion der wissenschaftlichen Öffentlichkeit vorzustellen und weitere Forschungsarbeiten auf diesem Gebiet anzuregen. Sie ist deshalb offen für verschiedene disziplinäre und interdisziplinäre, theoretisch-methodologische und interkulturell-vergleichende Ansätze und fördert Arbeiten, die sich systematisch und umfassend mit wissenschaftlich ergiebigen Fragestellungen zum Verhältnis von Politik und Religion befassen. Die wissenschaftliche Auseinandersetzung mit „Politik und Religion" soll damit in ihrer ganzen Breite dokumentiert werden, ohne dass die Herausgeber dabei mit den jeweilig bezogenen Positionen übereinstimmen müssen.

Ines Jacqueline Werkner
Antonius Liedhegener
Mathias Hildebrandt (Hrsg.)

Religionen und Demokratie

Beiträge zu Genese, Geltung und Wirkung eines aktuellen politischen Spannungsfeldes

VS VERLAG FÜR SOZIALWISSENSCHAFTEN

Bibliografische Information der Deutschen Nationalbibliothek
Die Deutsche Nationalbibliothek verzeichnet diese Publikation in der
Deutschen Nationalbibliografie; detaillierte bibliografische Daten sind im Internet über
<http://dnb.d-nb.de> abrufbar.

1. Auflage 2009

Alle Rechte vorbehalten
© VS Verlag für Sozialwissenschaften | GWV Fachverlage GmbH, Wiesbaden 2009

Lektorat: Frank Schindler / Tilmann Ziegenhain

VS Verlag für Sozialwissenschaften ist Teil der Fachverlagsgruppe
Springer Science+Business Media.
www.vs-verlag.de

Das Werk einschließlich aller seiner Teile ist urheberrechtlich geschützt.
Jede Verwertung außerhalb der engen Grenzen des Urheberrechtsgesetzes
ist ohne Zustimmung des Verlags unzulässig und strafbar. Das gilt insbesondere für Vervielfältigungen, Übersetzungen, Mikroverfilmungen und die Einspeicherung und Verarbeitung in elektronischen Systemen.

Die Wiedergabe von Gebrauchsnamen, Handelsnamen, Warenbezeichnungen usw. in diesem Werk berechtigt auch ohne besondere Kennzeichnung nicht zu der Annahme, dass solche Namen im Sinne der Warenzeichen- und Markenschutz-Gesetzgebung als frei zu betrachten wären und daher von jedermann benutzt werden dürften.

Umschlaggestaltung: KünkelLopka Medienentwicklung, Heidelberg
Druck und buchbinderische Verarbeitung: Krips b.v., Meppel
Gedruckt auf säurefreiem und chlorfrei gebleichtem Papier
Printed in the Netherlands

ISBN 978-3-531-16641-4

Inhaltsverzeichnis

Ines-Jacqueline Werkner & Antonius Liedhegener
Einleitung: Von „Demokratie und Religion" zu „Religionen und Demokratie"   9

I. Christentum und Demokratie in der normativen Theorie und Ideengeschichte

Detlef David Bauszus
Religion, Politik und die demokratische Republik in der
Analyse Alexis de Tocquevilles „Über die Demokratie in Amerika"   17

Christoph Seibert
Inklusion von Religion im politischen Diskurs – eine irreführende
Fragestellung? Überlegungen zur Verhältnisbestimmung von
öffentlicher Vernunft und Religion bei John Rawls und Jürgen Habermas   29

Werner Suppanz
Religion und Radikale Demokratie: Religiöse Geltungsansprüche
aus der Sicht anti-fundationalistischer politischer Theorie   53

II. Religion und Demokratie im orthodoxen und jüdischen Kontext

Matthias Morgenstern
Kirche und Demokratie: Russland und die Ukraine im Vergleich   77

Hans-Michael Haußig
Die Debatte um den jüdischen Staat im religiösen Judentum   97

III. Religion und Demokratie in Religionen Asiens

Henning Klöter
Demokratie und Religion in Taiwan   113

Shingo Shimada
Demokratie und religiöse Erinnerungskultur in Japan:
Das Beispiel des Yasukuni-Schrein   133

Jakob Rösel
Indiens Demokratie und Indiens Säkularismus   145

Autorenverzeichnis   166

Vorwort

Die Beiträge des vorliegenden Bandes gehen auf die Jahrestagung 2006 des Arbeitskreises „Politik und Religion" der Deutschen Vereinigung für Politikwissenschaft zum Thema „Religion und Demokratie" zurück. Sie fand im Juli 2006 in Kloster Banz in Kooperation mit der Hanns-Seidel-Stiftung statt. An dieser Stelle sei den Autoren ganz herzlich für ihre Bereitschaft gedankt, an der Tagung sowie dem Tagungsband mitzuwirken, und die damit verbundenen Mühen der Bearbeitung der Beiträge auf sich genommen zu haben. Die Vorbereitung des Sammelbandes zur Drucklegung erfolgte unter erschwerten Bedingungen. Die plötzliche und anhaltende Erkrankung unseres Freundes, Kollegen, Mitgründers und langjährigen Sprechers des Arbeitskreises, Mathias Hildebrandt, hat uns als frisch gewählte neue Sprecher vor die nicht ganz einfache Aufgabe gestellt, ein Projekt, das Mathias Hildebrandt maßgeblich konzipiert hat, inhaltlich und organisatorisch zu übernehmen und zu einem nun hoffentlich guten Abschluss zu bringen. Unseren Dank an Mathias Hildebrandt und seine Leistung für den Arbeitskreis möchten wir auch mit der gemeinsamen Herausgeberschaft des Bandes zum Ausdruck bringen. Vor diesem Hintergrund danken wir allen Autoren für Ihre Geduld auf dem Weg zur Drucklegung. Außerdem sei all jenen gedankt, die uns gerade in den letzten Wochen beim Schlussspurt tatkräftig unterstützt haben. Dieser Dank gilt den studentischen Hilfskräften Mario Schneider, Judith Stegemann und besonders Anne Wanitschek am Lehrstuhl Politikwissenschaft 1 der Europa-Universität Viadrina für die Sorgfalt beim Korrekturlesen und insbesondere Manfred Brocker, der für die Drucklegung in der von ihm besorgten Reihe an seinem Lehrstuhl an der Katholischen Universität Eichstätt für den Umbruch Sorge getragen hat. Frau Barbara Matzner hat sich dieser Aufgabe in mittlerweile bewährter Routine in dankenswerter Weise angenommen. Schließlich gebührt dem VS Verlag ein Dankeschön für die gewohnt zuverlässige Drucklegung in der Reihe unseres Arbeitskreises.

Ines-Jacqueline Werkner
Antonius Liedhegener

Berlin und Frankfurt (Oder)/ Jena am 7. Mai 2008

Einleitung: Von „Demokratie und Religion" zu „Religionen und Demokratie"

Ines-Jacqueline Werkner & Antonius Liedhegener

Die Auseinandersetzung mit dem Verhältnis von Religion und Demokratie stößt in der Politikwissenschaft – nachdem diese in der Vergangenheit dem Thema Religion kaum Aufmerksamkeit schenkte und wenn, dann häufig nur im Zusammenhang mit der Säkularisierungsthese – zunehmend auf Interesse. Insbesondere angesichts friedenspolitischer Ansätze wie dem des Demokratischen Friedens, der Frage nach den Möglichkeiten ihrer Realisierung in Zeiten der Globalisierung und der offenkundigen innenpolitischen Relevanz des Verhältnisses von Religionen untereinander und gegenüber Politik und staatlichem Handeln erfährt diese Thematik zugleich eine wachsende politische Bedeutung. In der politikwissenschaftlichen Literatur wird das Verhältnis von Religion und Demokratie mittlerweile vor allem im Bereich der politischen Theorie – hier geht es um die Verortung der Religion im theoretischen Demokratiediskurs (Haus 2003; Stein 2004; Brocker/Stein 2006) – und in der empirischen Demokratie- und Transformationsforschung – bei der Religion beziehungsweise bestimmte Formen von Religion als eine erklärende Variable von Demokratisierung begriffen werden (Clague/Gleason/Knack 1997; Schmidt 2000; Merkel 2003) – debattiert.

Einen Schwerpunkt in der neueren politischen Theorie bildet die Diskussion um die vorpolitischen Grundlagen des demokratischen Rechtsstaates. Einer der Dreh- und Angelpunkte dieser Debatte ist die Frage, inwiefern Religion als unumgängliche Voraussetzung für die historische Genese von Demokratie gelten kann (Genesishypothese) und inwieweit Demokratie beständig auf Religion beziehungsweise bestimmte Formen von Religion angewiesen ist (Geltungshypothese) (Haus 2003; Stein 2004). Dahinter steht vor allem die auf Ernst-Wolfgang Böckenförde zurückgehende Frage nach den substanziellen Bestandsvoraussetzungen moderner Gesellschaften. Böckenförde ging in seinem viel zitierten Aufsatz von einer Analyse des Staat-Kirche-Verhältnisses und der Durchsetzung der Trennung von Staat und Kirche im Prozess der Säkularisierung westlicher bzw. christlicher Gesellschaften aus und kam am Ende seiner

Argumentation zu dem Ergebnis, dass der freiheitliche, säkularisierte Staat von Voraussetzungen lebt, die er selbst nicht schaffen kann (Böckenförde 2006 [1967]: 112). Diese viele politikwissenschaftliche Diskussionen und politische Debatten bestimmende Grundannahme hatte und hat ihren Referenzpunkt zunächst in der Geschichte des Christentums europäisch-nordamerikanischer Prägung. Bereits Alexis de Tocqueville (1987 [1835/40]) betonte die Notwendigkeit einer sittlichen und ethischen Verfasstheit der Gesellschaft und sah einen engen Zusammenhang zwischen Christentum bzw. Protestantismus und demokratischer Freiheit (vgl. Beitrag Bauszus).

In der politischen Theorie des 20. und 21. Jahrhunderts sind es unter anderem John Rawls und Jürgen Habermas, die die Frage nach dem Angewiesensein der freiheitlichen Demokratie auf religiöse Ressourcen stellen. In der Debatte um Inklusion oder Exklusion von Religion loten sie aus einer mehr oder weniger ausgeprägten religionskritischen Distanz eines kantischen Vernunftethos zentrale Verhältnisbestimmungen von Religion und demokratischem Bürgerideal aus und befragen diese auf ihre Leistungsfähigkeit hin (vgl. Beitrag Seibert). Neben dem Versuch eines konstruktiven Umgangs mit den im liberalen Projekt eingeschriebenen Differenzen und den daraus resultierenden Spannungen stehen aber auch Konzepte wie das der Radikalen Demokratie, die das Fehlen eines der Politik vorgängigen Grundes von Gesellschaft thematisieren und daraus Konsequenzen für die Auffassungen von der Ordnung des Gemeinwesens ableiten (vgl. Beitrag Suppanz). Unschwer stehen diese Diskussionen in der Tradition europäischen politischen Denkens und sind von der lange Zeit prägenden, vielschichtigen Spannung von Christentum und Aufklärung bis heute mitbestimmt.

Heute stellt sich die Frage, ob moderne demokratische Gesellschaften ohne ein solches Fundament lebens- und funktionsfähig sein können, wenn nicht neu, so doch noch einmal deutlich anders. Vor dem Hintergrund der dritten und vierten Welle der Demokratisierung kann und muss diese Frage theoretisch wie empirisch auf die Breite der großen Weltreligionen und ihrer zahlreichen Spielarten und Strömungen bezogen und transkulturell erforscht und diskutiert werden.

So hat die empirisch vergleichende Demokratieforschung in jüngster Zeit den Zusammenhang von Religion und Demokratie intensiver diskutiert. Clague/Gleason/Knack (1997), Merkel (2003) und andere weisen in ihren Publikationen einen engen Zusammenhang zwischen islamisch geprägter Kultur und diktatorischem Regimetyp nach. Danach zeigten Freedom House-Daten, dass weit über 70 Prozent der islamisch geprägten Gesellschaften diktatorische Regime aufwiesen, während von den 145 erfassten nicht-islamischen Staaten 76 Prozent demokratisch verfasst seien. Der höchste Anteil demokratischer Ordnungen zeige sich in der Gruppe von Staaten mit christlicher Dominanz. So sieht beispielsweise auch Manfred G. Schmidt eine eindeutige Korrelation zwischen Christentum (protestantischer und katholischer Prägung) und Demokratie: „Je höher der Anteil der christlichen Religionen, desto tendenziell höher der Demokratisierungsgrad" (Schmidt 2000: 444f.).

Was sind die Gründe für diesen statistischen Zusammenhang zwischen religiös geprägter Kultur und Regimetyp und welches spezifische Gewicht kommt der Variablen Religion tatsächlich zu? Nach Huntington hat die Trennung von Politik und Religion in der westlichen Geschichte ganz entscheidend zur Entwicklung der Freiheit im Westen beigetragen. Darüber hinaus gebe es diese klare Trennung der beiden Bereiche nur noch in der hinduistischen Kultur. „Im Islam ist Gott der Kaiser; in China und Japan ist der Kaiser Gott; in der Orthodoxie ist Gott des Kaisers Juniorpartner" (Huntington 2002: 100). Gegen diese Argumentation führt beispielsweise Alfred Stepan (2000: 44) ins Feld, dass die Annahme der Notwendigkeit des Christentums für die Demokratie einem „Fehlschluss der einzigartigen Entstehungsbedingungen" unterliege. Auch nach Willems (2004: 314) verdanke sich die freiheitliche Demokratie „weder allein dem Christentum noch ist ihre Begründung oder Unterstützung in anderen religiösen und weltanschaulichen Traditionen unmöglich". Ebenso lasse sich nach Merkel (2003: 64) aus den empirischen Befunden kein „Unvereinbarkeitstheorem" oder „Kulturalismus-Hypothese" ableiten. So gebe es auch nicht-christliche demokratische wie auch christliche nicht-demokratische Länder.

Vor dem Hintergrund dieser unterschiedlichen und teilweise divergierenden Argumentationslinien zwischen den empirischen Befunden und den vorliegenden Erklärungsansätzen bzw. Hypothesen möchte der vorliegende Band nicht nur die bekannteren Linien der politiktheoretischen Beschäftigung mit dem Verhältnis von (westlichem) Christentum und Demokratie weiterverfolgen (Teil 1 des Bandes), sondern den Blick auf das Thema in anderen religiösen Großtraditionen dieser Welt weiten. Dies geschieht im zweiten Teil dieses Bandes mit qualitativen Einzelfallstudien, die den Zusammenhang von Religion und Demokratie im Raum des orthodoxen Christentums und im jüdisch-israelischen Kontext untersuchen. Matthias Morgenstern zeigt in seinem Beitrag, dass es innerhalb der Orthodoxie derzeit durchaus verschiedene theologische bzw. politisch-theologische Richtungen gibt, wenn es um die Frage der Bejahung und Unterstützung der Demokratie als staatlicher Herrschaftsform geht. Einmal mehr wird die anhaltende Bedeutung der verschiedenen nationalen Geschichten in Osteuropa für die Probleme und Antworten der Gegenwart sichtbar. Insgesamt ist das demokratieförderliche Potential der Orthodoxie in Russland sehr gering, das der verschiedenen orthodoxen Kirchen in der Ukraine etwas höher, aber letztlich auch noch als gering einzuschätzen. Hans Michael Haußig zeigt, dass der jüdische Glaube und jüdische Denker bis in die Neuzeit hinein – anders als Christentum und Islam – kaum eine eigenständige Tradition politischen Denkens auf der Grundlage der eigenen Glaubenstradition ausbildeten. Erst mit der zionistischen Bewegung des 19. Jahrhunderts änderte sich dies. Im Einzelnen analysiert Haußig drei jüdische Denker des 20. Jahrhunderts und ihr Denken zur Idee der Demokratie allgemein und zu den legitimatorischen Grundlagen Staates Israel im Besonderen. Obwohl alle drei dem religiösen Judentum zuzuzählenden Autoren sich zum Teil auf die gleichen religiösen Quellen bzw. Schriften berufen, schält sich keine gemeinsame Haltung heraus. Deutlich wird, dass die jüdische Überlieferung der Halacha in erheblicher Spannung zur Idee der Autonomie des Subjekts und damit der Volkssouveränität steht. Interessant wäre es sicherlich, die gleichen Fragen für die jüdische Diaspora in anderen Ländern, vor allem den USA, zu stellen.

Der dritte Teil des Bandes fragt nach der Demokratieverträglichkeit religiöser Traditionen in Asien. Wie bestimmt sich das Verhältnis von Religion und Demokratie in Ländern mit Konfuzianismus, Buddhismus, Schintoismus und Hinduismus (vgl. Beiträge Klöter, Shimada und Rösel)? Wie verhält es sich mit dem hinduistisch geprägten, aber teilweise auch muslimischen Indien als größter Demokratie der Welt (vgl. Beitrag Rösel)? Lassen sich die Befunde der empirisch vergleichenden Demokratieforschung für diese Fälle halten? Erweist sich die These von Samuel P. Huntington in seinem viel beachteten „The Clash of Civilizations" als zutreffend und stellt die Trennung von Politik und Religion ein wesentliches Element der Demokratisierung dar (Huntington 2002: 100)?

In Taiwan, das nach wie vor unter erheblichem außenpolitischen Druck der Volksrepublik China steht, diagnostiziert Hennig Klöter für die Gegenwart einen deutlich gesunkenen gesellschaftlichen und kulturellen Einfluss des Konfuzianismus. In der Phase der Demokratisierung Taiwans und im politischen System der Gegenwart hat sich grundsätzlich ein Trennungssystem von Staat und Kirche durchgesetzt, das dem Konfuzianismus keine Sonderstellung einräumt. Die Verflechtungen von Politik und Konfuzianismus schätzt Klöter als sehr gering ein, betont aber zugleich die Notwendigkeit weiterer empirischer Studien, um verlässliche Aussagen zur Rolle des Konfuzianismus für die politische Kultur Taiwans treffen zu können.

Shingo Shimada macht auf das verbreitete Phänomen religiöser Hintergrundannahmen auch in Staaten mit einer verfassungsrechtlich klaren Trennung von Politik und Religion aufmerksam und präsentiert eine Detailstudie zum Yasukuni-Schrein. Dieser Schrein ist zentraler Erinnerungsort des vom Schintoismus mitbestimmten Ahnenkultes für die Kriegsgefallenen der japanischen Armee. Durch die Berichterstattung der japanischen Massenmedien über die Besuche japanischer Ministerpräsidenten und der damit immer einhergehenden Proteste asiatischer Nachbarstaaten ist der Schrein auch in der internationalen Öffentlichkeit bekannt geworden. Die Analyse der Stellung des Yasukuni-Schreins in der gegenwärtigen Gesellschaft führt zu einem ambivalenten Bild. Einerseits bedienen sich die Regierung und die Vertreter des Schreins nach wie vor religiöser Legitimationsformen, die aus der Zeit des Shintoismus vor 1945 stammen. Andererseits zeigen die Gerichtsverfahren um den Schrein, dass der universalistische Gedanke der Trennung von Staat und Religion von Teilen der Bevölkerung nicht nur bejaht, sondern auch erfolgreich eingefordert wird.

Abschließend zeigt Jakob Rösel das komplexe Wechselverhältnis der Demokratiegründung und der Entstehung des spezifischen indischen Säkularismus. Bemerkenswert ist, dass die im Congress versammelten politischen Eliten Indiens angesichts der religiösen Vielfalt und regionalen Verschiedenheiten während der Staatsgründung systematisch auf das in Europa entwickelte Verständnis eines Säkularismus zurückgriffen, dies aber zugleich "retraditionalisierten": Der Gedanke der Toleranz wurde als zutiefst mit dem Hinduismus verwoben in die öffentlichen Debatten eingeführt. Der Fall Indien zeigt, so Rösel, dass die Konzepte Demokratie und Trennung von Religion und Politik erfolgreich und nachhaltig in andere kulturelle Kontexte übertragen werden können. Im spezifischen Fall kommt dem Hinduismus eine ideologische Brückenfunktion in der indischen Demokratie zu, freilich in einer Interpretation, die die zum Gutteil am europäischen Gedankengut orientierten politischen Eliten vorgegeben haben.

Insgesamt deuten die qualitativen Befunde des Bandes darauf hin, dass jene Autoren, die die Bedeutung des (westlichen) Christentums und bestimmter religiöser Binnentraditionen des Christentums für die Legitimation und den Übergang zur Demokratie betonen, dieser Sicht weitere aus dem Vergleich mit anderen religiösen Traditionen der Welt gewonnene Argumente zur Seite stellen können. Das bedeutet keineswegs, dass andere Weltreligionen beziehungsweise religiöse Traditionen wie gerade der prominente Fall Indien zeigt nicht anschlussfähig für die Unterstützung demokratischer Herrschaftsformen sein können, aber der Weg scheint im Einzelfall weit und wird – jedenfalls bei den hier versammelten Fallstudien – oft bislang nur spärlich beschritten. Es dürfte nicht irreführend sein, angesichts der vorliegenden punktuellen Ergebnisse und ihrer Grenzen abschließend hervorzuheben, dass weitere systematisch abgesicherte Erkenntnisfortschritte auf größere internationale und transdisziplinäre Forschung angewiesen sein werden. Erschöpft ist das Thema "Religionen und Demokratie" jedenfalls bei weitem nicht.

Literatur

Böckenförde, Ernst-Wolfgang (2006 [1967]): Die Entstehung des Staates als Vorgang der Säkularisierung. In: Ders., Recht, Staat, Freiheit. Erw. Aufl., Frankfurt a. M., 92-114.

Brocker, Manfred/Stein, Tine (Hrsg.) (2006): Christentum und Demokratie. Darmstadt.

Clague, Christopher/Gleason, Suzanne/Knack, Stephen (1997): Determinants of Lasting Democracy in Poor Countries. Center for Institutional Reform and the Informal Sector, Working Paper No. 209, University of Maryland at College Park.

Haus, Michael (2003): Ort und Funktion der Religion in der zeitgenössischen Demokratietheorie. In: Michael Minkenberg/Ulrich Willems (Hrsg.), Politik und Religion. PVS-Sonderheft 33/2002, Wiesbaden, 45-67.

Huntington, Samuel P. (2002): Kampf der Kulturen. Die Neugestaltung der Weltpolitik im 21. Jahrhundert. München.

Merkel, Wolfgang (2003): Religion, Fundamentalismus und Demokratie. In: Wolfgang Schluchter (Hrsg.), Fundamentalismus, Terrorismus, Krieg. Weilerswist, 61-86.

Schmidt, Manfred G. (2000): Demokratietheorien. Eine Einführung. 3. überarb. u. erw. Aufl., Opladen.

Stein, Tine (2004): Religion. In: Gerhard Göhler/Mattias Iser/Ina Kerner (Hrsg.), Politische Theorie. 22 umkämpfte Begriffe zur Einführung,.Wiesbaden, 315-331.

Stepan, Alfred (2000): Religion, Democracy, and the ‚Twin Tolerations'. In: Journal of Democracy, 11: 3, 37-57.

Tocqueville, Alexis de (1987 [1835/40]): Über die Demokratie in Amerika. 2 Bd., Zürich.

Willems, Ulrich (2004): Weltanschaulich neutraler Staat, christlich-abendländische Kultur und Laizismus. Zu Struktur und Konsequenzen aktueller religionspolitischer Konflikte in der Bundesrepublik. In: Manfred Walther (Hrsg.), Religion und Politik: Zu Theorie und Praxis des theologisch-politischen Komplexes, Baden-Baden, 303-328.

I. Christentum und Demokratie in der normativen Theorie und Ideengeschichte

Religion, Politik und die demokratische Republik in der Analyse Alexis de Tocquevilles „Über die Demokratie in Amerika"

Detlef David Bauszus

Mit dem religionspolitischen Theorem der Säkularisierung berührt Tocqueville das Selbstverständnis der Moderne. Bildet in der Antike der spirituelle Kult einen integralen Bestandteil des öffentlichen Lebens, vollzieht sich das neuzeitliche Bürgersein nicht länger als religiöses oder moralisches Konzept. Die säkulare Begründung des Gemeinwesens, die mit Hobbes und Spinoza beginnt, besteht auf der Eigenständigkeit der politischen Rechtslehre gegen die Ansprüche von Metaphysik und Moralphilosophie. Unter den Prämissen der nunmehr säkularisierten Politik stehen die Phänomene und Wirkungen des Glaubens fast vollständig im Dienst der Staatskunst.

In den vorgezeichneten Konturen des modernen Diskurses bewegt sich auch Tocqueville, wenn er der zivilen Gesellschaft das Bedürfnis nach religiösen Kohäsionen unterstellt. Seine „Neue Politische Wissenschaft" erweitert indes die Dimensionen des Religionspolitischen bereits in ihrer Kernthese, wonach die soziale Sphäre die politische Sphäre präjudiziert. Vor diesem Hintergrund diskutiert Tocqueville die politischen Optionen der Moderne letztlich nach der Maßgabe, dass aus der Religion die Freiheit folgt, aus dem Unglauben aber der Despotismus. Klassische Fragestellungen wie das Verhältnis von Staat und Kirche oder die politische Relevanz des Christentums erhalten dadurch eine besondere Note. Seine größte Originalität aber entwickelt Tocqueville, wenn er sich die konfessionellen Differenzen innerhalb des Christentums zunutze macht, um die Versöhnung von Religion und Politik zu bewerkstelligen. Die Konnotation von Freiheit und Hierarchie ist hier abermals von entscheidender Bedeutung.

1. Zum Verhältnis von Religion, Gesellschaft und Staat

Der Aspekt der Wahrheit tritt indes zunächst hinter die Funktionalität der Religion für das Kollektiv zurück. „Obwohl es sehr wichtig" sei „für einen Mann als

Individuum, dass seine Religion wahr ist", kann der soziale Bereich auf einen absoluten Anspruch verzichten. Weil die Gesellschaft „vom jenseits weder etwas zu fürchten, noch etwas zu hoffen" habe, käme es „nicht so sehr darauf an, dass sich alle Bürger zur wahren Religion bekennen, als darauf, dass sie sich überhaupt zu einer Religion bekennen" (DA I: 438). Die Wahrheit der Religion ist im Bereich des Politischen offenbar nur ein zweitrangiges Problem. Der Nutzen der Religion in *politicis* kann den Skeptiker nicht von seinem persönlichen Zweifel befreien. Doch vermag selbst die *ratio* des Atheisten die unentbehrliche Funktion der religiösen Dogmen für die politische Sphäre einzusehen. Wiewohl der „Ungläubige nicht mehr an die Wahrheit der Religion glaubt, hält er sie doch weiterhin für nützlich. Er betrachtet die religiösen Haltungen vom menschlichen Gesichtspunkt aus und anerkennt ihre Herrschaft über die Sitten, ihren Einfluss auf die Gesetze." Wer aber „eines Gutes beraubt wird, dessen Wert er voll erkennt", scheut davor zurück, „es denen zu rauben, die es noch besitzen" (DA I: 452). Eine politische Rolle des Atheismus ist mithin in höchstem Maße irrational. Die Vernunft rät Gläubigen wie Ungläubigen, den religiösen Zweifel in das Privatleben zu verbannen.

Aufgrund von Aussagen, wie sie den obigen Zitaten zu entnehmen sind, wurde Tocqueville unterstellt, in seinen Schriften das traditionelle Verhältnis zwischen Religion und Politik umzukehren: Standen im Mittelalter Staat und Politik im Dienste der Religion, habe sich der Beobachter aus Frankreich vom amerikanischen Beispiel inspirieren lassen und die Religion ausschließlich im Hinblick auf ihren Nutzen für die moderne Demokratie betrachtet. Die Beziehung zwischen Religion und Politik wird von Tocqueville jedoch keineswegs so einseitig gedacht, wie es der erste Blick suggeriert. Wie erwähnt verhält sich Tocqueville nicht indifferent zur Wahrheitsfrage der Religionen. Die Erwägungen über die politischen Funktionen des Glaubens basieren auf einer metaphysisch fundierten Sicht der menschlichen Natur. Diese Sicht wird in erster Linie von den Idealen der Gleichheit und der Freiheit bestimmt. Mag die christliche Letztbegründung jener Ideale für den Skeptiker Tocqueville auch zweifelhaft geworden sein, kommt ihnen in der westlichen Welt doch wenigstens die normative Kraft des Faktischen zu. In seiner moralischen Essenz sieht er das Christentum den anderen Religionen deutlich überlegen. Wenn Tocqueville daher schreibt, es sei für die Gesellschaft bei weitem nicht so wichtig wie für den Einzelnen, dass die eigene Religion die einzig wahre ist, beschränkt sich diese Toleranz auf die christlichen Konfessionen und protestantischen Denominationen (DA II: 439). Die Diskrepanz zwischen dem römisch-katholischen Katechismus und den heterogenen Linien des Protestantismus darf die Gesellschaft nicht zerreißen. Wovon sich der liberale Tocqueville abheben will, ist die Vorstellung einer Staatsreligion oder gar Theokratie. Doch ist es umgekehrt nicht gleichgültig, welche Art der Religion die Gesellschaft dominiert. Insofern die religiösen Dogmen als vorpolitische, moralische Grundverfassung des Gemeinwesens eine wichtige Komponente der sozialen Gesellschaft darstellen, beeinflussen sie wesentlich den *body politic*.

Der Nexus zwischen der Religion und der politischen Struktur der Gesellschaft zeigt sich bereits in der Affinität der christlichen Nationen zu Demokratie und Menschenrechten. Einen weiteren Beleg für die Relevanz der Religion im Hinblick auf die politische Verfassung findet Tocqueville in der (damaligen) globalen Vorherrschaft der christlichen Nationen. Diese Überlegenheit basiert einerseits auf dem Glauben an die Freiheit, von der die Größe einer Nation insgesamt abhänge. Auf der anderen Seite führt die christliche Gleichheitslehre zur maximalen Stärke des Kollektivs. Weil demokratische Nationen zum Zentralismus neigen, konzentrieren sie im internationalen Vergleich ein weit größeres Machtpotenzial als die zersplitterten Gruppen des Orients und des Fernen Ostens.

Tocqueville reduziert das Verhältnis von Religion und Politik keineswegs auf die Frage, ob die Religion die Dienerin der Politik sei oder umgekehrt. Seine „Politische Wissenschaft" thematisiert die Religion viel grundsätzlicher als Teil der sittlichen und ethischen Verfasstheit der Gesellschaft, der tiefgreifenden Einfluss auf die politische Konstruktion ausübt. Verständlich wird daher, warum Tocquevilles politikwissenschaftliche Reflexion auf theoretisch nicht begründeten, ethisch-religiösen Postulaten wie Gleichheit und Freiheit aufbaut. Diese gehören zum „spiritual subtext", der auf unterschiedliche Art jeder Gesellschaft zugrunde liegt, weshalb die gesellschaftstheoretische Analyse ihre Axiome in der religiösen Moral einer Nation zu suchen hat. In den gleichen Kontext ist die Aussage zu stellen, dass der menschliche Geist die Tendenz besitze, die „politische Gesellschaft und den Gottesstaat übereinstimmend" zu ordnen, das heißt „die Erde mit dem Himmel in Einklang zu bringen". Jede Religion wird offensichtlich „von einer ihr verwandten politischen Meinung begleitet" (DA I: 433).

Als wesentliche Komponente der Sitten sowie der sozialpsychologischen Verfassung einer Nation kann Tocqueville der Religion dabei bescheinigen, in der modernen Demokratie „weniger als geoffenbarte Lehre denn als Überzeugung der Allgemeinheit" zu herrschen (DA II: 22). Anders als in der aristokratischen Ära, als die Autorität der Priester und Theologen die Religion dem allgemeinen Diskurs entzog, besitzt sie im Zeitalter der Gleichheit oft nur den Status einer öffentlichen Meinung.

Mit dieser Faktizität der Gegenwart will Tocqueville sich arrangieren, wenn er bekennt, die Religionen „zur Zeit [...] lediglich in rein menschlicher Sicht" zu betrachten. Er möchte „erkennen, wie sie im demokratischen Zeitalter, in das wir eintreten, ihre Herrschaft am besten bewahren können" (DA II: 38). Der soziopolitische Fokus ist also in erster Linie den neuen Umständen geschuldet, welche die Demokratie geschaffen hat. Die Gefahren der Moderne bringen es mit sich, dass hier vorrangig nach dem Nutzen der Religion für die egalitäre Gesellschaft zu fragen ist. Diese Thematik ist jedoch keinesfalls vom Absolutheitsanspruch des Christentums zu trennen, da nur der christliche Glaube die erwünschten Folgen für die politische Ordnung haben kann. Die christlichen Nationen kennen den Wert der Freiheit und halten diesen hoch. Hinzu kommt, dass allein die christlichen Gesellschaften ihre stabile und endgültige Form gefunden haben, indem sie sich an der Wahrheit und Gerechtigkeit des Gleichheitspostulats orientieren. Außerhalb des christlichen Einflussbereichs ist dagegen ein Ende der Konflikte, die die Freiheit gefährden und in die Knechtschaft führen, nicht abzusehen.

Der Nutzen, den die Religion für die Politik entfalten kann, verlangt jedoch noch aus einem weiteren Grund nach der Wahrheit der Religion. Denn wenn es stimmt, dass die Nachteile der modernen Gesellschaft in erster Linie die Folgen der moralischen Orientierungslosigkeit einer Gesellschaft aus rationalen Egoisten sind, vermag eine Religion, die einzig um ihres Vorteils willen angenommen wird, gerade diesen Vorteil nicht zu evozieren. Für den Einzelnen bedeutet der Glaubensverlust eine mehr oder minder schwere Last. Eine Demokratie aus religiösen Zweiflern aber ist unweigerlich dem Despotismus geweiht, selbst wenn diese vom Nutzen der Religion überzeugt sind. Die moderne Gesellschaft kann vielleicht eine gewisse Anzahl von Skeptikern und Atheisten verkraften, die der Religion aus rationalen Motiven anhängen. Sobald jedoch die Nutzenerwägungen transparent werden, wird die Autorität der Religion zerstört.

Als Quintessenz bleibt festzuhalten, dass der Begriff Zivilreligion sehr unzureichend beschreibt, wie die Relation von Religion und Politik bei Tocqueville zu denken ist. Der unlösbare Zusammenhang zwischen dem Wahrheitsanspruch und dem politischen Nutzen einer Glaubenslehre droht dadurch verschleiert zu werden. Die Rede vom „bürgerlichen Glaubensbekenntnis" widerspricht überdies der Toleranz des Liberalen, die in Tocquevilles Fall zumindest die christlichen Konfessionen erfasst. Lediglich das Insistieren auf einen moralischen Grundkonsens, ohne den der *body politic* nicht auskäme, trägt oberflächlich das Merkmal der zivilreligiösen Innovation. Der Versuch der Politik, zu diesem Zweck das Religiöse nach ihren Belangen zu definieren, würde jedoch für Tocqueville nicht nur die Grenzen des Machbaren sprengen. Er widerstrebt auch dem Grundaxiom seiner „Politischen Wissenschaft", wonach sich die Kunst der Politik nach den Determinanten zu richten habe, die ihr die Sitten, Ideen, Gefühle und Glaubensüberzeugungen des Volkes vorgeben. Das im Dienste der Freiheit formulierte Ziel, die Menge für den „richtigen" Glauben zu begeistern, verlangt von der Politik vor allem Eines: Sie darf die Attraktivität der christlichen

Religion, die im Zeitalter der Demokratie im Sinken begriffen ist, nicht zusätzlich gefährden. Es gilt hier, die Autonomie der religiösen Sphäre zu respektieren.

2. Moral, Sitten und Demokratie

Die Trennung von Moral und Politik, die seit Machiavelli das Denken des politischen Realismus bestimmt, gehört für Tocqueville zu den Todsünden der Moderne. Obwohl an sich kein Freund der Antike, fühlt er sich den Alten in dieser Hinsicht verbunden. Er goutiert das Prinzip Platons, die politische Welt nach den Maßstäben der Moral einzurichten. Als Demokratietheoretiker liegt Tocqueville an der Restaurierung der zerbrochenen Einheit.

Die „Neue Politische Wissenschaft", deren Konturen die Amerikastudie umreißt, formalisiert den untrennbaren Zusammenhang von Moral und Politik bereits in ihrer Grundannahme: Wenn die Mores als sittlicher und geistiger Zustand eines Volkes (DA I: 432) wesentlichen Einfluss auf die Gesetze und Institutionen ausüben, lässt sich die politische Sphäre von ihren moralischen Prämissen nicht abstrahieren. Die Ausrichtung des politischen Handelns nach sittlichen Prinzipien ist nur eine logische Folge. Als Kernpunkt der zivilen Gesellschaft und Anfangsgrund der Moral kommt der Religion im Hinblick auf die Harmonisierung der moralischen und politischen Welt eine tragende Rolle zu. Tocquevilles Überlegungen konzentrieren sich hier auf drei positive Wirkungen, die er der Religion für das Gemeinwesen zuschreibt:
- die Konsolidierung des sozialen Zusammenhalts (Kohärenz),
- die Ausformung der bürgerlichen Moral sowie
- die Mäßigung der gefährlichen demokratischen Leidenschaften.

2.1 Kohärenz

Die soziale Kohärenz gehört spätestens seit Hobbes zu den   problemen des politischen Denkens. Tocqueville geht hier konform mit d   ativen Kritikern, die die Tragfähigkeit bürgerlicher Selbstverpflicht   eln. In der Tat scheint der wohlverstandene Eigennutz kein ausreic   grationspotenzial zu besitzen, um den Spannungen der Gesellsch aft   u sein. Der aufgeklärte Egoismus versagt den Bürgern, ihnen G   sammengehörigkeit zu vermitteln. Diese Aufgabe fällt somit   de   keitsbereich der Religion. Das genuine Interesse am Gemeinw   n s   st ein, wenn der Einzelne den Blick nicht allein auf seinen pe   lic   l heftet, sondern den Maßstab des Ewigen anlegt. Ohne religiö ; Fu   ind Staat und Gesellschaft weder vom Prinzip her noch auf Daue über   g. Tocqueville will also die Einheit des Kollektivs jenseits der rationalen Interessenlage des Bourgeois verankert wissen.

Zu Beginn des zweiten Bandes der Demokratie stellt er dazu die These auf, dass „keine Gesellschaft ohne gleiche Glaubenslehren gedeihen kann, oder vielmehr, es gibt keine solche" (DA II: 18). Insofern aber „fast kein menschliches Wirken" existiert, „das nicht hervorgeht aus einer sehr allgemeinen Vorstellung, die die Menschen sich von Gott, von seinen Beziehungen zum Menschengeschlecht, vom Wesen der Seele und von ihren Pflichten gegen ihre Nächsten machen", ist ein intaktes Sozialwesen ohne religiöses Fundament schlechterdings nicht denkbar. Die religiösen Überzeugungen sind „unvermeidlich die gemeinsame Quelle alles Übrigen" (DA II: 34).

2.2 Die Ausformung der bürgerlichen Moral

Über die soziale Einheit hinaus bedarf die moderne Gesellschaft der moralischen Orientierung ihrer Mitglieder. Schon allein um den Bedarf an staatlicher Regulierung einzudämmen, sollte sich das Handeln der Bürger weitgehend an gesinnungsethischen Maximen ausrichten. Beruht das Interesse an der Einhaltung der gesellschaftlichen Normen lediglich auf einem zweckrationalen Kalkül, könnte es sich für den Einzelnen allzu oft als vorteilhaft erweisen, die soziale Ordnung zu übertreten. Sobald „die Sitten verderben und mit ihnen der sittliche Begriff des Rechts", bliebe als letztes Mittel das Prinzip der Furcht vor den Sanktionen der Obrigkeit, um den Rechtsfrieden zu bewahren (DA I: 357). Angesichts dieses Befundes scheint eine öffentliche Moral unbedingt erforderlich. Auf die „Blüte der öffentlich beglaubigten Philosophien" will Tocqueville hier nicht vertrauen (DA II: 217). Es obliegt der Religion, andere handlungsleitende Kriterien als das menschliche Wohlergehen bereitzustellen. Obwohl selbst im Zweifel über die Existenz von metaphysischen Entitäten, lehnt Tocqueville jene Ethik ab, wonach als ultimativer Maßstab der Moral der größte Nutzen der größten Zahl zu akzeptieren sei. Weil der Mensch nicht das Maß aller Dinge sei, wäre eine Moral ohne religiöses Fundament inkonsistent. Erst der Religion gelingt es, den Einzelnen aus seiner Gegenwartsbezogenheit und geistigen Enge zu befreien (DA II: 211 ff.) und zu einer Tugend zu befähigen, die über den „wohlverstandenen Eigennutz" hinausgeht (DA II: 185ff.). Der sittliche Einfluss der Glaubenslehren erzeugt eine moralische Grundverfassung, die das – qualitativ statt quantitativ besetzte – Gemeinwohl zur ersten Obliegenheit des Bürgers erklärt. Auf Basis des persönlichen Ehrgeizes wäre dieses Ziel niemals zu erreichen. Im besonderen Maße traut Tocqueville der christlichen Nächstenliebe zu, die Bürger gegenseitig zu verpflichten und ein moralisches Miteinander zu stiften. Die Übernahme von sozialer Verantwortung soll bei ihnen einen Charakter herausbilden, der Nutzenerwägungen und materiellen Interessen sekundäre Bedeutung beimisst. Abgesehen von der inhaltlichen Orientierung gewährt die Religion auch Entlastung (DA II: 34f.). Indem sie den Einzelnen von der Notwendigkeit entbindet, die eigenen ethischen Regeln und Normen ständig zu reflektieren und zu begründen, ermöglicht sie erst die Praxis einer moralischen Lebensführung. „Bestimmte Vorstellungen von Gott und vom Wesen des Menschen" sind dem Dasein der Menschen „im Betrieb ihres Alltags unentbehrlich, und dieser Betrieb hindert sie, sich solche zu erwerben" (DA II: 35). Gerade der Mensch der Moderne, der sich von den Bindungen des Feudalwesens emanzipiert, ist auf die vorgegebenen Gewissheiten der Religion angewiesen. Auch in dieser Hinsicht bietet die Philosophie nur einen kraftlosen Ersatz. Zudem gibt Tocqueville zu bedenken:

> „Nur Geister, die der Alltagssorgen des Lebens völlig enthoben, sehr scharfsinnig, sehr gelöst, sehr geübt sind können mit großem Aufwand von Zeit und Mühe zu diesen notwendigen Erkenntnissen durchdringen. Dabei sehen wir, dass auch diese Philosophen selbst inmitten des Ungewissen bleiben; bei jedem Schritt droht das natürliche Licht, das sie erleuchtet, zu schwinden und zu erlöschen, und trotz ihrer Anstrengungen haben sie nur wenige widerspruchsvolle Erkenntnisse gewinnen können, inmitten derer der menschliche Geist seit Jahrtausenden fortwährend dahintreibt, wobei er weder die Wahrheit fest ergreifen noch auch nur neue Irrtümer finden kann. Solches Forschen übersteigt die durchschnittlichen Fähigkeiten der Menschen bei weitem, und selbst wenn die meisten Menschen hierzu imstande wären, fehlt ihnen offensichtlich die Muße." (DA II: 35).

Zwar könnten die „Geister, die der Alltagssorgen des Lebens völlig enthoben sind", womöglich mit „großem Aufwand von Zeit und Mühe zu diesen so notwendigen Erkenntnissen durchdringen", doch nicht nur, dass es den meisten Menschen hierzu an der nötigen Muße fehlt, bleiben auch die Philosophen „immer inmitten des Ungewissen". Bei jedem ihrer Schritte drohe „das natürliche Licht, das sie erleuchtet, zu schwinden und zu erlöschen, und trotz ihrer Anstrengungen haben sie nur wenige widerspruchsvolle Erkenntnisse gewinnen können, inmitten derer der menschliche Geist seit Jahrtausenden fortwährend dahintreibt" (DA II: 35).

Mit anderen Worten: Die Philosophie ist zu elitär und gleichzeitig zu heterogen, um die Gesellschaft auf eine feste moralische Grundlage stellen zu können. Auf die Religion als soziales Band sowie als Quelle der Moral kann kein liberales Gemeinwesen verzichten. Die Freiheit, die der Staat seinen Bürgern gewährt, ist auf die Regulierung durch die moralische Substanz des Einzelnen sowie die Homogenität der Gesellschaft angewiesen. Für Tocqueville scheint daher evident, dass „man das Reich der Freiheit nicht ohne das der guten Sitten zu errichten und die guten Sitten nicht ohne den Glauben zu festigen vermag" (DA I: 22).

2.3 Die Mäßigung der gefährlichen demokratischen Leidenschaften

Die moderne Demokratie bedarf der Religion im besonderen Maße, weil nur das religiös fundierte gesellschaftspolitische Fundament in der Lage ist, den egoistischen Partikularwillen der Individuen zu überwinden. Tocqueville benennt jenen Egoismus des *citizen* in den „gefährlichen Trieben" der Vereinzelung und des Wohlergehens (DA II: 37). Ohne das segensreiche Wirken der Religion sind die Auswüchse des Individualismus kaum zu bändigen und „die Gesamtheit der Bürger im Streben nach einem gleichen Ziel für längere Zeit" nicht zu einigen (DA I: 136). Der religiösen Überzeugung obliegt es auch, die Bürger zu lehren, dass es Wichtigeres gibt, als ein Leben im Genuss zu führen. Tocqueville bezeichnet es sogar als „Hauptaufgabe der Religionen", „die allzu heftige und ausschließliche Neigung zum Wohlergehen, die die Menschen im Zeitalter der Gleichheit empfinden, zu läutern, zu regeln und einzuschränken".

Wie bereits erwähnt, geht es ihm darum, dem allgemeinen Wohlstandsstreben einen adäquaten und politisch nutzbaren Platz in der Gesellschaft zuzuweisen. Eine Läuterung oder Regelung der „Liebe zum Reichtum" könnte etwa bedeuten, den Einzelnen wenigstens „dazu zu bewegen, sich nur auf ehrliche Weise zu bereichern" (DA II: 43). Die Einschränkung des ökonomischen Interesses stellt überdies die Voraussetzung dar, den Bürger seiner politischen Apathie zu entreißen. Der Maßstab des Ewigen sollte zumindest ein allgemeines Interesse an den öffentlichen Angelegenheiten wecken und den Einzelnen beizeiten von der Kurzlebigkeit der privaten Existenz dispensieren.

Die Religion knüpft wieder das Band, das durch die Korrosion der Ständeordnung zerschnitten und in der Phase der Säkularisierung vollends aufgelöst schien. Immerzu erinnert sie an die Pflichten gegenüber den Mitmenschen (DA II: 34). In den Gläubigen keimt dadurch der Wunsch, sich Zielen zu widmen, die den eigenen Belangen übergeordnet sind. Befriedigung können sie finden, sobald sie sich am öffentlichen Leben beteiligen. Tocqueville erweist sich damit als klassischer Vordenker einer Zivilgesellschaft moderner Provenienz, in der christliche Elemente als eine Art „Katechismus" des Gemeinschaftsbezugs fungieren. Es besteht also offensichtlich eine enge Korrelation zwischen Glauben und Freiheit sowie zwischen Unglauben und Knechtschaft. Tocquevilles Argumentation geht davon aus, dass die Autonomie, in welche die Säkularisierung und Politische Philosophie der Moderne den Einzelnen stürzt, die Kräfte des Menschseins übersteigt. Die Gleichheit der Möglichkeiten, die dem Einzelnen zunächst die völlige Unabhängigkeit zu gewähren scheint, stellt ihn zuletzt vor die Alternative, „dass er (der Mensch), ist er nicht gläubig, hörig werden, und ist er frei, gläubig sein muss" (DA II: 37).

Mit anderen Worten, man zwingt die eigene Verfügungsgewalt entweder in die Grenzen des Glaubens oder man muss überhaupt letztendlich aufhören, frei zu sein. Sobald die Sphäre der Religion in einem Kollektiv zerstört ist, sucht sich die überforderte Vernunft eine neue Autorität und Legitimität. Die „ratio" findet sie nunmehr im Regime der öffentlichen Meinung und damit in letzter Konsequenz im politischen Despotismus (DA II: 37). Gerade die moderne Gesellschaft, in der jeder auf sich selbst zurückgeworfen ist und wo die geistige und moralische Disziplin verloren zu gehen droht, bedarf eines besonderen spirituellen Haltes. Ohne den Glauben ist die Chance auf die liberale Variante der Demokratie verspielt. Der Religion kommt die Aufgabe zu, die Grenzen menschlichen Denkens und Handelns auszuloten und gleichsam als „heilsames Joch" (DA II: 36) die Hybris der aufklärerischen Vernunft in die Schranken zu weisen.

Nichts fürchtet Tocqueville so sehr wie den Geist der Moderne, der alles seiner Disposition unterstellt. Der Hybris des Menschen kann schließlich nur das Verlangen folgen, das „unvollkommene" Werk des Schöpfers von Menschenhand zu korrigieren, gleichsam die Erlösung in immanenter politischer Korrektur. Die Radikalität dieses Unterfangens führt unweigerlich zu Chaos und Schrecken und mündet zuletzt in die Knechtschaft. Die platonische Maxime, wonach das Streben nach einem Übermaß an Freiheit notwendig in sein Gegenteil umschlägt, ist unverändert gültig. Die Abwesenheit der Sphäre der Religion setzt Impulse frei, die nur durch extreme Unterdrückung zu kontrollieren sind. Insofern insistiert Tocqueville darauf, dass sich Vernunft und Selbstvertrauen des Menschen in der Moderne mit dem Respekt vor der transzendenten Ordnung vereinigen müssen, wenn sich statt des Despotismus die Freiheit verwirklichen soll. Fehlt der Glaube, die metaphysische Auflehnung zu verhindern, fallen die Menschen in ein intellektuelles Vakuum, das sie paralysiert und verzweifeln lässt. Der einzige Ausweg, der ihnen bleibt, ist die völlige Unterwerfung des Geistes, was sie zur leichten Beute eines despotischen Heilsbringers macht.

3. Trennung von Staat und Kirche

Das Ziel, die Macht der Religion in der modernen Gesellschaft zu sichern, lässt sich nur auf Basis der liberalen Trennung von Kirche und Staat erreichen. Zwar könne die Religion zeitweilig ihren „wesensgemäßen Einfluss" durch die „künstliche Macht der Gesetze und die Hilfe der materiellen Gewalten, die die Gesellschaft lenken, ergänzen" (DA I: 448), doch opfere sie damit „um der Gegenwart willen die Zukunft, und indem sie eine ihr nicht zukommende Macht erlangt, gefährdet sie ihre rechtmäßige Gewalt". Um diese „rechtmäßige" Herrschaft des Glaubens über die „Herzen" wieder zu erreichen, ist der Klerus angehalten, auf direkten politischen Einfluss zu verzichten. Die Bewunderung über die Weisheit der religiösen Akteure, in der Gründungsphase der amerikanischen Republik gerade dies klar erkannt zu haben, lässt Tocqueville folgern:

> „Sucht die Religion ihre Herrschaft nur auf das Unsterblichkeitsverlangen zu gründen, das die Herzen aller Menschen in gleicher Weise bewegt, so kann sie auf Allgemeingeltung rechnen; verbindet sie sich aber mit der Regierung, so muss sie die Grundsätze übernehmen, die nur auf gewisse Völker anwendbar sind. Die Religion, die sich einer politischen Macht anschließt, vermehrt also ihre Macht über einige und verliert die Hoffnung, über alle zu herrschen." (DA I: 448).

Weil sich die Religion „an der weltlichen Macht der Regierenden nicht beteiligen [kann], ohne etwas vom Hass auf sich zu ziehen, den diese erregen" (DA I: 448f.), muss es das Gebot der Zukunft sein, die Allianz von Kirche und Staat zu verhindern. Der Wandel der Agenda des politischen Tagesgeschäfts widerspricht dem Anspruch auf Beständigkeit, den der Glaube im Hinblick auf eine moralische Orientierung der Demokratie gewähren soll (DA I: 449f.). Der Nutzen der Religion für die moderne Freiheit kann demzufolge nur auf Basis der getrennten Einflussbereiche von Kirche und Staat geschehen. Die angestrebte Harmonie zwischen Himmel und Erde, Heiligem und Profanem, vermag in der Demokratie erst zu entstehen, wenn die Sphären von Religion und Politik weiterhin separat bleiben.

Die Verzahnung von religiöser und politischer Sphäre, welche die alte Welt konstituiert, wird in der Moderne heikel. Die Konsequenz, die Tocqueville aus diesem Umstand zieht – die Trennung von Kirche und Staat –, ergibt sich bereits aus seiner Zurückweisung einer „civil religion" wie sie Rousseau konstruiert, die sich ja gerade durch die unmittelbare Nähe zum Politischen auszeichnen würde. *Separation of church and state* – auf diesen Nenner lässt sich das Verhältnis von Staat und Kirche unter den Vorzeichen der Demokratie bringen.

So sei Amerika „in der Welt der Ort, wo die christliche Religion am meisten wirkliche Macht über die Seelen" ausübe (DA I: 439). Zwar ist die Religion dort „weniger mächtig, als sie es zu gewissen Zeiten und bei gewissen Völkern war, aber ihr Einfluss ist beständiger. Sie ist auf ihre eigenen Kräfte angewiesen, die ihr niemand entreißen kann. Sie wirkt nur innerhalb eines einzigen Bereiches, aber sie durchdringt diesen ganz und beherrscht ihn mühelos" (DA I: 451).

Tocqueville lobt das Verhalten der amerikanischen Priester, die davon absehen, „den Blick des Menschen ausschließlich auf das künftige Leben zu richten". Das Anliegen des Klerus in der neuen Welt, Individualismus und Wohlstandsstreben in geordnete Bahnen zu lenken und somit in „kontrollierte Bahnen" zu bringen, damit den Bürgern neben ihren gewerblichen Aktivitäten Raum für die politische Teilhabe bleibt, kommentiert er mit großer Sympathie (DA II: 44f.).

Diesem religiösen Esprit und der moralischen Gewissheit des Gläubigen soll das Engagement für das Gemeinwesen entspringen. Obwohl die Kirche in der Moderne keine weltliche Macht mehr besitzen soll, dürfen ihre Würdenträger keine politische Abstinenz (ihrer Mitglieder) predigen. Auf der anderen Seite kann die Religion ihre politische Wirksamkeit erst entfalten, wenn sich religiöse und politische Sphäre, Kirche und Staat, nicht überschneiden. Die bereits identifizierte Aufgabe der Religion, die Grenzen der Politik zu bestimmen, lässt sich unter den Bedingungen der Volkssouveränität nur erreichen, falls die Kirche die öffentlichen Angelegenheiten als Sphäre anerkennt, die gänzlich den menschlichen Aktivitäten überlassen bleibt. Religion und Politik sind Teile eines Ganzen, wobei es der Religion obliegt, die potenziell geschwächte Ordnung der Politik zu kompensieren:

> „In der moralischen Welt ist [...] alles eingeteilt, geordnet, vorgesehen, von vornherein entschieden. In der politischen Welt ist alles im Fluss, umstritten, ungewiss; dort ein passiver, doch freiwilliger Gehorsam; hier Unabhängigkeit, Geringschätzung der Erfahrung und Argwohn gegen alle Autorität" (DA I: 66f.).

An diese Feststellung knüpft Tocqueville nicht weniger als die Schicksalsfrage der Demokratie: „Wie könnte die Gesellschaft dem Untergang entrinnen, wenn sich das sittliche Band nicht festigt, derweil das politische sich lockert? Und was soll man tun mit einem Volk, das als Herr seiner selbst nicht Gott untertan ist?" (DA I: 444/45).

Die hierarchische Ordnung, die der Glaube verbürgt, ist im Zeitalter der Gleichheit von fundamentaler Bedeutung. Tocquevilles Werbung für eine Trennung von Kirche und Staat will nicht zuletzt der Gleichheit im Bereich des Politischen die Hierarchie des Religiösen entgegensetzen. Nur wenn sich die Religion nicht vom demokratischen Geist infizieren lässt, kann sie den *citoyen* daran hindern, die Grenzen zu überschreiten, „vor denen er natürlicherweise haltmachen soll". Eine zu enge „Verbindung von Politik und Religion" würde hingegen das Gegenteil bewirken (DA II: 454).

4. Konklusion

In Tocquevilles publizierten Schriften findet sich kein eindeutiges Bekenntnis zu einer bestimmten (christlichen) Konfession. Die allgemeine Rede von der „Religion" legt vielmehr nahe, dass sich der französische Aristokrat trotz seines katholischen Hintergrundes um eine neutrale Stellung zu den christlichen Glaubensinhalten bemüht. Die verschiedenen Denominationen Amerikas, „Sekten" genannt, fasst er in der „großen christlichen Einheit" zusammen, wobei er betont, dass die „Sittenlehre des Christentums überall die gleiche" sei (DA I: 439).

In den Vereinigten Staaten ist dieser gleichsame Naturzustand der Religion überall präsent, insofern die beiden „großen Gefahren" für „das Leben der Religion", die „Glaubensspaltungen und die Gleichgültigkeit" gebannt wurden (DA I: 451). Die praktizierte Toleranz ermöglicht dem Einzelnen die ungestörte Befriedigung seiner metaphysischen Sehnsucht. Die Harmonie zwischen den religiösen Institutionen und dem demokratischen System sorgt zudem für die Stabilität der sozialen, politischen und religiösen Ordnung.

„Die angloamerikanische Gesellschaft ist aus der Religion hervorgegangen: das darf man nie vergessen" (DA II: 15). Das politische „Schicksal" der USA sei beschlossen gewesen mit dem „ersten Puritaner, der diese Küsten betrat" (DA II: 419). Indem die Doktrin der Pilgrim Fathers die innere Gewissheit und Eigenverantwortlichkeit des Subjekts ins Zentrum ihrer Lehre stellt, erfordert sie eine Gesellschaft, die sich nicht mehr auf außerweltliche Dogmen wie das Gottesgnadentum begründet. Die puritanische *covenant theology* findet stattdessen ihr politisches Korrelat in der demokratischen Vorstellung des *social compact*. Auf der sittlich-moralischen Ebene aber resultiert aus der Evolution des Calvinismus durch die Puritaner gerade jene Verweltlichung des religiösen Heilsversprechens, die Tocqueville in der rastlosen Jagd des *homme democratique* nach Reichtum und persönlichem Glück erkennt. Gemäß seiner Prämissen mischt der Puritanismus damit die protestantische mit der demokratischen Lehre, weshalb der Erfolg dieser Doktrin in der neuen Welt eine Ordnung fordert, in der sich Religion und Gleichheit der Bedingungen verbinden. Der Zusammenhang von Religion und Politik zeigt sich am Beispiel Amerikas also auf einprägsame Weise: Infolge des puritanischen Fundaments konnte sich hier gleichsam eine "natürliche Demokratie" etablieren, die den problematischen Entstehungsbedingungen in Europa entging. „Ich weiß nicht, ob alle Amerikaner an ihre Religion glauben", schreibt Tocqueville, „ich bin aber sicher, dass sie sie zur Erhaltung der republikanischen Einrichtungen für nötig halten" (DA I: 442).

Weil sich die Art der sittlich-religiösen Verfassung in der institutionellen politischen Ordnung niederschlägt, hat die Gestaltung der politischen Sphäre ihren Bezug zu den vorpolitischen Grundlagen des Gemeinwesens ständig zu reflektieren. Die Schlüsselrolle, die die Religion darin einnimmt, lässt sich auf einen Nenner bringen: sie fungiert gleichermaßen als *conditio sine qua non* und als Begrenzung des politischen Handelns in der modernen Demokratie.

Literatur

De Tocqueville, Alexis (1987 [1835/1840]): Über die Demokratie in Amerika. 1. Band (im Text mit DA I bezeichnet) und 2. Band (im Text mit DA II bezeichnet). Zürich: Manesse Verlag.

Inklusion von Religion im politischen Diskurs – eine irreführende Fragestellung?
Überlegungen zur Verhältnisbestimmung von öffentlicher Vernunft und Religion bei John Rawls und Jürgen Habermas

Christoph Seibert

1. Einleitung

Die Themenstellung des Aufsatzes knüpft an die in den 1990er Jahren vor allem im nordamerikanischen Raum entstandene Debatte um die Zulässigkeit und Reichweite religiöser Stellungnahmen im politischen Diskurs an und fragt dabei nach zweierlei: Zunächst ist zu untersuchen, ob die dabei vorgebrachte Alternative zwischen Inklusion und Exklusion von Religion in der politischen Öffentlichkeit das Phänomen, um das es geht, überhaupt hinreichend erfassen kann. Nachdem jene Alternative im Blick auf ihre Bedeutung untersucht worden ist, erfolgt in einem zweiten Schritt eine kritische Analyse der Inklusionsoptionen in den sozialethischen Entwürfen von John Rawls und Jürgen Habermas. Bevor das geschieht, ist zuvor noch der weitere Problemhorizont jener Debatte unter systematischen und historischen Gesichtspunkten zu skizzieren.

2. Systematisch-historische Problemexposition

Es fällt zunächst auf, dass in jener zeitgenössischen Debatte ein Problemfeld variiert wird, das nicht nur die politische Philosophie der Neuzeit, sondern unter anderen Bedingungen auch schon die Reflexion vorneuzeitlicher Denker beschäftigt, man denke etwa an die auf dem Boden des westlichen Christentums entstandenen Überlegungen Augustins zu den beiden „civitates" (Augustinus 1997: XI.1; XIV.1, 28) oder an die sich daran anschließende „Zwei-Regimenten-Lehre" (Luther 1967: 360ff.) der Reformation. Beides zeigt, dass zumindest im Rahmen des abendländischen Christentums systematische Überlegungen zur Verhältnisbestimmung von Religion und Politik keineswegs historisch zufällig sind, sondern zum Kern seiner Kultur gehören. Allerdings erhält dieses klassische Problemfeld angesichts der neuzeitlichen Selbstbegründung des politischen Systems im Zuge der Wirren des konfessionellen Zeitalters neue Konturen (Heckel 1983: 210-237). Dabei gewinnt nun eine Deutung der öffentlichen Rolle von Religion an Gewicht, die allerdings keineswegs unparteilich ist, sondern die ihrerseits schon zentrale Interessen der zeitgenössischen politischen Eliten mit aufnimmt und in dieser Gestalt bis heute fortwirkt (Cavanaugh 1995). In diesem Zusammenhang kommt zunächst einer Differenz im Religionskonzept eine zentrale Bedeutung zu: Es wird, wie es etwa im englischen Deismus und seinen späteren Variationen der Fall ist, eine natürliche Vernunftreligion angenommen, die „über" den positiven Offenbarungsreligionen steht, deren Inkommensurabilität von vielen als höchst bedrohlich für den Erhalt des gesellschaftlichen Friedens angesehen wird und denen daher auch nur eine rein individuelle Geltung im Gegenüber zur Sphäre öffentlicher Vernunft zuerkannt wird. Jedenfalls tritt jene Vernunftreligion als Kritikinstanz der positiven Religion auf; sie allein scheint in der Lage zu sein, die gesellschaftlichen Konflikte auf einer höheren Begründungsebene zusammenzuführen und in diesem Sinn ein stabiles Fundament der gefährdeten Ordnung zu liefern (Byrne u.a. 1999). Es ist diese Differenz, die schließlich in Kants systematischer Scheidung zwischen einem partikularen „Kirchenglauben" und einem im Dienste der moralischen Bildung der Menschheit stehenden „Vernunftglauben" markant festgeschrieben wird (Kant 1983: B 145ff.). Obgleich das Festhalten an einem inhaltlich klar konturierten Konzept natürlicher Religion keineswegs verbindlich bleiben wird, zeichnet sich schon an diesem Modell eine Grundentscheidung ab, die bei liberalen Theoretikern bis heute fortwirkt: Aus der Sicht des politischen Systems, das im Verlauf des 17. und 18. Jahrhunderts seiner eigenen Fundamente gewahr wird, muss ein Rekurs auf die positive Religion nämlich zutiefst problematisch erscheinen, da eine partikulare Größe wie sie niemals als normatives Fundament des gesamten Gemeinwesens fungieren kann (Hazard 1939: 281-387). An ihre Stelle hat deshalb der Verweis auf ein Gemeinsames zu treten, dass sämtliche Bürger unbeschadet ihrer partikularen Präferenzen miteinander verbinden soll. Und das wird, wie die Geschichte der neuzeitlichen politischen Philosophie zeigt, in der gemeinsamen Menschenvernunft gesehen, deren Selbstgesetzgebungskompetenzen in den Vertragstheorien von Hobbes bis Kant in unterschiedlicher Weise durchgespielt werden. Dabei artikuliert sich die Forderung, die Geltung der normativen Bedingungen des gesellschaftlichen Zusammenlebens nicht als etwas traditional Gegebenes oder vorab Entschiedenes zu betrachten, sondern in einem reziproken Aushandlungsprozess erst noch zu begründen – eine Idee, die bekanntlich in Kants praktischer Philosophie ihre bis heute maßgebliche Fassung erhält.

Inklusion von Religion im politischen Diskurs

Damit ist deutlich, dass die zeitgenössische Debatte um die Reichweite religiöser Argumente in der politischen Öffentlichkeit moderner Gesellschaften keineswegs für sich steht, sondern in einem geschichtlich weiteren Horizont verortet ist. In diesem Sinne kann die in ihr verhandelte Kontroverse auch als Variation einer schon im Anschluss an Kant verhandelten allgemeinen sozialethischen Problemstellung begriffen werden. Denn wie schon zwischen Kant und seinen Kritikern Herder, Hegel und Schleiermacher strittig gewesen ist, ob eine komplexer werdende Gesellschaft sich allein über eine prozedurale Vernunft integrieren lasse oder vielmehr eines substantiell anspruchsvollen Sittlichkeitsfundamentes bedürfe, so läuft die seit den 1980er Jahren nicht nur zwischen John Rawls und seinen kommunitaristischen Kritikern geführte Debatte auf einen nahezu identischen, allerdings unter anderen soziokulturellen Bedingungen stehenden Konfliktpunkt zu. Im Kern dreht es sich dabei um die Frage, ob ausschließlich das liberale Recht die Integration einer offenen Gesellschaft leisten könne oder ob es nicht eines gemeinsamen Ethos bedarf, das die sozialen Bindekräfte stärke und bürgerliches Engagement aller erst motiviere. Diese allgemeine Problemstellung wird in der Kontroverse um die öffentliche Geltung religiöser Überzeugungen im liberalen Staat der Gegenwart nicht etwa ausgeblendet, sondern zeigt sich hier vielmehr in einer für sie exemplarischen Prägnanz. Deshalb kann sie auch nicht losgelöst von denjenigen fundamentalethischen Grundentscheidungen richtig eingeschätzt werden, durch welche die gesamte Debatte seit ihrem Entstehen strukturiert ist (Weithmann 1997: 1-37).

Aus dieser geschichtlichen Kontinuität ist zweierlei zu ersehen: Erstens zeigt sich, dass im zeitgenössischen Diskussionszusammenhang keine bloß randständige Problematik verhandelt wird, sondern eine solche, die geradezu im Zentrum des liberalen Selbstverständnisses steht. Denn wie gerade skizziert geht es bei der Frage nach Inklusion oder Exklusion von Religion in der politischen Sphäre um nichts Geringeres als darum, die Begründungslogik öffentlicher Vernunft zu bestimmen. Dass es dabei zu einer Kontroverse kommt, zeugt zweitens davon, dass sich das neuzeitliche Bewusstsein an diesem Punkt keineswegs nur im Einklang mit sich selbst befindet, sondern in einem fortwährenden Streit um die eigene Begründungslogik begriffen ist. So gesehen trägt jener Diskurs indirekt dazu bei, Spannungen zu enthüllen, die dem liberalen Projekt selbst eingeschrieben sind. Wenn es nämlich zutrifft, dass – wie im Böckenförde-Paradoxon treffend zum Ausdruck kommt – der moderne liberale Staat von substantiellen Quellen zehrt, die er selbst nicht garantieren kann (Böckenförde 1991: 112), dann stellt sich die Frage, ob die Begründungslogik öffentlicher Vernunft ihrerseits in dieses Angewiesenheitsverhältnis einbezogen ist oder nicht. Auf diese Frage sind freilich verschiedene Reaktionen möglich: Einerseits der Versuch, die Spannung zugunsten einer Selbstabschottung und säkularistischen Überhöhung der liberalen Vernunft einseitig aufzulösen; andererseits der entgegensetzte Versuch einer „Radical Orthodoxy", im Zuge dessen das liberale Projekt selbst überwunden werden soll (Milbank 1999); oder schließlich eine differenziertere Betrachtungsweise des gesamten Problems, die beide Wege der Ent-Spannung zu vermeiden trachtet und auf einen konstruktiven Umgang mit den im liberalen Projekt selbst eingeschriebenen Differenzen sowie mit den daraus resultierenden Spannungen drängt (Walzer 1984; 1990; 1999).

Vor dem Hintergrund dieser Problemstruktur sollen mit John Rawls' politischem Liberalismus und Jürgen Habermas' jüngster Reaktion darauf im Folgenden zwei einschlägige Versuche bedacht werden, die sich im Großen und Ganzen der dritten Option zuordnen lassen. Gemeinsam ist ihnen das Anliegen, aus der mehr oder weniger ausgeprägten religionskritischen Distanz eines kantischen Vernunftethos die Grenzen zwischen öffentlicher Vernunft und religiösen Überzeugungen zu markieren. Dabei gelangen sie zu unterschiedlichen Schlussfolgerungen, die eine symptomatische Leerstelle der kantischen Zentralperspektive offen legen. Das Ziel besteht also darin, zwei in der Inklusions-/Exklusionsdebatte zentrale Verhältnisbestimmungen von Religion und demokratischem Bürgerideal auszuloten und auf ihre Leistungsfähigkeit hin zu befragen (4-6). Um dies effektiv tun zu können, sind allerdings noch einige Vorüberlegungen über das Religionskonzept und dessen maßgebliche Verwendungsweise in dem Debattenkontext angebracht (3).

3. Zum Gebrauch des Religionskonzeptes

Achtet man einmal darauf, wie in einigen zentralen Dokumenten des angezeigten Diskussionszusammenhanges das Thema Religion behandelt wird, kann eine gewisse Einseitigkeit wohl kaum bestritten werden. So fällt etwa auf, dass in John Rawls' Schriften zum politischen Liberalismus, die zu den Grundtexten jener Debatte zählen, Religion ausschließlich als Exemplar der Klasse „comprehensive doctrines" (Rawls 1999: 58ff.) verstanden wird und sie damit ausdrücklich und nahezu exklusiv im Sinne einer sprachlich fixierten religiösen Lehre, eines mehr oder weniger systematisch elaborierten Weltbildes aufgefasst wird. In ähnlicher Weise behandeln auch andere Autoren das Phänomen der Religion, sei es etwa in Zuspitzung auf „religious arguments" oder sei es in der jüngst von Jürgen Habermas – mit einer wichtigen Ausnahme – vorgenommenen Konzentration auf „religiöse Überlieferungen" (Habermas 2005: 13, 115, 137). Allen diesen Konzepten ist gemeinsam, dass in ihnen das Phänomen der Religion überwiegend unter dem Gesichtspunkt der sprachlichen Ausdruckgestalt betrachtet wird: Religion begegnet als ein Komplex von Aussagen beziehungsweise des artikulierten Glaubens an einen bestimmten Lehrgehalt der Tradition, der dann als Prämisse für politische Argumentationen dienen soll. Diese Konzentration auf die rationale Sprachgestalt religiöser Überlieferung trägt schließlich dazu bei, in das Verhältnis der Bürger zu ihren religiösen und weltanschaulichen Überzeugungen eine reflexive Distanzierungsoption mit einzuzeichnen, deren Realisierung nicht ins Belieben der Einzelnen gestellt ist, sondern aus vernünftigen Gründen erwartet werden kann. Dabei wird, was vor allem in Rawls' Ideal einer vernünftigen Person zum Ausdruck kommt, weithin unterstellt, dass die bürgerliche Freiheit gerade darin bestehen soll, sich nicht alternativlos an eine religiösweltanschauliche Position gebunden zu wissen, sondern sich als fähig zu begreifen, die eigene Vorstellung des Guten nach Maßgabe vernünftiger Gründe kontrolliert revidieren zu können (Rawls 1996: 30).

Die skizzierte Behandlung von Religion ist gewiss nicht falsch, da zu einer religiös motivierten Lebensweise auch ein sprachlich artikulierter Überzeugungsgehalt gehört. Dabei fällt allerdings sogleich eine Leerstelle dieser Betrachtungsweise auf, die – wie insbesondere im nächsten Abschnitt gezeigt wird – erhebliche Konsequenzen darauf hat, was von Personen in ihrer wechselseitigen Handlungskoordination realistischerweise erwartet werden kann. Es wird nämlich weitgehend von den spezifischen epistemischen Verpflichtungen religiös-weltanschaulicher Überzeugungen und infolge von den Weisen abstrahiert, in denen sie den Ausgriff auf zukünftige Möglichkeiten der Handlungskoordination nachhaltig prägen. Wird der Blick auf diese Leerstelle gelenkt, so zeigt sich zunächst, dass religiöse Überzeugungen epistemische Verpflichtungen beinhalten, die den Einzelnen auf eine bestimmte Gesamtsicht des Lebens und dessen Telos festlegen und dadurch seine Weltwahrnehmung zutiefst vorprägen (Herms 2003: 83). Indem sie das tun, fungieren sie zugleich als Handlungsregeln, als „rule[s] for action" (Peirce 1992: 129) beziehungsweise als „habit[s] of mind" (Peirce 1998: 336), da sie denjenigen Erwartungshorizont mehr oder weniger exakt vorstrukturieren, der Personen erlaubt, ihr Leben unter dem Eindruck bestimmter Handlungsmöglichkeiten zu orientieren. In diesem pragmatistischen Sinn verstanden fungieren religiöse Überzeugungen somit als „view[s] of the universe" (James 1975: 9). Sie beinhalten einen Begriff „of the world's possibilities" (ebd.: 135) und halten für den Einzelnen dadurch einen Spielraum verheißungsvoller Lebensmöglichkeiten offen, in den seine höchsten Interessen und tiefgründigsten Hoffnungen mit eingehen (ebd: 52ff.). Das impliziert zweierlei: Erstens beziehen sich religiöse Überzeugungen nicht auf einen obskuren Sonderbereich der Existenz, sondern auf deren Gesamtheit; zweitens bilden sie auf dieser Ebene keine abstrakten Verpflichtungen in Gestalt einer Doktrin, sondern sind existentiell höchst bedeutsame Weisen, sich in der Welt zu verstehen. Was immer also sonst noch über Religion gesagt werden kann, und das ist gewiss vieles, sie konfrontiert den Einzelnen jedenfalls unmittelbar mit seiner eigenen Bestimmung als eines in der Welt handelnden Wesens. Zumindest in diesem Punkt konvergieren prominente religionsphilosophische Theorieentwürfe der europäischen und nordamerikanischen Tradition (Deuser, 2004).

Diese Überlegung hat nun eine wichtige Konsequenz für die Einschätzung der in den nachstehenden Abschnitten zu rekonstruierenden Verhältnisbestimmungen von Religion und politischem Diskurs. Es zeigt sich nämlich, dass das aufgeworfene Problem der Inklusion religiöser Überzeugungen im politischen Prozess einer Differenzierung bedarf. Denn die Inklusionsoption kann auf zwei Ebenen behandelt werden, wobei es nur auf der zweiten Ebene einen Sinn macht, sie als eine Option zu begreifen, deren Realisierung als berechtigt oder unberechtigt erachtet werden kann. Auf der ersten, soeben angedeuteten anthropologischen Ebene, stellt sich diese Frage überhaupt nicht, da religiöse Überzeugungen integraler Bestandteil der erlebten Handlungspraxis von Personen sind. Ihre Inklusion ist nicht erst zu realisieren, sondern sie sind schon dadurch im Lebensvollzug inkludiert, dass sie den Erwartungshorizont einigermaßen klar konturieren, in dem Personen ihre Situation verstehen. Unter dieser Voraussetzung stellt sich das Inklusionsproblem auf der zweiten Ebene des politischen Handlungszusammenhanges in zweifacher Weise dar:

Wenn Religion nicht nur unter der Form eines lehrmäßig fixierten Gehaltes begegnet, gegenüber dem kognitiv kontrollierte Distanzierungsgesten stets möglich sein sollen, sondern wenn sie das gesamte Präferenzspektrum einer Person betrifft, dann kann – erstens – nicht ohne weiteres von einer erst noch zu realisierenden Inklusion von Religion in den politischen Prozess geredet werden. Denn religiös motivierte Bürger sind dann immer schon Teil des politischen Prozesses, seien sie es als Teil des allgemeinen Prozesses politischer Meinungsbildung oder als Teil der im engeren Sinne politischen Machtausübung im Wahlvorgang. Und sie sind es auch dann, wenn sie faktisch keine Argumente in der religiös codierten Sprache ihrer eigenen Tradition vorbringen. Sofern also religiöse Gewissheiten das handlungsorientierende Präferenzspektrum von Personen prägen, bilden sie auch ein mehr oder weniger explizites Moment der Handlungsvollzüge dieser Personen in der Sphäre des Politischen. Sie müssen daher nicht erst inkludiert werden, sondern sind über die Handlungspraxis und deren motivationale Basis schon inkludiert, selbst wenn sie nicht ausdrücklich thematisch werden. Unter diesem Gesichtspunkt betrachtet erscheint die gesamte Debatte um Inklusion und Exklusion von religiösen Überzeugungen im öffentlichen Diskurs über politische Angelegenheiten in einem anderen Licht. So übersieht etwa die rigide Forderung nach einer radikalen Exklusion religiöser Gewissheiten aus dem politischen Prozess, dass solche Gewissheiten schon über die Handlungsvollzüge derjenigen Akteure implizit inkludiert sind, die sich am Prozess der politischen Meinungsbildung etc. beteiligen. Unter dieser Voraussetzung kann sich die Inklusions-/Exklusionsproblematik deshalb – zweitens – allein auf Situationen beziehen, in denen jenes handlungstheoretische Inkludiertsein von Religion in einem konkreten Fall sprachlich explizit gemacht wird, und zwar indem religiöse Überzeugungsbestände als Prämisse für eine im öffentlichen Diskurs über politische Angelegenheiten einzubringende Argumentation fungieren. Es ist also allein dieser konkrete, aus dem allgemeinen Hintergrund religiöser Lebenspraxis hervortretende Fall einer solchen zweckgerichteten sprachlichen Äußerung, die jene Debatte im Blick hat. Um ihn daher richtig einschätzen zu können, ist es erforderlich, jenen Hintergrund stets mit zu bedenken.

Der theoretische Umgang mit der auf dieser Ebene aufgeworfenen Problematik dürfte dabei nicht nur bei der Frage, ob solche Stellungnahmen überhaupt gerechtfertigt werden können, sondern gleichermaßen hinsichtlich der Frage, wie weit die Reichweite einer solchen Argumentation zu bestimmen sei, von mindestens zwei Faktoren abhängig sein: erstens von dem den Theorieentwurf jeweils leitenden Verständnis religiöser Überzeugungen. – Wird die sprachliche Artikulationsgestalt von Religion vor dem weiteren Hintergrund religiöser Lebenspraxis verstanden oder nicht? – und zweitens von der für ihn jeweils maßgeblichen Idee der Begründungslogik öffentlicher Vernunft und des für sie konstitutiven Begriffs des Respekts, den sich die politischen Akteure als Menschen und Träger gleicher Rechte und Pflichten wechselseitig schulden. – Inwieweit ist jene Logik durchlässig für die Irreduzibilität individueller Differenzen? Damit ist auch klar, dass in einer sozialethischen Perspektive sowohl jenes vorgängige Inkludiertsein als auch die Realisierung der Inklusionsoption auf zweiter Ebene nicht um jeden Preis erfolgen kann, sondern ihrerseits unter der Mindestbedingung des gleichen Respekts steht, der dem Anderen sowohl als Mensch als auch als Bürger zukommt. Es ist eine solche Idee des Respekts, den Bürger einander schulden, die im Zentrum der Rawlsschen und Habermasschen Begründungslogik öffentlicher Vernunft steht und die deren Überlegungen über die Zulässigkeit religiös begründeter Stellungnahmen im politischen Diskurs orientiert. Ihre Überlegungen sollen nun vor dem Hintergrund der bislang entfalteten Leitgesichtspunkte rekonstruiert und auf ihre Leistungsfähigkeit hin befragt werden.

4. Rawls' Ideal eines öffentlichen Vernunftgebrauchs

4.1 Zu Kontinuität und Wandel der Rawlsschen Theoriebildung

Die Geschichte der Rawlsschen Theoriebildung ist eine Geschichte zahlreicher Selbstrevisionen bei einem gleich bleibenden Grundthema: dem Anliegen, die normativen Bedingungen einer stabilen Wohlordnung demokratischer Gesellschaften zu bestimmen. Die bedeutendste Änderung seit dem Erscheinen des Klassikers „A Theory of Justice" im Jahre 1971 besteht wohl darin, dass Rawls seine Theorie wie kaum ein anderer politischer Philosoph seiner Zeit seit Mitte der 1980er Jahre systematisch auf das Faktum des weltanschaulich-religiösen Pluralismus abgestimmt hat. Damit begreift er lange vor Habermas' Hinwendung zur „postsäkularen Gesellschaft" die geschichtliche Wirklichkeit von Religion als ein Faktum, dem die politische Philosophie ernsthaft Rechnung zu tragen hat, wenn sie denn auf die Realitätslagen moderner westlicher Gesellschaften abgestimmt sein soll. Der Ausgangspunkt für Rawls' spätere Überlegungen zum politischen Liberalismus ist damit festgelegt: Es ist die soziale Wirklichkeit als ein durch tiefgreifende Konflikte zwischen einzelnen weltanschaulich-religiösen Positionen geprägter Prozess. Ausgehend von dem Faktum solcher unversöhnlichen Konflikte, die in Aufnahme klassisch liberaler Denkmuster ein latentes Gewaltpotential notwendig in sich tragen (Rawls 1996: xxvf., xxvii, xlf.), scheint gesellschaftliche Wohlordnung nur unter den Bedingungen einer Gerechtigkeitskonzeption möglich, die diese Konflikte regulieren und dadurch zur Versöhnung der gesellschaftlichen Wirklichkeit auf einer höheren Ebene beitragen kann. Diese Ebene, das ergibt sich aus dem Bisherigen, muss freilich von den faktisch bestehenden Konfliktszenarien unberührt bleiben, da nur unter dieser Voraussetzung eine Chance zu bestehen scheint, die zerstrittenen weltanschaulich-religiösen Positionen auf einer neutralen Grundlagen einander annähern zu können. Gesucht wird damit, wie Rawls in einer Replik auf die eigene Theorieentwicklung sagen kann, „the most reasonable basis of social unity" (ebd.: xli). Das Ergebnis dieser Bemühungen besteht schließlich darin, dass er seine Gerechtigkeitstheorie der 1970er Jahre nicht mehr im Sinne einer weltanschaulichen Position versteht. Ist „A Theory of Justice" noch von einem kantisch inspirierten Ideal guten Lebens inspiriert, das vor allem im dritten Teil des Werkes eindrücklich artikuliert wird, geht es seit Mitte der 1980er Jahre darum, eine weltanschaulich „freistehende" (ebd.: 10) politische Konzeption zu entwickeln, die in der Lage sein soll, im Pluralismus diverser Weltdeutungen eine breite Akzeptanz zu erlangen und dadurch gesellschaftliche Stabilität unter Bedingungen zu begründen, die allgemein zustimmungsfähig sind. Letzteres ist freilich ein Indiz dafür, dass es ihm auch in den späteren Schriften nicht um eine Stabilität um jeden Preis, sondern um eine „stability for the right reasons" (ebd.: xlii; vgl. 390ff.) geht.

Die angezeigte Modifikation der Grundanschauung von „A Theory of Justice", die Rawls in die bekannte Programmformel „Justice as Fairness: political not metaphysical" (Rawls 1985) fasst, kann hier im Einzelnen nicht erörtert werden. Stattdessen soll deren Prämisse kurz vorgestellt werden, um davon ausgehend aufzuzeigen, welche Konsequenzen sich daraus für das Verhalten von Bürgern bei politischen Angelegenheiten von fundamentaler Wichtigkeit ergeben. Weder in „A Theory of Justice" noch in „Political Liberalism" wird dem Leser vorenthalten, dass sich Rawls auf den Bahnen der vertragstheoretischen Denker des 17. und 18. Jahrhunderts bewegt und sich dabei vor allem an den konstruktivistischen Grundzug der Moraltheorie Kants anlehnt. So verstanden bleiben wesentliche Einsichten der ersten Theorieformation auch in späteren Jahren erhalten, werden allerdings in dem neuen Referenzrahmen des politischen Liberalismus verstanden, der bekanntlich ohne strittige philosophisch anspruchsvolle Festlegungen auskommen will. Zwar wird aus dem Kantischen Konstruktivismus des Erstwerkes (Rawls 1999: 221-227) ein politischer Konstruktivismus (Rawls 1996: 89ff), diese Änderung der eigenen Moraltheorie von einer weltanschaulich gebundenen zu einer weltanschaulich ungebundenen kann aber nicht über die Kontinuität des Verfahrens und dessen Prämissen hinwegtäuschen. Denn sowohl für „A Theory of Justice" als auch für „Political Liberalism" gilt, dass eine wohlgeordnete Gesellschaft eines einheitlichen Begründungsfundamentes öffentlicher Vernunft bedarf, um auf Dauer gestellt werden zu können. Zwar transformiert Rawls sein Ideal der moralischen Person (Rawls 1999: 491-496, 514) in eine aus dem demokratischen Selbstverständnis der Bürger abgeleitete politische Idee der Person (Rawls 1996: 29-35, 72-88), wodurch der Personbegriff sowohl eine bedeutende Kontextalisierung als auch eine Reinigung von metaphysischen Bestimmungen erfahren soll. Doch auch diese Modifikation kann die Kontinuitäten zwischen beiden Konzepten nicht verbergen, die sich nicht nur in den beiden Grundfähigkeiten niederschlagen, die Personen zugeschrieben werden, sondern auch darin, was von ihnen in ihrer Rolle als verantwortliche Bürger berechtigterweise erwartet werden kann. Sofern die Gesellschaft nämlich eines einheitlichen Begründungsfundamentes bedarf, sind sie exakt dann als verantwortungsvoll anzusehen, wenn sie in ihrem deliberativen politischen Handeln die Logik öffentlicher Vernunft wechselseitig anerkennen.

4.2 Die Logik öffentlicher Vernunft

Diese Logik sieht vor, dass politische Grundsatzfragen, Rawls redet hier von „constitutional essentials and matters of basic justice" (ebd.: 1), im öffentlichen Forum nur im Rahmen von normativen Vorentscheidungen zu behandeln sind, die als allgemein zustimmungsfähig gelten. Sofern es sich dabei um Vorentscheidungen dreht, bedeutet das freilich, dass sie schon im Vorfeld der einzelnen politischen Diskurse von allen daran Beteiligten wechselseitig anerkannt werden. Einen exemplarischen Ausdruck finden sie dabei in Rawls' eigener liberalen Gerechtigkeitskonzeption mit ihren zwei Grundsätzen, dem Freiheits- und Differenzprinzip (Rawls 1999: 52-56). So verstanden besteht die Vernünftigkeit der an Diskursen über politische Angelegenheiten von fundamentaler Bedeutung beteiligten Personen darin, „that they are willing to govern their conduct by a principle from which they and others can reason in common" (Rawls 1996: 49 Anm. 1). Die Perspektive der Vernünftigkeit ist hier also als Perspektive der Allgemeinheit, die Perspektive eines „shared point of view" (ebd.: 115), in der sämtliche Entscheidungen über politische Grundsatzfragen gerechtfertigt werden können. Es liegt daher auf der Hand, dass der vorstrukturierte „common ground [of reasoning]" keine substantiell anspruchsvolle Näherbestimmung erfahren soll, sondern ganz im Sinne des vertragstheoretischen Arguments verfahrenslogisch rekonstruiert wird. Dabei dürfte es nicht weiter verwundern, dass die das Erstwerk leitende Zentralidee der „original position" in diesem Zusammenhang aufgenommen und im Sinne eines methodischen Mittels geltend gemacht wird, um die Symmetriebedingungen, unter denen eine solche Deliberationspraxis vonstatten gehen soll, für alle an dieser Praxis Beteiligten wechselseitig zu repräsentieren (ebd.: 22-28).

Ohne hier auf die vielfältigen Bestimmungen dieser Idee eingehen zu können, sei auf die für den gegenwärtigen Problemkontext relevante Funktion des so genannten „veil of ignorance" (Rawls 1999: 118-123) hingewiesen. Dieses Instrument dient bekanntlich dazu, diejenigen idealen Züge des normativen Selbstverständnisses demokratischer Bürger darzustellen, deren wechselseitige Anerkenntnis für eine faire Kooperationspraxis unabdingbar ist (Rawls 1996: 23f.). Ihre Repräsentation im Rahmen der „original position" erfolgt im Rahmen einer egalitären Perspektive, in welcher die urzuständlichen Repräsentanten der politisch Handelnden unter besonderen Symmetriebedingungen vorgestellt werden. Entscheidend ist nun, dass bei diesem Gedankenexperiment von den komplexen geschichtlichen Ausgangsbedingungen der politischen Praxis abstrahiert wird und die dafür konstitutiven Differenzen wie etwa das Geschlecht, die soziale Position oder die jeweilige weltanschaulich-religiöse Bindung aus dem Wissensbereich der „original position" programmatisch ausgeschlossen werden. Denn gegenüber der ursprünglichen Symmetrie der Personen gelten solche Differenzen als unerheblich, als „arbitrary from a moral point of view" (Rawls 1999: 14).

Diese systematische Komplexitätsreduktion auf der Ebene der urzuständlichen Repräsentation bürgerlichen Selbstverständnisses spiegelt sich freilich im Rawlsschen Bürgerideal und führt schließlich dazu, die öffentliche Vernunft durch einen mehr oder weniger umfassenden Nachvollzug jener urzuständlichen Entscheidungssituation bestimmt sein zu lassen. Jedenfalls kann nur eine solche bürgerliche Verhaltenskoordinierung als fair legitimiert werden, bei der die urzuständlich in Reinform abgebildeten Symmetriebedingungen einen kollektiven Niederschlag finden. Dabei ist durchgängig impliziert, dass sich das bürgerliche

Deliberationsverhalten an den im Urzustand schon repräsentativ vorgebildeten liberalen Gerechtigkeitsprinzipien als dessen „common ground of reasoning" bewegt. Dies hat zur Folge, dass bei politischen Grundsatzentscheidungen nur solche Argumente zuzulassen sind, die auf dieser Basis von allen Bürgern wechselseitig akzeptiert werden können. Denn allein so scheint es möglich zu sein, die durch den religiös-weltanschaulichen Pluralismus zerrissene soziale Realität auf einer höheren Ebene versöhnen zu können. Unter dieser Voraussetzung wundert es daher nicht, dass Argumente, die von Prämissen hergeleitet werden, die nicht allen Beteiligten gemeinsam sind, als unvernünftig gelten, und zwar auch dann, wenn sie starke epistemische Gründe für sich in Anspruch nehmen können. Darunter zählt Rawls etwa alle Argumente, die von einer umfassenden Weltdeutung inspiriert sind, also auch religiös codierte Stellungnahmen.

Im Unterschied zu anderen zeitgenössischen Liberalen wie Bruce Ackermann (1989), Charles Larmore (1990) oder Richard Rorty (1999) geht er allerdings nicht so weit, religiöse Argumente prinzipiell aus dem Diskurs über politische Grundsatzfragen auszuschließen. Im Blick auf die erste Auflage von „Political Liberalism" legt sich eine solche Auffassung zwar nahe, da dort religiöse Argumente nur in solchen Zeiten in die öffentliche Vernunft mit eingeschlossen werden, in denen das gesellschaftliche Leben durch gravierende Ungerechtigkeiten, wie etwa durch Sklaverei oder systematische Diskriminierung bestimmter Bevölkerungsgruppen, geprägt ist. In Zeiten, wo das nicht der Fall ist und eine einigermaßen wohlgeordnete Gesamtsituation besteht, sind solche Argumente indessen systematisch aus dem öffentlichen Vernunftgebrauch der Bürger auszuschließen (Rawls 1996: 247ff.). Diese Unterscheidung wird allerdings in dem 1997 erschienenen Artikel „The Idea of Public Reason Revisited" aufgehoben. Dort geht Rawls davon aus, dass es den Bürgern „at any time" (Rawls 1997: 585, 591) gestattet sein soll, ihre religiös-weltanschaulichen Argumente in die Debatte über politische Grundsatzfragen mit einzubringen. Damit votiert er offenkundig für eine Inklusionsoption, die über die Grenzziehungen des Erstwerkes erheblich hinausweist.

Doch auch diese Option steht unter dem Vorbehalt des öffentlichen Vernunftgebrauchs und des in ihm geforderten, in der „original position" abgebildeten gleichen Respekts. Denn da die Prämissen solcher Argumente nicht von allen am Diskurs Teilnehmenden akzeptiert werden können und damit moralisch arbiträr sind, ist es geboten, die vorgebrachten weltanschaulich-religiösen Stellungnahmen im Verlauf des Diskurses auf jener allgemein zustimmungsfähigen weltanschauungsfreien Argumentationsbasis zu begründen und sie dementsprechend zu reformulieren. Diese kontrollierte Selbstbeschränkung im politischen Diskurs wird dabei keineswegs als eine rechtlich sanktionierte und vom Staat erzwingbare, sondern als grundlegende moralische Pflicht verantwortungsbewusster Bürger verstanden (Rawls 1996: 217). Umgekehrt gilt dann, obgleich nicht offen ausgesprochen, dass Argumente, die diese Bedingungen nicht erfüllen, und seien sie epistemisch noch so gut ausgewiesen, de facto als unvernünftig eingestuft werden müssen.

Insgesamt zeigt sich, dass die hier verwendete Konzeption des Respekts, den sich vernünftige Personen in einem demokratisch verfassten Gemeinwesen wechselseitig schulden, darauf hinausläuft, dass – zugespitzt formuliert – das Eigenrecht des Partikularen in der Perspektive eines im Vorfeld strukturell ausgewiesenen „moral point of view" aufzugehen droht. Denn da die Idee des gleichen Respekts fordert, dass sämtliche Angelegenheiten von großer politischer Bedeutsamkeit ausgehend von einer gemeinsamen Reflexionsbasis erörtert werden, und da religiöse Überzeugungen aufgrund ihrer vermeintlichen Partikularität keinen eigenen produktiven Anteil an der Entwicklung dieses gemeinsamen Referenzrahmens haben, sondern vor allem stabilisierend wirken, können sie folglich kein kreatives Eigenrecht in einem entsprechenden Diskurs anmelden. Denn allein auf diese Weise könne, so die These, eine respektvolle Kooperation zwischen Personen ermöglicht werden, die sonst im Blick auf ihre weltanschaulich-religiösen Gewissheiten zutiefst zerstritten wären und auf dieser Basis die stabile Wohlordnung des Gesamten nicht zu stützen imstande seien. Wie ist diese These zu beurteilen?

4.3 Kritik

Eine Stärke des Rawlsschen Konzepts besteht zweifelsohne in seiner Betonung der Egalitätsaspekte der politischen Beziehungen innerhalb eines demokratischen Gemeinwesens. Diese Perspektive der Gleichheit steht im Vordergrund von „A Theory of Justice" (Rawls 1999: 86-93) und wird unter veränderten Rahmenbedingungen auch in „Political Liberalism" beibehalten. Eine weitere Stärke besteht darin, dass Rawls, im Unterschied zu anderen liberalen Theoretikern, darum bemüht ist, die wichtige Rolle von religiös-weltanschaulichen Milieus als eine Bestandsvoraussetzung moderner Gesellschaften in sein Gerechtigkeitskonzept zu integrieren. In dem dadurch abgesteckten Rahmen bilden sie für ihn daher auch notwendige Stabilitätsbedingungen einer wohlgeordneten Gesellschaft.

Dabei werden aber zugleich zwei Problemzonen seiner Theorie offenbar (Seibert 2004): Erstens scheint seine Idee des vernünftigen Respekts nicht vollends in der Lage zu sein, die partikularen Bestimmtheiten der an der deliberativen Praxis beteiligten Personen affirmativ vollends einzuholen. Die Anerkennung solcher Bestimmtheiten, zu denen freilich auch religiös-weltanschauliche Gewissheiten gehören, vollzieht sich der Tendenz nach eher in einer negativen

Weise, nämlich durch bewusstes Absehen von ihnen. Der Andere begegnet somit, um eine Formel Benhabibs aufzugreifen, maßgeblich als „generalized other" – unter systematischer Absehung von seinen nicht verallgemeinerbaren Interessen – und nicht als „concrete other" – unter Einschluss derjenigen Momente, die ihn als ein lebensgeschichtlich unverwechselbar bestimmtes animal rationale auszeichnen (Benhabib 1992: 148-177). Dieser theoretische Zuschnitt hat schon kurz nach Erscheinen des Erstwerkes etwa kritische Stimmen aus dem kommunitaristisch inspirierten (Walzer, 1983) oder feministischen Spektrum (Okin 1989; Gilligan 1984) motiviert, die auch nach dem Erscheinen von „Political Liberalism" nicht verstummt sind (Sandel 1998: 184-218).

Mit dieser Komplexitätsreduktion hängt zweitens zusammen, dass Rawls die epistemischen Bedingungen zu unterschätzen scheint, von denen die Übernahme der moralischen Selbstverpflichtung zur Selbstzurücknahme auf der Basis eines „common ground of reasoning" abhängt. Denn die Übernahme einer solchen Verpflichtung hängt zu einem großen Teil von denjenigen Verpflichtungen ab, die eine Person sonst noch teilt, also auch von den in ihren Handlungsvollzügen schon inkludierten Bindungen an höchste Werte (Stout 2005: 70-77). Mit seiner Deutung von Religion als „comprehensive doctrine", von der bei bestimmten Gelegenheiten reflexiv Abstand zu nehmen ist, unterschätzt er damit die vorrangige Dimension eines schon affektiv-praktischen Inkludiertseins von Religion und der sich daraus entwickelnden epistemischen Ansprüche, die sich auf das Lebensganze und damit auch auf den Bereich des Politischen beziehen. Die Strategie, von den Bürgern zu erwarten, dass sie im Diskurs über grundlegende politische Fragen von ihren auf das Lebensganze bezogenen Verpflichtungen methodisch Abstand nehmen sollen, muss daher auf das widersinnige Resultat hinauslaufen, denjenigen Referenzrahmen kognitiv zu entkräften, der es ihnen aller erst möglich macht, ihre bürgerlichen Verpflichtungen nicht als fremde, sondern als ihre individuell je eigenen engagiert übernehmen zu wollen. Letzteres ist nämlich nur im Lichte derjenigen epistemischen Verbindlichkeiten möglich, die den Ort ihrer konkret bestimmten Individualität als solchen thematisieren, also vor allem im Lichte weltanschaulich-religiöser Lebensüberzeugungen. Insgesamt gesehen muss somit eine strukturelle Asymmetrie in seiner Theorie bestehen bleiben, da die Begründungslogik öffentlicher Vernunft letztlich alle anderen Ansprüche zu – wohlgemerkt moralisch, nicht rechtlich geforderten – Anpassungsleistungen zwingt, denen sie selbst enthoben bleibt. Damit dürfte von den sich im politischen Diskurs verhaltenden Personen allerdings nahezu Unzumutbares erwartet werden. An dieser Stelle ist Habermas in seinen jüngsten Schriften zum Thema inzwischen einen Schritt weitergegangen, ohne dadurch freilich den harten Rationalitätskern seiner Diskurstheorie preisgegeben zu haben.

5. Jürgen Habermas' Bezugnahme auf die Debatte um Rawls' politischen Liberalismus

Es ist bekannt, dass sich Habermas' Auseinandersetzung mit dem Rawlsschen Liberalismus im Rahmen einer von beiden geteilten Sympathie mit den Leitintuitionen eines kantischen Vernunftethos bewegt. Seine vor allem in den 1990er Jahren einsetzenden Streitigkeiten mit Rawls werden daher in den engen „Grenzen eines Familienstreits" (Habermas 1996: 65f.) angesiedelt, bei dem – zumindest aus der Sicht Habermas' – nicht die Grundidee der Rawlsschen Theoriebildung, wohl aber deren konzeptionelle Umsetzung zur Debatte stehen soll. Im Folgenden kann nicht auf die bereits gut dokumentierte Diskussion zwischen beiden eingegangen werden (Hinsch 1997: 116-141, 169-262; Habermas 1996: 95-127; McCarthy 1996), stattdessen soll ein Grundzug der Kritik rekonstruiert und in diesem Licht zu Habermas' jüngsten Überlegungen zur Religionsthematik übergegangen werden.

5.1 Gemeinsamkeit und Differenz

Die von beiden im Anschluss an Kants praktische Philosophie gemeinsam aufgenommene Grundeinsicht besteht darin, die Legitimation der die Grundordnung demokratischer Gesellschaften strukturierenden Prinzipien und Normen an ein einheitliches, prozedural verfasstes Begründungsfundament rückzubinden, sei es an die „original position" oder an die kommunikative Rationalität des herrschaftsfreien Diskurses. Damit ist freilich eine Zweiteilung im jeweiligen Theoriedesign verbunden, bei der die Ebene der Begründung sozialethischer Prinzipien und Normen, auf der die den „moral point of view" auszeichnenden Geltungsbedingungen hergeleitet werden, einigermaßen trennscharf von der Ebene ihrer auf Akzeptanz gegenüber der bestehenden politischen Kultur zielenden Implementierung unterschieden wird. Diese, für in der Tradition Kants stehende Theoriebildungen typische Differenz, ist sowohl für Habermas' diskursethische Rechts- und Moraltheorie (Habermas 1992: 135ff.) als auch für Rawls' frühe Gerechtigkeitstheorie konstitutiv (Rawls 1996: 10-19, 171-176), obgleich beide darum bemüht sind, die Einwände Hegels gegenüber einer künstlichen Trennung beider Ebenen konstruktiv aufzunehmen (Rawls 1999: 347-514, Habermas 1991: 9-30). Aus der Sicht Habermas droht jene Differenz allerdings in Rawls' jüngsten Schriften zum politischen Liberalismus an einigen Stellen empfindlich verwischt zu werden.

Es ist insbesondere diese Uneindeutigkeit in der Unterscheidung zwischen Geltungs- und Akzeptanzfragen, die ihn seit Anfang der 1990er Jahre nachhaltig irritiert und immer wieder zu Verbesserungsvorschlägen motiviert hat (Habermas 1992: 78-90, 1996: 101-127). Damit hängt ein zweiter Einwand zusammen, der im Folgenden vor allem interessiert, da er für die Verhältnisbestimmung zwischen den normativen Implikationen demokratischer Staatsbürgerschaft und religiösen Lebensüberzeugungen relevant ist, nämlich die Kritik an der Rawlsschen Urzustandskonzeption. Zwar teilt Habermas die vor allem in „A Theory of Justice" nachdrücklich zum Ausdruck gebrachte Intuition, die verfahrensethische Konstruktion der „original position" als Aufweis der Geltungsbedingungen des moralischen Standpunktes zu verstehen. Doch er hegt grundlegende Bedenken gegenüber der monologischen Struktur dieses Modells, das vorsieht, von jedem Bürger je individuell durchlaufen zu werden (Habermas 1996: 67-77). Dieser vor dem Hintergrund eines diskursethischen Ansatzes nahe liegende Einwand führt unmittelbar zu einem weiteren, der wohl den zentralen Differenzpunkt zwischen beiden Theoretikern markiert: Wie im vorausgehenden Abschnitt bereits hervorgehoben, dient das Instrument der „original position" Rawls dazu, durch eine methodisch kontrollierte Repräsentation der Symmetriebedingungen demokratischer Staatsbürgerschaft die Prinzipien einer Gerechtigkeitskonzeption zu bestimmen, die anschließend als eine allgemein zustimmungsfähige unverrückbare „Plattform" (Habermas, 1996: 93) für die Entscheidung von politischen Zentralfragen fungieren soll. Wenn es bei solchen Entscheidungen nämlich nicht zulässig ist, sich auf Strittiges zu stützen, muss die urzuständlich gerechtfertige und dann im „overlapping consensus" der Weltanschauungen (Rawls 1996: 133ff.) gesellschaftlich anerkannte Gerechtigkeitskonzeption als unbestreitbare Basis für die vernünftige Steuerung politischer Aushandlungsprozesse erachtet werden, und zwar als eine Basis, deren inhaltliche Minimalbestimmung schon im Vorfeld aktueller Diskurse „once and for all" (Rawls 1999: 11) festgelegt zu sein scheint.

Diese Pointe des Rawlsschen Modells muss Habermas bedenklich stimmen, für den es keinen Konsens über inhaltliche Prinzipien gibt, der aus den diskursiven Einigungsprozessen zwischen konkreten Personen ausgelagert ist, und der deshalb nicht wieder von anderen Konsensen abgelöst werden könnte. Im „Taumel" kommunikativer Freiheit gibt es somit „keine Fixpunkte mehr außer dem des demokratischen Verfahrens selber" (Habermas 1992: 229). Es ist diese im Zentrum der Habermasschen Demokratietheorie stehende Auffassung, die eine Hauptdifferenz zu Rawls' Liberalismus markiert, dem deshalb auch unterstellt wird, „die politische Wertsphäre [...] als etwas Gegebenes" (Habermas 1996: 91) zu behandeln und dementsprechend die private und öffentliche Autonomie der handelnden Personen scharf voneinander abzugrenzen. Denn „nur mit Bezug auf [feststehende, C.S.] politische Werte, welche immer es seien, kann er [Rawls, C.S.] die moralische Person in die öffentliche Identität des Bürgers und in die nicht-öffentliche Identität einer durch die je eigene Konzeption des Guten bestimmten Privatperson aufspalten" (ebd.) – mit den bereits skizzierten Konsequenzen für die Legitimität religiöser Stellungnahmen im öffentlichen Diskurs. Von hier aus ergibt sich daher ein guter Übergang zu Habermas' Überlegungen über die Stellung von Religion in der politischen Öffentlichkeit. Als Ausgangspunkt soll eine Replik auf die in der ersten Theorieformationsphase entwickelte These von der „Versprachlichung des Sakralen" (Habermas 1981 Bd.2: 118ff.) dienen.

5.2 Habermas' Umgang mit dem Phänomen der Religion

Mit dieser in der Theorie des kommunikativen Handelns vor allem im Anschluss an Weber, Durkheim und Mead entwickelten These ist Habermas spätestens seit Beginn der 1980er Jahre als Vertreter eines Säkularisierungstheorems aufgetreten, in dem religiöse Überlieferungen im Verlauf der Rationalisierungsschübe der abendländischen Moderne einer sukzessiven öffentlichen „Entmächtigung" (ebd.: 119) unterzogen werden. Die sozialintegrative Funktion religiöser Weltbilder geht dabei schrittweise auf die rationalen Einigungsprozesse kommunikativen Handelns über, so dass das moderne Bewusstsein schließlich als ein Projekt erscheint, dem die Entlastung an Tradition prinzipiell versagt bleiben muss und allein diejenigen Gründe berechtigterweise als bindend gelten können, die im Lichte kommunikativer Verantwortung argumentativ als die besseren ausgewiesen werden (Habermas 1988a: 16). Es verwundert also nicht, dass in den Untersuchungen zur Genese der Moderne religiöse Gemeinschaften kaum als eigenständige produktive Kräfte der sozialen Evolution gedeutet werden können, sondern vornehmlich unter dem Gesichtspunkt ihrer einseitigen Anpassungsleistungen an soziale Rationalisierungsprozesse begegnen. Im Zuge derer sollen sie schließlich zu „einer unter Kooperationszwängen stehenden Kommunikationsgemeinschaft" (ebd.: 139) „vollständig" (Habermas 1981 Bd. 2: 140) umgeformt werden. Diese Deutung wird freilich mit dem Preis erkauft, die kreative Rolle, die religiöse Traditionen im Kampf um individuelle Freiheiten und Freiheitsrechte gespielt haben und immer noch spielen, kaum angemessen einschätzen zu können (Joas 2004: 126). Doch auch sie beinhaltet eine Vorstellung der evolutionären Wirkung religiöser Selbstthematisierungen. Denn obgleich ihr normativer Gehalt als öffentlich definitiv „entwertet[]" (Habermas, 1996: 17) erscheint, bleiben in dialektischer Verschränkung mit jener Entwertung bestimmte religiöse Intuitionen bewahrt. In diesem Sinn zehrt das moderne Bewusstsein im Einklang mit Durkheim und Weber für Habermas auch schon vor seiner für Aufsehen sorgenden Friedenspreisrede von der Semantik vormoderner Religionsgeschichte. Religiöse Traditionen bilden demnach basale Solidaritätsressourcen der sozialen Lebenswelt, bewegen sich als solche jedoch unterhalb des Niveaus einer auf

Öffentlichkeitsgeltung bedachten diskursiven Rationalität und sind somit auf eine rationale Transformation angewiesen.

Ohne also die These von der „Sakralisierung des Sakralen" außer Kraft gesetzt zu haben, stellt er in den Folgejahren weitere Überlegungen zur Funktion religiöser Überlieferungen in der Moderne an. Dabei fällt zunächst zweierlei auf: Was den hermeneutischen Zugang zum Religionsthema anbelangt, so bewegt sich Habermas philosophisch weitestgehend im Rahmen einer die Hegelschen Einwände berücksichtigenden Aneignung zentraler Motive der Religionsphilosophie Kants (Habermas 2005: 216-257). Und was die Identifikation relevanter religiöser Traditionen angeht, so fällt auf, dass er bis in die jüngsten Stellungnahmen hinein nahezu ausschließlich auf die jüdisch-christliche Tradition rekurriert (Habermas 1996: 16ff.). Diese beiden Leitgesichtspunkte vorausgesetzt, besteht eine zentrale, inhaltlich weit über Rawls' minimalistische Annahmen hinausreichende Pointe seiner Religionsdeutung darin, dass in die Alltagsmoral des demokratisch aufgeklärten Common Sense normative Intuitionen religiöser Traditionen mit eingegangen sind und dadurch noch ein diskursiv geläuterter moralischer Rest des vormodernen religiösen Bewusstseins in der gegenwärtigen Öffentlichkeit erhalten bleibt. In einer solchen durch kommunikative Rationalität von aller lebensweltlich konkret situierten Partikularsemantik gereinigten Gestalt übernehmen Einsichten der jüdisch-christlichen Überlieferung also auch in der Gegenwart eine wichtige Funktion als Ressourcen kultureller Sinngebung (Habermas 2001: 22). Dieser Deutung zufolge kann die normative Substanz des aufgeklärten Bewusstseins, für die Begriffe wie „Moralität und Sittlichkeit, Person und Individualität, Freiheit und Emanzipation" konstitutiv sind, deshalb auch nicht entschlüsselt werden, ohne sich gleichzeitig „die Substanz des heilsgeschichtlichen Denkens jüdisch-christlicher Herkunft anzueignen" (Habermas 1988b: 23). Und daraus wird schließlich gefolgert, dass „ohne eine sozialisatorische Vermittlung und ohne eine philosophische Transformation irgendeiner der großen Weltreligionen [...] dieses semantische Potential" eines Tages „unzugänglich werden könnte" (ebd.). Einerseits bleibt damit die These von der „Versprachlichung des Sakralen" auch in der Zeit nach dem Erscheinen der Theorie des kommunikativen Handelns in ihren Grundzügen erhalten; andererseits nähert sich Habermas in den Folgejahren aber auch vorsichtig einer Deutung der Funktion an, die die jüdisch-christliche Tradition in der demokratischen Öffentlichkeit auch angesichts ihrer öffentlichen „Entmächtigung" übernehmen könnte. Diese Linie wird, inspiriert durch Rawls' Überlegungen zum Thema, in den jüngsten Stellungnahmen weiter fortgeführt.

Dass Habermas dabei keine fundamentale Modifikation seiner rationalitätstheoretischen Kernidee vornimmt, ist nicht weiter erstaunlich. Denn nach wie vor nötigt der Standpunkt einer unabhängig von weltanschaulich-religiösen

Perspektiven entwickelten, autonom geltenden „profanen Moral" (Habermas 2001: 14) zu entsprechenden Anpassungsleistungen. Die universalen Geltungsbedingungen der Begründungslogik öffentlicher Vernunft können somit auch nicht von den partikularen Perspektiven weltanschaulich-religiöser Milieus abhängig gemacht werden, sondern müssen sich aus eigenen kognitiven Ressourcen generieren lassen (Habermas 2005: 107-111, 143). Was gegenüber einer Vielzahl früherer Äußerungen indessen sofort auffällt, ist zum einen die geänderte Tonlage, mit der über das Phänomen Religion gesprochen wird. Konnte man die Äußerungen der 1980er Jahren weithin so verstehen, dass sämtliche sozialen Funktionen religiöser Traditionen restlos von Einigungsprozessen übernommen werden, die unter den Bedingungen kommunikativer Rationalität ablaufen, so sind solche säkularistischen Töne in seinen neueren Beiträgen nahezu verschwunden. Diese lassen sich vielmehr als Versuche lesen, religiöse Traditionen gegenüber den destruktiven Vereinnahmungsgesten einer säkularistisch aufgeladenen Vernunft in Politik und Wissenschaft in Schutz zu nehmen, um ihnen gegenüber die bescheidenere, säkulare Perspektive eines respektvollen aber im Blick auf religiöse Wahrheitsgehalte agnostischen Denkens treten zu lassen (ebd.: 7ff., 149ff.).

Diese geänderte Tonlage zeigt zum anderen eine dezente inhaltliche Neujustierung des Verhältnisses zwischen liberaler Vernunft und religiösen Traditionen an. Während zumindest im Zuge der Theorie des kommunikativen Handelns noch die Nötigung einer von religiöser Seite asymmetrisch vorzunehmenden Anpassung an die Rationalitätsschübe des modernen Bewusstseins im Vordergrund steht, wird spätestens seit der Friedenspreisrede die Wechselseitigkeit solcher Anpassungsleistungen betont. Nicht nur das religiöse Bewusstsein wird somit mit der Aufgabe konfrontiert, sich kognitiv auf die Autonomie sozialer Lebenssphären und den religiös-weltanschaulichen Pluralismus einzulassen (Habermas 2001: 14, 2005: 143), ebenso ist die liberale Vernunft dazu angehalten, sich auf die dauernde Präsenz religiöser Gemeinschaften „epistemisch" (ebd.: 146) einzustellen. Sie hat sich an die Realitäten einer „postsäkularen Gesellschaft" anzupassen. Mit dieser Begriffsverwendung wird freilich ein epochaler Wandel des gesellschaftlichen Bewusstseins von einer säkularen zu einer „postsäkularen" Gesamtsituation suggeriert, für die jener Fortbestand religiöser Gemeinschaften geradezu konstitutiv sein soll (Habermas 2001: 13). Dass diese Differenzierung zweier gesellschaftlicher Entwicklungsphasen theoretische Irritationen bezüglich des in seiner Bedeutung ohnehin schon schillernden Säkularisierungsparadigmas provoziert, ist etwa von Hans Joas in seiner Replik auf die Friedenspreisrede zum Ausdruck gebracht worden (Joas 2004: 122-128). Doch jene Begriffskreation ist noch aus einem weiteren Grund aufschlussreich: Sie scheint die Überraschungseffekte widerzuspiegeln, die die gesteigerte öffentliche

Wahrnehmung des von manchen schon längst totgesagten Faktors Religion für etliche Liberale, und so auch gerade für Habermas, mit sich gebracht haben dürfte. Ohne jedenfalls sein eigenes Säkularisierungstheorem ausdrücklich hinterfragt zu haben, verbindet Habermas mit dieser Idee die über seine bisherigen Überlegungen hinausreichende Erwartung, dass die liberale Vernunft sich den aus der Faktizität religiöser Traditionen ergebenden kognitiven Herausforderungen zu stellen und sich ihnen gegenüber als „lernbereit" (Habermas 2005: 115) zu verhalten habe, und das nicht nur aus „funktionalen, sondern [...] aus inhaltlichen Gründen" (ebd.), die in ihrer eigenen Geschichte wurzeln. Wie sind diese beschaffen?

Bei der Klärung dieser Frage wird auf schon Bekanntes rekurriert, wenn religiöse Überlieferungen – besonders die jüdisch-christlichen – als eine wichtige Ressource gesellschaftlicher Solidarität und Sinngebung begegnen. Dies liegt für Habermas darin begründet, dass das religiöse Bewusstsein eine über die Selbstbeschränkungen liberaler Vernunft weit hinausreichende, substantiell verankerte Sensibilität für die Differenz zwischen gelingendem und verfehltem Leben wach hält und dadurch ein kritisches Gespür für soziale Pathologien bewahren kann (ebd.: 13, 115). Allein schon deshalb ist die liberale Vernunft dazu angehalten, die Gehalte des religiösen Bewusstseins nicht schon a priori für kognitiv überholt zu halten, sondern als konstitutive Momente ihrer eigenen Bildungsgeschichte zu verstehen (ebd.). Die von ihr erwartbaren epistemischen Anpassungsleistungen implizieren somit, religiösen Gewissheiten ernstzunehmende Wahrheitspotentiale zumindest zuzutrauen und sich ihnen im Lichte eines solchen Zutrauens zu nähern (ebd.: 137). Ohne sich also ihrer Autonomie entledigt zu haben, kann sie sich ebenso wie die auf öffentliche Wirksamkeit bedachten religiösen Gemeinschaften aus eigenem Interesse kooperativ zeigen. Die Realisierung dieser beidseitigen Lernbereitschaft vollzieht sich schließlich – darin bleibt er alten Motiven treu – im Versuch einer „rettende[n] Übersetzung" (ebd.: 116) der religiösen Partikularsemantik in eine Rede, die im Vollzug der diskursiven Praxis öffentlicher Vernunft als allgemein zustimmungsfähig gelten kann. Interessanterweise wird in diesem Prozess der sich nachmetaphysisch verstehenden Philosophie die anspruchsvolle Rolle eines „Übersetzers" und „Interpreten" zugestanden, der durch die „Arbeit des philosophischen Begriffs" (ebd.: 249) die ansonsten stumm bleibenden Potentiale religiöser Semantik ans „Licht der öffentlichen Vernunft" (ebd.) ziehen soll. Ganz in der Linie Kants sieht Habermas darin den praktischen Beitrag, den insbesondere die Philosophie und nicht etwa die Theologie zur Förderung gesellschaftlicher „Eintracht" (ebd.) im gegenwärtigen Konflikt zwischen den Wissensansprüchen säkularistischer Weltanschauungen und religiösen Traditionen erbringen kann. Damit wird, unbeschadet aller Selbstbescheidungen nachmetaphysischen Denkens, die Philosophie zwar der Rolle eines übergeordneten Schiedsrichters im „Streit der Fakultäten" (Kant 1983 Bd. VI,: A 48f.) tendenziell enthoben, doch scheint sie in besonderer Weise geeignet zu sein, jene Transformation des religiösen Bewusstseins in öffentliche Vernunft vollbringen zu können.

Vor dem Hintergrund dieser zentralen Pointen der Habermasschen Religionsdeutung stellt sich seine Bezugnahme auf die durch Rawls' politischen Liberalismus ausgelöste Debatte über die Legitimität religiöser Stellungnahmen in der politischen Öffentlichkeit wie folgt dar: Ausgehend von der Vorstellung eines komplementären Lernprozesses von religiösen Traditionen und einer von ihnen entbundenen Vernunft bringt Habermas einerseits zwar seine großen Sympathien mit Rawls zum Ausdruck (Habermas 2005: 123ff.), geht andererseits aber an einer entscheidenden Stelle über die Einschränkungen des Rawlsschen Ideals öffentlicher Vernunft hinaus. Während er noch in seiner Friedenspreisrede auf die für die Religion entstehenden Kosten der Modernisierung hinweist, der zufolge der liberale Staat es „den Gläubigen unter seinen Bürgern" zumutet, „ihre Identität gleichsam in öffentliche und private Aneile aufzuspalten" (Habermas 2001: 21), wird es jetzt in direkter Opposition zu Rawls als unzumutbar angesehen (Habermas 2005: 136), wenn von den Bürgern erwartet werde, dass sie ihre „politischen Stellungnahmen auch unabhängig von ihren religiösen Überzeugungen begründen sollen" (ebd.: 133). Diese Opposition gegenüber Rawls' „Proviso" verdankt sich zwei Einsichten: Der bereits erwähnte demokratietheoretische Einwand läuft daraus hinaus, dass die sich bei Rawls findende scharfe Grenzziehung zwischen privater und öffentlicher Autonomie der Bürger zurückgenommen wird, da sie selbst Gegenstand des in der Verschränkung von liberalen Freiheits- und republikanischen Teilnahmerechten ablaufenden politischen Prozesses ist. Dieser Einwand ist in den jüngsten Schriften mit aufgenommen, wird aber durch ein zweites religionstheoretisches Argument auf die Debatte über die Rolle religiöser Argumente in der politischen Öffentlichkeit hin zugespitzt. Zentrale Bedeutung kommt dabei der von Habermas affirmativ aufgenommenen Rawls-Kritik von Nicholas Wolterstorff (1997: 105) zu, an die sich eine im Gesamtzusammenhang der neueren Beiträge nahezu für sich stehende Überlegung anschließt. In dieser wird die für Rawls insgesamt verbindliche, aber auch in Habermas' sonstigen Schriften übliche Bestimmung von Religion als „comprehensive doctrine" beziehungsweise als „religiöse Überlieferung" durch eine Bemerkung über den Modus präzisiert, in der solche Traditionen überhaupt erst ihre lebensprägende Wirksamkeit entfalten: Sie tun es allein im Modus eines die gesamte Person mit einbeziehenden Vertrauens. Deshalb ist religiöser Glaube „nicht nur Doktrin, geglaubter Inhalt, sondern Energiequelle, aus der sich performativ das ganze Leben des Gläubigen speist" (Habermas 2005: 133).

Mit dieser, sich implizit vor allem auf Selbstthematisierungen jüdisch-christlicher Milieus stützenden religionstheoretischen Präzisierung werden die epistemischen Ansprüche des religiösen Glaubens, die nicht einen „übernatürlichen" Sonderbereich des Realen, sondern das Leben in seiner Gesamtheit umfassen, weit mehr in die Habermassche Religionsbetrachtung mit einbezogen als es Rawls getan hat. Das führt in der Folge dazu, dass die Bürger von der moralischen Forderung entlastet werden, von den ihre ganze Existenz bestimmenden Gewissheiten bei der öffentlichen Aushandlung politischer Fragen abzusehen und auf eine kategorial andere Art von Gründen zu rekurrieren. Das könnte von ihnen nämlich als massiver Eingriff in ihre Identität als Personen empfunden werden, was moralisch nicht zu rechtfertigen ist. Habermas zufolge muss deshalb der liberale Staat

> „religiöse Bürger dann, wenn sie das als Angriff auf ihrer persönliche Identität empfinden, von der Zustimmung entbinden, in der politischen Öffentlichkeit selbst eine strikte Trennung zwischen säkularen und religiösen Gründen vorzunehmen [...] Der liberale Staat darf die gebotene institutionelle Trennung von Religion und Politik nicht in eine unzumutbare mentale und psychologische Bürde für seine Bürger verwandeln" (ebd.: 135).

Damit wird die Grenze zwischen religiösen und nichtreligiösen Gründen, zwischen der privaten und öffentlichen Autonomie der Bürger nicht schon als eine fixe Größe verstanden, sondern ihre kontinuierliche Bestimmung als Aufgabe des politischen Prozesses betrachtet. Zumindest an dieser Stelle hat Habermas einige Abschließungstendenzen der Rawlsschen Begründungslogik liberaler Vernunft hinter sich gelassen und scheint dabei über sein früheres säkularistisches Selbstverständnis hinausgegangen zu sein (Habermas 2001: 22).

Das ändert allerdings nichts daran, dass in der politischen Öffentlichkeit der Übersetzungsvorbehalt und die damit verbundene Vorrangstellung allgemein zustimmungsfähiger nichtreligiöser Argumente weiter bestehen bleibt. Aus diesem Grund muss Habermas' Eingeständnis gegenüber religiösen Lebensformen letztlich auch ohne unmittelbare Konsequenzen für deren öffentliche Bedeutsamkeit bleiben. Zwar werden religiöse Stellungnahmen auch dann nicht aus dem Prozess der öffentlichen Vernunftbildung ausgeschlossen, wenn Bürger ausschließlich die eigene religiöse Tradition als Prämisse ihrer Argumente verwenden, doch die an ihre allgemeine Zustimmungsfähigkeit geknüpfte öffentliche Wirkung setzt für Habermas nach wie vor voraus, dass sie ihrer Partikularsemantik entkleidet und in der „Gestalt allgemein zugänglicher Argumente" (Habermas 2005: 138) präsentiert werden. Bleibt diese sich im Vollzug einer wechselseitigen Perspektivenübernahme einstellende Transformation aus, müssen religiöse Gewissheiten auch angesichts ihrer kognitiv ernstzunehmenden Wahrheitspotentiale in ihrem partikularen Geltungshorizont eingeschlossen bleiben. So zeigt sich, dass auch Habermas' jüngste Theoriemodifikation noch an seiner früheren Unterscheidung der Diskursarten nach universalen (Normendiskurs) und partikularen (Wertediskurs) Gesichtspunkten orientiert ist (vgl. Habermas 1991: 100-118). Damit verbindet sich freilich die den Kern seiner Theorie betreffende Frage, ob eine solche Differenzierung überhaupt trennscharf vorgenommen werden kann, worauf folgend noch einzugehen sein wird.

6. Fazit

Die Überlegungen zu Rawls und Habermas haben verdeutlicht, dass der Streit um die Begründungslogik öffentlicher Vernunft nicht nur zwischen den Vertretern einer „kommunitaristischen" und einer „liberalen" Sicht, sondern in abgeschwächter Form auch innerhalb eines im weitesten Sinne „liberalen" Theoriespektrums geführt wird, in dem die Umstellung auf eine verfahrensethische Moraltheorie im Anschluss an Kants praktische Philosophie bereits vollzogen ist. Dieser gemeinsame Bezug auf Kant aktualisiert sich freilich verschieden, so dass die Reichweite der Inklusivität öffentlicher Vernunft bei beiden Theoretikern eine jeweils andere Bestimmung erfährt. Ungeachtet dieser Verschiedenheit sowie der spürbar modifizierten Umgangsweise mit dem Phänomen Religion in Habermas' jüngsten Texten ist bei beiden allerdings ein ähnlich strukturiertes und nur ungenügend gelöstes Grundproblem zu verzeichnen. Dieses Problem betrifft die Vermittlungsstrategien zwischen den auf Universalität und den auf Partikularität abzielenden Gesichtspunkten menschlicher Handlungspraxis. Beide Autoren votieren zwar in unterschiedlicher Weite für eine auf Inklusion von Partikularität bedachte öffentliche Vernunft und unterscheiden sich dadurch deutlich von säkularistisch-privatistischen Deutungen des Verhältnisses von Religion und demokratischem Staatsbürgerideal. Beide gehen in ihrem Aufweis der Geltungsbedingungen öffentlicher Vernunft jedoch gleichermaßen dazu über, einen Standpunkt der Unparteilichkeit, sei es in Form von Rawls' „original position" oder von Habermas' „moralischer Betrachtungsweise", von parteilich gebundenen Partikularperspektiven kategorial zu unterscheiden. Diese Strategie tendiert insgesamt dazu, dass in den Vollzügen konkreter Handlungspraxis ursprüngliche und deshalb kaum zu entkoppelnde Schon-Vermitteltsein universaler und partikularer Gesichtspunkte zu unterschätzen (Joas 1999: 285-291). Deshalb muss eine Dichotomie beider Perspektiven unterstellt werden, die dann in einem sekundären, methodisch kontrollierten Schritt zu vermitteln sind, sei es durch Einstieg in das urzuständliche Gedankenexperiment oder durch die Anerkennung der Rationalitätsbedingungen des moralischen Diskurses. Diese Unterschätzung führt in letzter Konsequenz zu dem Versuch, die zuvor als partikular charakterisierten Gehalte in der Maske eines einheitlichen, formalen Verfahrens bewahren zu wollen, was allerdings nicht gelingen kann, sondern eher einen gegenteiligen Effekt begünstigt: die sozialethische Marginalisierung von formal nichtvermittelbarer Partikularität. Vor dieser letzten Konsequenz scheint mir weder Rawls' noch Habermas' Modell hinreichend gesichert zu sein.

Literatur

Ackerman, Bruce (1989): Why Dialog? In: The Journal of Philosophy, 86: 1, 5-22.
Augustinus, Aurelius (1997): Vom Gottesstaat (De civitate dei). München.
Benhabib, Seyla (1992): Situating the Self. Gender, Community, and Postmodernism in Contemporary Ethics. New York.
Böckenförde, Ernst-Wolfgang (1991): Die Entstehung des Staates als Vorgang der Säkularisation. In: Ders., Recht, Staat, Freiheit. Frankfurt a. M., 92-114.
Byrne, Peter et al. (1999): Art. Deismus. In: RGG4, Bd. II, Tübingen, 614-623.
Cavanaugh, William T. (1995): „A fire strong enough to consume the house": The wars of religions and the rise of the state. In: Modern Theology, 11: 3, 397-420.
Deuser, Hermann (2004): Gottesinstinkt. Semiotische Religionstheorie und Pragmatismus. Tübingen.
Gilligan, Carol (1984): Die andere Stimme. Lebenskonflikte und Moral der Frau. München.
Habermas, Jürgen (1981): Theorie des kommunikativen Handelns. 2 Bde., Frankfurt a. M.
Habermas, Jürgen (1988a): Der philosophische Diskurs der Moderne. Frankfurt a. M.
Habermas, Jürgen (1988b): Nachmetaphysisches Denken. Frankfurt a. M.
Habermas, Jürgen (1991): Erläuterungen zur Diskursethik. Frankfurt a. M.
Habermas, Jürgen (1992): Faktizität und Geltung. Frankfurt a. M.
Habermas, Jürgen (1996): Die Einbeziehung des Anderen. Frankfurt a. M.
Habermas, Jürgen (2001): Glauben und Wissen. Frankfurt a. M.
Habermas, Jürgen (2005): Zwischen Naturalismus und Religion. Frankfurt a. M.
Hazard, Paul (1939): Die Krise des europäischen Geistes 1680-1715. Hamburg.
Heckel, Martin (1983): Deutschland im konfessionellen Zeitalter. Göttingen.
Herms, Eilert (2003): Notwendigkeit, Schwierigkeiten und Chancen religiöser Institutionen in komplexen Gesellschaften und besonders im vereinigten Deutschland. In: MJTh, Bd. XV, Marburg, 81-110.
Hinsch, Wilfried (Hrsg.) (1997): Zur Idee des politischen Liberalismus. John Rawls in der Diskussion. Frankfurt a. M.
James, William (1975): Pragmatism. A New Name for Some Old Ways of Thinking. Harvard.
Joas, Hans (1999): Die Entstehung der Werte. Frankfurt a. M.
Joas, Hans (2004): Braucht der Mensch Religion? Über Erfahrungen der Selbsttranszendenz. München.
Kant, Immanuel (1983): Die Religion innerhalb der Grenzen der bloßen Vernunft. In: Ders., Werke in sechs Bänden. Bd. IV, Darmstadt.
Kant, Immanuel (1983): Der Streit der Fakultäten. In: Ders., Werke in sechs Bänden. Bd. VI, Darmstadt.
Larmore, Charles (1990): Political Liberalism. In: Political Theory, 18: 3, 339-360.
Luther, Martin (1967): Von weltlicher Obrigkeit, wie weit man ihr Gehorsam schuldig sei. In: Luthers Werke in Auswahl. Bd. II, Berlin, 360-394.
McCarthy, Thomas (1996): Kantianischer Konstruktivismus und Rekonstruktivismus: Rawls und Habermas im Dialog. In: DZPhil, 44: 6, 931-950.

Milbank, John (Hrsg.) (1999): Radical Orthodoxy. A New Theology. London.
Okin, Susan M. (1989): Justice, gender and the family. New York.
Peirce, Charles S. (1992): How to Make Our Ideas Clear. In: The Essential Peirce. Vol. I, Indiana, 124-141.
Peirce, Charles S. (1998): What Pragmatism Is. In: The Essential Peirce. Vol. II, Indiana, 331-345.
Rawls, John (1995): Justice as Fairness. In: Philosophy and Public Affairs, 14: 3, 219-251.
Rawls, John (1996): Political Liberalism. Cambridge, Mass.
Rawls, John (1997): The Idea of Public Reason Revisited. In: Ders., Collected Papers. Cambridge, Mass, 573-615.
Rawls, John (1999): A Theory of Justice. Revised edition. Cambridge, Mass.
Rorty, Richard (1999): Religion as a Conversation-stopper. In: Ders., Philosophy and Social Hope. London, 168-174.
Sandel, Michael (1998): Liberalism and the Limits of Justice. Cambridge.
Seibert, Christoph (2004): Politische Ethik und Menschenbild. Eine Auseinandersetzung mit den Theorieentwürfen von John Rawls und Michael Walzer. Stuttgart.
Stout, Jeffrey (2005): Democracy and tradition. Princeton.
Walzer, Michael (1983): Spheres of Justice. New York.
Walzer, Michael (1984): Liberalism and the Art of Separation. In: Political Theory, 21: 3, 315-330.
Walzer, Michael (1990): The Communitarian Critique of Liberalism. In: Political Theory, 18: 1, 6-23.
Walzer, Michael (1999): Vernunft, Politik und Leidenschaft. Frankfurt a. M.
Wolterstorff, Nicholas (1997): The Role of Religion in Decision and Discussion of Political Issues,. In: Robert Audi/Nicholas Wolterstorff (Hrsg.), Religion in the Public Square: The *Place of Religious Convictions in Political Debate*. New York, 67-120.

Religion und Radikale Demokratie: Religiöse Geltungsansprüche aus der Sicht anti-fundationalistischer politischer Theorie

Werner Suppanz

1. Einleitung

Die Suche nach Fundamenten beschäftigt die gegenwärtige Politik in Europa. Schien im „Westen" in der Zeit des Kalten Krieges die Gegnerschaft zum realsozialistischen „Osten" Garant genug für die soziale Kohäsion zu sein – und Gegnerschaft zur Demokratie und zur (sozialen) Marktwirtschaft sich in das Deutungsmuster dieses binären Angebots von Gesellschaftsordnungen zu fügen –, werden die aktuellen politischen Narrative von der Furcht vor der Heterogenität der Gesellschaft und ihrem Zerfall geprägt. Die inzwischen nicht mehr so neue Unübersichtlichkeit bewirkt, dass nicht mehr Diskurse der Emanzipation und der Befreiung das politische Feld und die Medien dominieren, sondern die Suche nach Legitimationen für Normierungen und Festschreibungen von Werten und Ordnungen (wie zum Beispiel aktuell für Frankreich durch Sévillia 2007). Dieser Wandel hängt auch mit dem Bedürfnis nach Selbstvergewisserung im Rahmen des zunehmend hegemonial werdenden Deutungsschemas eines „Kampfes der Kulturen" zusammen, in dessen Rahmen der Islam (in aller Unschärfe) als geschlossenes Weltbild und als aggressive „Ideologie" wahrgenommen wird.

Nicht die Pluralität einer liberalen und demokratischen Gesellschaft wird diesem Bild entgegengehalten. Vielmehr bestimmt das Bedürfnis nach Fundamenten, nach ontologisierten Werten und nach der Definition des Europäischen an sich dieses Ringen um Selbstvergewisserung des Eigenen. In den Erzählungen von der „europäischen Kultur" spielt Religion in zweierlei Hinsicht eine zentrale Rolle: in einem engeren Sinne, als das Christentum als wesentliches Definitionsmerkmal eingefordert wird, und in einem weiteren Sinne, als zumindest die Tendenz zur Essentialisierung und Ontologisierung von „Werten", „Wurzeln", „Kulturen" und ähnlichen Vorstellungen von einem Grund von Gesellschaft politische Prinzipienerklärungen und -debatten prägt (Heit 2005).

2. Anti-/Post-Fundationalismus

In die Defensive gedrängt erscheinen damit Diskurse und Theorien „postmodernen" Zuschnitts, die gerade in der Abkehr von der Verbindlichkeit von Meta-Erzählungen und Letztbegründungen und in der Offenheit der Gesellschaft für Heterogenität und Pluralität Bedingungen für Freiheit und emanzipatorische Prozesse sehen. Der vorliegende Artikel ist daher aus der Position heraus verfasst, dass angesichts der aktuellen Werte- und Identitätsdiskurse mit ihren essentialisierenden Tendenzen die Präsentation und Analyse einer konstruktivistischen Gegenposition als kritisches Korrektiv von Interesse sein könnte.

Unter der Rubrik „Anti-/Post-Fundationalismus" werden politische Theorien zusammengefasst, für die die Ablehnung der Vorstellung eines der menschlichen Willensbildung entzogenen, ontologischen Grundes von Gesellschaft charakteristisch ist (Marchart 2001). Die Fundamente, die hier gemeint sind, umfassen eine göttliche bzw. religiöse Grundlegung ebenso wie zum Beispiel Vorstellungen von einer angeborenen Vernunft, die den Menschen zur Erkenntnis rationaler Verfassungen sozialen Lebens bringt, oder von der Natur beziehungsweise der Biologie als Determinante für die Beziehungen zwischen Individuen, Geschlechtern, Ethnien und Kulturen. Religiöse Legitimationen werden in diesem Kontext daher ebenso in ihrer Verbindlichkeit in Frage gestellt wie das aufklärerische Konzept von der Möglichkeit einer auf Vernunfterkenntnis beruhenden Gesellschaftsordnung oder die Behauptung einer naturgegebenen Ordnung.

Beispielsweise Hannah Arendt, Judith Butler oder Richard Rorty können dieser Theorieströmung zugerechnet werden (ebd.: 6 f.). Im Mittelpunkt des vorliegenden Aufsatzes soll allerdings die Position der Radikalen Demokratie stehen, wie sie von Ernesto Laclau und Chantal Mouffe in den 1980er Jahren am ausführlichsten formuliert wurde. Dieser Ansatz thematisiert das Fehlen eines der Politik vorgängigen Grundes von Gesellschaft und seine Konsequenzen für die Auffassungen von der Ordnung des Gemeinwesens: „Diese Spielart des republikanischen Denkens akzeptiert die Tatsache, dass das Gemeinwesen der Republik auf keinem archimedischen Punkt verankert, auf keinem festen und unabänderlichen Grund gebaut werden kann" (ebd.: 5). Diese Vorannahme bedeutet allerdings nicht, dass keine Grundlagen von Gesellschaft verfügbar wären, sondern „dass diese Grundlagen – gerade weil es *den* Grund nicht gibt – immer wieder neu verhandelt und gelegt werden müssen" (ebd.: 5). Nach der poststrukturalistischen Diktion der Radikalen Demokratie lässt sich sagen, dass der Grund eines Gemeinwesens damit als Abwesenheit anwesend ist, um das Offenhalten der Gemeinschaft für weitere und konfligierende Grundlegungsbemühungen zu garantieren (ebd.: 5).

Aus zeitgenössischer Perspektive handelte es sich bei diesem Theorieansatz um eine postmoderne beziehungsweise poststrukturalistische Position der Linken, die sich insbesondere gegen den marxistischen Dogmatismus – als Formulierung eines objektiven Fundaments – richtete. Von Ernesto Laclau und Chantal Mouffe wurde dieser Ansatz in ihrem gemeinsamen Werk „Hegemony and Socialist Strategy" von 1985 paradigmatisch dargestellt (hier: Laclau/Mouffe 2000). Bei ihrer Arbeit handelt es sich um die Anwendung des Prinzips der Dekonstruktion auf die politische Theorie, wobei der Gegenstand ihrer Kritik zunächst der Marxismus/Leninismus war, ihr Ansatz aber auch als generelle Theorie des Verhältnisses zwischen dem Politischen und dem Sozialen aufgefasst werden kann. Der Politikwissenschaftler Oliver Marchart schätzt die Abhandlung als die erste „schlüssige Übertragung der Dekonstruktion [...] in das Feld der politischen Theorie" (Marchart 1998: 9) ein. Im Detail handelt es sich um eine Koppelung des Konzepts der Hegemonie, ausgehend von Gramsci, mit dekonstruktiven Strategien und einem diskursanalytischen Theorieansatz.

Die Theorie von Laclau und Mouffe beruft sich auf einen Primat der Politik oder eine „Rückkehr des Politischen" (Mouffe 1993). Da – vereinfachend gesagt – alles politisch ist, ist die Gegnerschaft beziehungsweise der diametrale theoretische Gegensatz zu Strategien kennzeichnend, die als „Politikvermeidung" bezeichnet werden können. Thomas Meyer folgend handelt es sich dabei um Formen der Entpolitisierung, die „die Anerkennung der real tatsächlich immer schon gegebenen ursprünglichen Differenz der Interessen, Meinungen oder Werte verweigern und stattdessen *ein schon vor dem politischen Prozeß* feststehendes ‚Gemeinwohl' oder eine einzige ‚*richtige*' Problemlösung zu kennen beanspruchen" (Meyer 2000: 42). Konkret geht es dabei um Strategien (a) des Traditionalismus, der sich durch die Behauptung einer unwandelbaren Sittlichkeit legitimiert, (b) der Technokratie, die sich durch Fachwissen legitimiert, (c) des Fundamentalismus, der sich durch die Berufung auf eine absolute Gewissheit legitimiert, und (d) des Markt-Fundamentalismus, der politische Beschränkungen eines absoluten Individualismus ablehnt. In allen vier Fällen gilt das Wahre, das Richtige oder das Sittliche als Gegenstand von (privilegierter) Erkenntnis, womit sich dem Anspruch nach die Definition dieser Kategorien (oder der Verzicht darauf) mittels Ausverhandlung durch unterschiedliche politische AkteurInnen erübrigt. Dass ihre Geltung Ergebnis politischer Machtverhältnisse ist, wird ausgeblendet (ebd.: 45). Auf das Beispiel des „Gemeinwohls" bezogen formuliert Chantal Mouffe paradigmatisch die anti-fundationalistische Haltung, in der die Dimension des Gemeinguts „als leerer und immer wieder neu zu besetzender Horizont des öffentlichen Handelns" (Marchart 2001: 8) – und damit als unaufhebbar politisch – aufzufassen sei:

„The common good can never be actualised, it has to remain a foyer virtuel to which we must constantly refer but which cannot have a real existence. It is the very characteristic of modern democracy to impede such a final fixation of the social order and to preclude the possibility of a discourse establishing a definite suture" (Mouffe 1993: 114, zit. nach: Marchart 2001: 8).

Der linke Neo-Republikanismus eines Cornelius Castoriadis oder Claude Lefort ebenso wie die Theorie radikaler und pluraler Demokratie von Laclau und Mouffe stehen in Differenz sowohl zu liberalen als auch zu kommunitaristischen Gesellschaftstheorien, insbesondere dort, wo diese die Vorstellung einer per se unpolitischen Sphäre der Gemeinschaft vertreten (Marchart 2001: 5). Distanz besteht zu den Konzepten von „Zivilgesellschaft" oder „associationalism", die BürgerInnenengagement subsidiär zum Staat propagieren und damit eine Fiktion des Unpolitischen vertreten. Diese Auffassung ist unvereinbar mit der Radikalen Demokratie, da in deren postmarxistischer Wendung nicht nur das Konzept eines „politischen Kollektivsubjekts" wie zum Beispiel einer Klasse, das zum authentischen Träger politischer Willensbildung erklärt wird, abgelehnt wird, auch ein Verständnis des Bürgers/der Bürgerin als autonomes Subjekt, das dem Staat gegenübertritt, steht in Widerspruch zu einer anti-fundationalistischen Sicht. Menschen fungieren vielmehr als RepräsentantInnen fragmentierter, polyvalenter Identität, die je nach Kontext Konzepte von Klasse, Geschlecht, sexueller Orientierung, Rasse, Ethnizität etc. vertreten (Mouffe 1995b: 236-238). Eine zentrale Annahme bei Laclau und Mouffe (2000: 24) ist daher, dass anders als im klassischen Marxismus auch kein universaler Emanzipationsprozess mehr möglich ist, der auf essentiellen Antagonismen beruht und zwischen Haupt- und Nebenwidersprüchen unterscheidet.

Das Prinzip der Radikalen Demokratie besteht demgegenüber in einer *citizenship*, die alle Lebensbereiche umfasst und sich kontextabhängig, abhängig vom jeweiligen Ort in der Gesellschaft in politischen Positionen konkretisiert. Das zentrale Moment des Engagements "consists in trying to extend the principles of equality and liberty to an increasing number of social relations" (Mouffe 1995a: 3). Grundsätzlich kann jeder Lebensbereich Gegenstand demokratischer Intervention werden, unabhängig davon, wie erwähnt, ob der Bürger/die Bürgerin dabei als VertreterIn von Klasse, Gender, sexueller Orientierung, Rasse oder Ethnizität agiert. Die Trennung von privat und öffentlich, privat und politisch gilt dabei als kontingent und Gegenstand von Ausverhandlung und damit ebenfalls als Ergebnis von Hegemonialverhältnissen (Mouffe 1995b: 238).

Somit bestimmen inhaltlich drei zentrale Motive die politische Theorie bei Laclau/Mouffe: die Frage der Hegemonie, der politische und soziale Pluralismus sowie der bewusste Anti-Essentialismus beziehungsweise das Moment der Prekarität von individuellen und kollektiven Identitäten (Laclau/Mouffe 2000: 25).

3. Die Macht der Gründung

Die „demokratische Revolution", wie Laclau und Mouffe (2000: 231) die Epochenschwelle im ausgehenden 18. Jahrhundert bezeichnen, stellt für die Theorie der Radikalen Demokratie einen historischen Paradigmenwechsel dar. Der Ort der Macht wird zu einer Leerstelle und wird auch konzeptuell als solche gedacht:

> „Die Abwesenheit von Macht, verkörpert in der Person des Fürsten und gebunden an eine transzendentale Autorität, macht es unmöglich, Gesellschaft von einer einzigen universalen Logik aus zu denken. Macht, Recht und Wissen sind einer radikalen Unbestimmtheit ausgesetzt; die Unmöglichkeit einer letzten Grundlage oder ‚Naht' ist konstitutiv für die demokratische Form von Gesellschaft" (Hintz/Vorwallner 2000: 13).

Für Claude Lefort, auf den Laclau und Mouffe sich berufen, bedeutet das auch: „Demokratie erweist sich somit als die historische Gesellschaft par excellence" (Lefort 1988: 16, zit. nach: ebd.: 13). Sie sei jene Gesellschaft, die die Kontingenz und Konstruiertheit und damit Historizität ihrer Grundlagen und ihrer konkreten Verfasstheit anerkennt: „Die Konstruktion kollektiver Willen und Identitäten ist radikal instabil, vergänglich und kontingent" (Hintz/Vorwallner 2000: 17). Damit kommt das zentrale Anliegen der Theorie der Radikalen Demokratie zum Ausdruck, mit dem sie den Unterschied der Demokratie zu anderen Regierungsformen und Gesellschaftsordnungen definiert: die Anerkennung von Antagonismus, von Pluralität und gleichzeitig der Kontingenz politischer Verhältnisse als unvermeidlich und als Voraussetzung für Freiheit und Emanzipation.

Hier kommt der Schlüsselbegriff der Hegemonie ins Spiel, der bei Laclau und Mouffe von Gramsci ausgehend post-marxistisch gedeutet wird. Anders als beispielsweise in anarchistischen Entwürfen gilt Macht als eine für die Existenz von Gesellschaft notwendige und unvermeidliche Bedingung. Hegemonie wird als inhärente Dimension jeder sozialen Praxis aufgefasst. Das bedeutet aber auch: „Gesellschaft" besteht damit nicht vor der Politik oder außerhalb der Politik, sondern ist selbst ein Effekt hegemonialer Artikulation (Laclau/Mouffe 2000: 232). Keine „Gesellschaft an sich" existiert somit dem politischen Streben nach Macht vorgängig, sondern die Hegemonialverhältnisse bringen mit der Formulierung ihrer Grenzen und Inhalte – in den aktuellen Diskurs übersetzt: ihrer „Werte", „Identität", „Kultur" – und der Definition ihrer Grundlage Gesellschaft hervor.

Als entscheidender Aspekt von Hegemonie gilt dabei nicht so sehr die Durchsetzung der eigenen Ideologie als die Undenkbarmachung von Alternativen, eine Blockade des „Spiels der Differenzen". Die gesellschaftliche Deutungs- und Definitionsmacht ist dann erreicht, wenn die Vorstellung von der gegebenen Ordnung als der einzig möglichen, natürlichen, vernunftgemäßen etc., mit anderen Worten: als der ontologisch privilegierten, erreicht ist. Beispielsweise Francis Fukuyamas Erzählung vom „Ende der Geschichte" lässt sich auf dieser Grundlage als hegemoniale Artikulation des liberal-demokratischen Kapitalismus auffassen, die weniger als Beschreibung des hegemonialen Programms dient denn als Verunmöglichung der Denkbarmachung von Alternativen (Marchart 1998: 20).

Wenn es nicht der Kampf um Hegemonie ist, der Demokratie und Totalitarismus voneinander unterscheidet, was ist es dann? Als spezifisch demokratischer Entwurf des Gemeinwesens gilt die Vorstellung, dass Einheit oder Ganzheit das Ergebnis von soziokultureller Konstruktion und damit prekär ist. Die zentrale Bedeutung der Anwendung der Dekonstruktion auf die politische Theorie kommt in diesem Punkt explizit zum Ausdruck.

Spezifisch für demokratisches Denken ist demnach die radikale Anwendung einer dekonstruktiven Perspektive auf Politik, die zur Zurückweisung des Anspruchs führt, das Ganze zu verkörpern. Der demokratische Charakter eines Gemeinwesens bestehe darin, „daß kein begrenzter sozialer Akteur sich selbst die Repräsentation der Totalität zuschreiben und auf diese Weise von sich behaupten kann, über die ‚Macht der Gründung' zu verfügen" (Laclau/Mouffe 2000: 25) oder noch deutlicher: „Damit Demokratie existiert, sollte kein begrenzter sozialer Agent imstande sein, irgendeine Macht über die *Gründung* der Gesellschaft für sich in Anspruch zu nehmen" (ebd.: 28).

Diese Feststellung schließt nicht Aussagen konkreter politischer AkteurInnen in einer Demokratie über einen Grund von Gesellschaft aus, zurückgewiesen wird jedoch die Ontologisierung und damit Universalisierung dieses Fundaments. Soziale Agenten müssen die Begrenzung und Partikularität ihrer Ansprüche akzeptieren. Gesellschaftliche Ganzheit, so sie demokratischen Charakter besitzt, wird hier als historisch kontingentes und umkämpftes Konstrukt und nicht als eine die vielfältigen sozialen Akteure a priori transzendierende Einheit entworfen. Ganzheit ist nicht dem politischen Handeln vorgegeben oder als dessen Rahmen aufzufassen, sondern wird durch hegemoniale Artikulation erst erzeugt. Gründungsakte wie die US-amerikanische Unabhängigkeitserklärung oder die französische Erklärung der Menschenrechte von 1789 weisen daher zirkulären Charakter auf, indem „ein ‚Volk' unterzeichnet, das sich durch seine Unterschrift als einheitliches Volk erst konstituiert. Das Volk existiert nicht vor seinem stiftenden Akt, der selbst wiederum dieses Volk als autorisierende Instanz voraussetzt" (Vogl 1994: 20).

Ohne dass die TheoretikerInnen der Radikalen Demokratie sich ausdrücklich darauf berufen oder eine Rezeption erkennen lassen, steht dieser Entwurf von Demokratie in einer Theorietradition, für die Hans Kelsens „Vom Wesen und Wert der Demokratie" (Kelsen 1981) ein herausragendes Beispiel darstellt. Kelsen nannte schon in den 1920er Jahren – im Kontext der Auseinandersetzung mit rechten und linken antidemokratischen Ideologien – das Ideal eines über den Gruppeninteressen stehenden und „überparteilichen" Gesamtinteresses ohne Unterschied der Konfession, der Nation, der Klassenlage etc. „eine metaphysische, oder besser: eine metapolitische Illusion" (Kelsen 1981: 22). Er wies damit die Vorstellung von einem überparteilichen organischen Gesamtwillen, der den antidemokratischen Weltanschauungen der Zwischenkriegszeit zugrunde lag, ausdrücklich zurück. Aber auch das Denken eines ontologischen Fundaments der Demokratie in Gestalt der Volkssouveränität stand im Gegensatz zur Kelsen'schen Theorie. Mit seiner Kritik an einem „Gottesgnadentum des Volkes" brachte er seinen Widerspruch gegen die Auffassung vom „Volk" als der Politik vorgängiger Ganzheit auf den Punkt. Dass das Volk – hier wohl als homogene authentische Einheit gemeint – im Besitze der Wahrheit und der Einsicht des Guten sei, sei ebenfalls eine „religiös-metaphysische Hypothese" (Kelsen 1981: 99).

Auch der aktuelle Populismus lässt sich damit in seinen Grundannahmen als antidemokratisch beschreiben. Seine Konzeptualisierung als „Prävalenz eines Machtwillens, die Volks-Herrschaft via Ressentiment an die Stelle partikularer Herrschaft (Eliten-, Privilegienherrschaft) zu setzen versucht, wobei ‚Volk' als allgemein vorausgesetzt, homogen und autonom vorgestellt wird" (Ernst 1987: 23), verweist auf ein Verständnis von Volk als authentischer, vorpolitischer Totalität, die als „religiös-metaphysische Hypothese" im Sinne Kelsens oder als Setzung eines essentiellen Zentrums zur Überwindung der sozialen Teilung aufgefasst werden kann. Der Terminus „populistisch" bezeichnet damit Annahmen von einem Fundament der Gesellschaft, die zur radikaldemokratischen Auffassung ebenfalls in Gegensatz stehen.

Der dekonstruktivistische Ansatz hat entscheidende Auswirkungen auf die politische Praxis. Denn wäre der Grund von Gesellschaft gänzlich klar und fixierbar, dann würden soziale Auseinandersetzungen auf die Frage des richtigen Wissens hinauslaufen. Politik wäre dann eben nicht Sache radikaler Konstruktion, sondern eine dialektisch-sokratische Betrachtungsweise dessen, was essentiell *ist* (Laclau/Mouffe 2000, 28). Politische Entscheidungen, zumindest Grundsatzentscheidungen, wären dann, wenn man die Grundsätze der Rationalität einhalten will, eine Frage der Erkenntnis, das Richtige logisch ableitbar. Demokratische Wahlen würden damit tendenziell unnötig, da von mehreren politischen Vorschlägen und Anschauungen die vernünftigsten und damit die besten zumindest von den entsprechend Gebildeten und Intelligenten unter den StaatsbürgerInnen erkannt werden könnten. „Eine Entscheidung, die als eine zwischen ‚Wissen und Dummheit' (Žižek) inszeniert wird, ist natürlich eine Nicht-Wahl" (Misik 2005: A2).

Auf diesen Punkt weisen auch Laclau und Mouffe hin:

„Vom platonischen Philosophenkönig bis hin zum Begriff des Proletariats als der ‚universalen Klasse' haben wir es mit einer ganzen Richtung in der politischen Theorie zu tun, die die Legitimität von Macht auf eine privilegierte epistemologische Stelle zu gründen versucht." „Wirkliche Demokratie" beginne jedoch erst dann, „wenn die rein konstruierte Natur sozialer Verhältnisse ihre Ergänzung in den rein pragmatischen Gründen der Ansprüche auf Machtlegitimität findet" (Laclau/Mouffe 2000: 28).

Auch in diesem Kontext wird deutlich, dass der Ansatz der Radikalen Demokratie nicht das Ziel verfolgt, das Phänomen Macht abzuschaffen, oder hegemoniale Verhältnisse für vermeidbar hält. Die wichtigste Frage demokratischer Politik sei „nicht, wie Macht zu eliminieren ist, sondern wie Machtformen zu konstituieren sind, die mit demokratischen Werten vereinbar sind" (ebd.: 25). Einerseits ist damit Pluralismus konstitutiv für die moderne Demokratie, ein „Pluralismus, der die fortwährende Existenz von Konflikt, Spaltung und Antagonismus impliziert" (ebd.: 23). Andererseits begrenzen Hegemonialverhältnisse diesen Pluralismus. Macht, Antagonismen und ihr unausrottbarer Charakter bewirken, dass niemals eine totale Emanzipation, sondern immer nur partielle, in einem konkreten historischen Kontext befindliche Emanzipationsprozesse stattfinden können (ebd.: 24). An diesem Punkt wird der Gegensatz der post-marxistischen radikaldemokratischen Theorie zum Marxismus/Leninismus, ihrem zeitgenössischen „Hauptgegner", in besonderer Deutlichkeit sichtbar.

Das bedeutet aber auch die Ablehnung des Versuchs, Konzepte eines ahistorischen, substantiellen Zentrums der Gesellschaft durchzusetzen. Auch hier berufen sich Laclau und Mouffe auf den Anti-Essentialismus Claude Leforts, der seinen dekonstruktivistischen Ansatz wie folgt zusammenfasst:

„Kein Recht, das fixiert werden kann, dessen Gesetze nicht einer Auseinandersetzung unterliegen oder dessen Grundlagen nicht in Frage gestellt werden können – mit einem Wort, keine Repräsentation eines Zentrums der Gesellschaft: Einheit kann nicht länger die Zerteilung der Gesellschaft auslöschen. Die Demokratie eröffnet die Erfahrung einer Gesellschaft, die nicht erfaßt oder kontrolliert werden kann, in der das Volk zum Souverän erklärt wird, in der seine Identität aber niemals endgültig festgelegt sein wird, sondern latent bleiben wird" (Lefort 1981: 173, zit. nach: Laclau/Mouffe 2000: 231).

Ebenso wenig wie hegemoniale Verhältnisse durch die Dekonstruktion politischer Entwürfe und Praxen, durch die Behauptung ihrer Prekarität beseitigt werden können, geht dadurch die Möglichkeit verloren, einen Grund von Gesellschaft zu formulieren. Vielmehr betrachtet die Radikale Demokratie die Vorstellung eines gemeinsamen Horizonts, eines Konzepts von „Gesellschaft" als notwendig. Die Etablierung von Bedeutungen, auf die sich die sozialen Subjekte gemeinsam beziehen können oder sollen, ist demnach für die Existenz eines

Gemeinwesens erforderlich (Laclau/Mouffe 2000: 233). Einerseits ist dem demokratischen Gemeinwesen damit der Verzicht auf die „Vorstellung eines Zentrums als eines *transzendentalen Signifikats*" vorgegeben, gleichzeitig sind aber partielle Fixierungen nötig, um das Fließen der Differenzen zu ermöglichen, um sich zu unterscheiden (ebd.: 149 f.). Die Formulierung von Identität, eines sozialen Wir, geschieht, um überhaupt „Gesellschaft" bilden und eine „Implosion des Sozialen" verhindern zu können (ebd.: 233), auch wenn „Ordnung" „nur als partielles Begrenzen der Unordnung existiert" (ebd.: 238). In einer demokratischen Gesellschaft müsse die Vielfalt sozialer Logiken und die Notwendigkeit ihrer Artikulation dabei stets mitgedacht werden: „Diese Artikulation muß jedoch beständig neu geschaffen und neu ausgehandelt werden – es gibt keinen Schlußpunkt, an dem ein für allemal ein Gleichgewicht erreicht sein wird" (ebd.: 233).

Die Postmodernität dieses Denkens kommt darin zum Ausdruck, dass dieser unendliche Prozess der Infragestellung, der Gesellschaft gleichzeitig hervorbringt und ihren Grund prekarisiert, das Freiheitspotential demokratischer Gesellschaft überhaupt erst ausmache. Jean-François Lyotard weist darauf hin, dass der Prozess der Delegitimierung der Meta-Erzählungen zwar im Fin de Siècle um 1900 überwiegend nicht zu einem Gefühl der Befreiung führte, sondern Pessimismus bewirkte, aber „man kann heute sagen, daß diese Trauerarbeit abgeschlossen ist. [...] Die Sehnsucht nach der verlorenen Erzählung ist für den Großteil der Menschen selbst verloren" (Lyotard 1994: 122). Diesem Befund ist für die ausgehenden 1970er und die 1980er Jahre, in denen sowohl das „postmoderne Wissen" als auch die Ergebnisse der Dekonstruktion des Politischen durch die Radikale Demokratie formuliert wurden, zuzustimmen. Gegenwärtig hat es hingegen den Anschein, als wäre der aktuelle Werte- und Fundamentediskurs ein erneuerter Ausdruck jener „Sehnsucht nach der verlorenen Erzählung", die um die Macht der hegemonialen Artikulation kämpft.

Bemerkenswert am radikaldemokratischen Entwurf des Verhältnisses von Politik und Gesellschaft ist trotz seiner abstrakten theoretischen Erörterungen die Betonung der Praxis des politischen Handelns. Das Bewusstsein, dass es keine vor- und außerpolitische Garantie und Grundlegung gesellschaftlicher Verfasstheit gibt, stellt die Frage nach der Notwendigkeit demokratischen Engagements und politischer Partizipation für die Durchsetzung emanzipatorischer Positionen – für ihre Hegemonie – in den Vordergrund. Denn eine ontologische Grundlegung von Demokratie besitze in der Praxis keine Bedeutung: „Das Problem, ob eine theoretische Wahrheit verallgemeinert und als universal betrachtet werden kann, findet seine Lösung im Grad der Inkorporierung dieser Wahrheit in die ‚Wirklichkeit', von der sie selbst immer ein Teil ist" (Hintz/Vorwallner 2000: 21). Wenn die Behauptung eines rationalen, ethischen oder religiösen Fundaments auf gegnerische Wahrheitsansprüche trifft, ist die metaphysische Setzung von Demokratie in derselben Lage wie jede andere politische Position: Sie muss um ihre Deutungsmacht und ihre institutionelle Durchsetzung kämpfen. Es ist daher das politische Engagement, das über den Bestand von Demokratie entscheidet, nicht die ontologische Grundlegung, die schließlich der Anerkennung, eines Glaubens daran, bedarf.

„Eine bestimmte Position mag noch so ‚wahr' sein, sie ist *nicht*, wenn sie sich nicht durchsetzt – aber kann sich letztlich nur durchsetzen unter essentieller Anerkennung des radikal Anderen. Die Ablösung des klassischen Wahrheitsbegriffs durch die ‚*logic of verissimilitude*' entbindet Intellektuelle deshalb nicht von der Pflicht aktiv zu werden, seinen/ihren Willen einzusetzen [...]" (Hintz/Vorwallner 2000: 21).

4. Demokratie versus Totalitarismus

Die Frage nach der Gründung von Gesellschaft – sei es gemäß einer konfessionell-religiösen Position oder allgemein ontologisch-substantialistischer Grundannahmen, die auf „Kultur", „Werte", „Identität" verweisen – spielt, wie gezeigt werden sollte, eine zentrale Rolle in der Theorie der Radikalen Demokratie. Die praktischen Anwendungsfelder, die angesprochen werden, konzentrieren sich dabei auf sozio-ökonomische Interessen und Probleme der politischen und sozialen Partizipation sowie eines staatsbürgerlichen politischen Aktivismus. Themen wie kulturelle Identität und Gruppenbildung, die rund zwanzig Jahre nach dem Erscheinen von „Hegemonie und Radikale Demokratie" im Mittelpunkt der politischen und kulturwissenschaftlichen Debatten stehen, spielen hingegen kaum eine Rolle. *Citizenship* „might provide the rallying cry of all democratic forces in the attempt to defeat neo-liberalism" (Mouffe 1995a: 3). Der zentrale Wandel besteht daher in der Verlagerung von der Kritik an einem Marxismus als Meta-Erzählung zu jener am Neoliberalismus als aktueller Form einer auf Politikvermeidung beruhenden hegemonialen Artikulation. Diese Fokussierung lässt sich mit der linken, marxistischen Tradition erklären, in der Laclau und Mouffe stehen. Aber auch inhaltlich ist diese Schwerpunktsetzung insofern konsequent, als zum Beispiel „Kultur" oder „Tradition" nicht als kommunitäre Substanz, sondern ebenfalls als lediglich partikulare Positionen aufgefasst werden, die hinsichtlich ihrer Allgemeinverbindlichkeit Gegenstand gesellschaftlicher Aushandlung sind. Das Subjekt der anti-fundationalistischen Theorie als Träger von *citizenship* existiert dementsprechend in konkreten Aktualisierungen, nicht als kontextfreies Ich, das sich – früher – über Klasse oder – aktuell – über Kultur oder Religion definieren lässt.

Fassen wir noch einmal die Grundannahmen der dekonstruktivistischen Demokratietheorie zusammen, die Auswirkungen auf eine religiöse Grundlegung von Gesellschaft haben: Zunächst gilt ein Verständnis von „Gesellschaft" als „genähter und selbstdefinierter Totalität" (Laclau/Mouffe 2000: 148) – somit als Konstrukt – als Voraussetzung für eine demokratische Ordnung. Im Kontext dieser anti-fundationalistischen Perspektive lässt sich auch nicht mehr von einem ahistorischen metaphysischen Grund beziehungsweise von einem Gründungsakt eines Gemeinwesens ausgehen. Die „Vorstellung eines Zentrums als eines *transzendentalen Signifikats*" wird aufgegeben. Verfassungen, Grundrechtsordnungen, politische Grundüberzeugungen, Werte und kulturelle Selbstdefinitionen lassen sich demnach nur als partielle, vorläufige Fixierungen verstehen, die aus bestimmten Hegemonialverhältnissen hervorgehen. Entscheidend für die Grundlegung einer demokratischen, die Menschenrechte achtenden Gesellschaft ist somit nicht die Behauptung rationaler Erkenntnis oder göttlicher beziehungsweise religiöser Stiftung, sondern dass „die DemokratInnen" über die politische und kulturelle Hegemonie verfügen.

Während in einer religiös verfassten Gesellschaft somit auf eine letzte Autorität zurückgegriffen wird, übernehmen mit der „demokratischen Revolution" die Pragmatik der Situation sowie Taktiken und Strategien der politischen Auseinandersetzung den leeren Ort einer unmöglichen Autorität (Stäheli 1998: 55). Dadurch verschwindet der Bezug auf einen transzendenten Garanten und mit ihm die Repräsentation der substantiellen Einheit von Gesellschaft. BürgerInnen einer auf diesem Verständnis beruhenden Demokratie erweisen sich damit als Menschen der postmodernen Welt im Sinne Lyotards, die wissen, „daß die Legitimierung von nirgendwo anders herkommen kann als von ihrer sprachlichen Praxis und ihrer kommunikationellen Interaktion". Die „rauhe Nüchternheit des Realismus" (Lyotard 1994: 122) eines Dekonstruktivismus äußert sich in der Auffassung, dass die Festschreibung von Fundamenten in Verfassungen oder ihre Inszenierung in politischen Ritualen immer nur Ausdruck von momentanen Hegemonialverhältnissen ist.

Auch wenn die Frage nach der Rolle von Religion in Politik und Gesellschaft demokratischer Gemeinwesen nicht ausdrücklich gestellt wird, ergibt sich doch aus diesen Positionen, dass religiöse Apriori und dekonstruktivistische Demokratietheorien in einem schroffen Gegensatz zueinander stehen. Die Inkompatibilität bezieht sich dabei auf die Frage nach der Stiftung von Einheit und Ganzheit von Staat und Gesellschaft, die in der radikaldemokratischen Sicht immer vorgestellt und prekär ist. In Bezug auf Konzepte einer essentiellen Ganzheit, eines „Topos der reinen und unverbrüchlichen Gemeinschaft" (Vogl 1994: 7) als Horizont des Denkens sozialer Totalität, lässt sich daher sagen, es „verschafft sich mit anderen Worten eine Heilserwartung Ausdruck, die unter den Bedingungen demokratischer Gemeinwesen – d. h. solcher, welche die antagonistische Grundverfassung der Gesellschaft anerkennen – schlicht nicht zu haben ist. Setzt die Möglichkeit solcher Gemeinwesen doch voraus, dass jener ‚Tod Gottes' bereits stattgefunden hat, den Sedlmayr ganz im Gegensatz zu seinem Kronzeugen Friedrich Nietzsche als erste und letzte Konsequenz des Verlusts der Mitte betrauert [...]" (Öhner 2006: 14).

Nach Claude Lefort besteht die radikale Differenz, die die demokratische Gesellschaft einführt, gerade darin, dass der Ort der Macht zur Leerstelle wird. Die Konsequenzen dieser Auffassung für das Verhältnis zwischen religiösen beziehungsweise ontologischen Formulierungen eines Grundes von Gesellschaft und Demokratie sollen im Folgenden zunächst hinsichtlich des Totalitarismus als dem Anderen der Demokratie untersucht werden.

Die Theorie der Radikalen Demokratie folgt weitgehend Lefort, der den Gegensatz von Demokratie und Totalitarismus als konträre Entwürfe des Sozialen und Politischen untersucht. Zwei Typen totalitärer Gesellschaften werden voneinander unterschieden, wobei sich ein breites Verständnis von Totalitarismus zeigt, das auch historisch weit zurückgreift. Zum ersten sind es Gemeinwesen, die gemäß einer theologisch-politischen Logik verfasst sind, die unter Totalitarismusverdacht stehen. Sie sind dadurch charakterisiert, dass die Macht in Person des Fürsten als Stellvertreter Gottes auftritt. Der Fürst beansprucht dabei, höchste Gerechtigkeit und höchste Vernunft zu verkörpern (Laclau/Mouffe 2000: 231). Somit folgen die „alten", auf Gottesgnadentum beruhenden Monarchien einer theologisch-politischen Logik. So ist zum Beispiel auch ein islamischer „Gottesstaat" deswegen ein Gegenbild zu einer demokratischen Gesellschaft, weil er einen ahistorischen religiösen Grund von Gesellschaft und ein transzendentales Signifikat als Zentrum einführt.

Als potenziell totalitär lassen sich demnach ebenso Positionen christlicher Kirchen einstufen, sofern diese aufgrund ihres Wahrheitsanspruchs als Repräsentanz privilegierten Wissens vorgebracht werden. Papst Johannes Paul II. brachte diesen Anspruch in Bezug auf die ethischen Debatten in säkularen Gesellschaften zum Ausdruck:

„Immer neu offenbaren sich die Zeichen einer Gesellschaft, die, wenn nicht programmatisch atheistisch, so doch mit Sicherheit positivistisch und agnostisch ist, da ihr Orientierungsprinzip darin besteht, so zu denken und zu handeln, als gäbe es Gott nicht. [...] So zu leben, als ob Gott nicht existierte, bedeutet, außerhalb der Koordinaten von Gut und Böse zu leben" (Johannes Paul II. 2005: 67, zit. nach: Reemtsma 2005: 32).

Die Gesellschaft wird damit nicht als Ort der Ausverhandlung unterschiedlicher Moralkonzepte, die auf unterschiedlichen Legitimationen beruhen können, anerkannt. Sondern es gibt dementsprechend nur die eine wahre und damit privilegierte Auffassung von Gut und Böse. Alternative Auffassungen in ethischen Fragen, die nicht auf der Setzung eines transzendentalen Fundaments basieren, gelten nicht als gleichwertig, sie weisen a priori einen inferioren Stellenwert auf. Mit dieser Form von Politikvermeidung verband Kardinal Ratzinger explizit die Deutungshoheit über menschliche Sinngebung in Form einer strikten Nicht-Anerkennung konstruktivistischer Positionen: „Sinn, der selbst gemacht ist, ist im letzten kein Sinn" (Ratzinger 2002: 47, zit. nach: Reemtsma 2005: 30). Aus einer religiösen Begründung heraus wird hier somit jene Macht über die Gründung und damit die Einheit von Politik und Wissen (als Weg zur Wahrheit) beansprucht, die zentraler Gegenstand der Kritik der Radikalen Demokratie ist.

Moderne Totalitarismen im engeren Sinne, der marxistisch-leninistische und stalinistische Kommunismus sowie der Faschismus, vertreten den zweiten Typus, der mit ersterem den Bezug auf ein Sinn gebendes und Bedeutung vermittelndes ontologisches Zentrum gemeinsam hat. Auch bei Hans Kelsen finden wir diesem Ansatz entsprechend quasi eine Gleichsetzung von Totalitarismus (bei Kelsen: Autokratie) mit politischer Religion, denn die Gemeinsamkeit von Monarchie und Faschismus oder Kommunismus bestehe im Bezug auf ein Absolutes:

> „Das ist nämlich die große Frage: *Ob* es eine Erkenntnis absoluter Wahrheit, eine Einsicht in absolute Werte gibt. Das ist der prinzipielle Gegensatz der Welt- und Lebensanschauungen, in den sich der Gegensatz von Autokratie und Demokratie einfügt. Der Glaube an absolute Wahrheit und absolute Werte schafft die Voraussetzung für eine metaphysische und insbesondere religiös-mystische Weltanschauung. Die Negation dieser Voraussetzung aber, die Meinung, daß nur relative Wahrheiten, nur relative Werte der menschlichen Erkenntnis erreichbar sind, und sohin jede Wahrheit und jeder Wert – so wie der Mensch, der sie findet – allzeit bereit sein muß abzutreten und anderen Platz zu machen, führt zur Weltanschauung des Kritizismus und des Positivismus, sofern man darunter jene Richtung der Philosophie und Wissenschaft versteht, die vom Positiven, das heißt vom Gegebenen, Erfaßbaren, von der wandelbaren und stets sich wandelnden *Erfahrung* ausgeht und sohin die Annahme eines dieser (sic!) Erfahrung transzendierenden Absoluten ablehnt" (Kelsen 1981: 100f.).

Kelsen setzt daher eine metaphysisch-absolutistische Weltanschauung mit einer autokratischen, eine kritisch-relativistische Weltanschauung mit einer demokratischen politischen Haltung gleich: „Wer absolute Wahrheit und absolute Werte menschlicher Erkenntnis für verschlossen hält, muß nicht nur die eigene, muß auch die fremde, gegenteilige Meinung zumindest für möglich halten. Darum ist der *Relativismus* die Weltanschauung, die der *demokratische Gedanke* voraussetzt" (ebd.: 101). Angesichts der Bedrohung der Demokratie durch autoritäre und totalitäre Gruppen in den 1920er Jahren – seien sie ideologisch oder in engerem Sinne religiös legitimiert wie der „christliche Ständestaat" in Österreich – sieht Kelsen diesen Relativismus begründet in der „Unmöglichkeit, für ein politisches Programm, für ein politisches Ideal – bei aller subjektiven Hingebung, bei aller persönlichen Ueberzeugung – *absolute Gültigkeit* zu beanspruchen" (ebd.: 102). Wer sich auf irdische Wahrheit und menschliche Erkenntnis stütze, könne sich selbst bei unvermeidlichem Zwang in einem Staatswesen nur durch die Zustimmung wenigstens der Mehrheit rechtfertigen. „Und diese Zwangsordnung darf nur so beschaffen sein, daß auch die Minderheit, weil nicht absolut im Unrecht, nicht absolut rechtlos, jederzeit selbst zur Mehrheit werden kann" (ebd.: 102f.). Letztlich – so lässt sich folgern – hat schon Kelsens Ansatz die Konsequenz, dass nicht die Unterstützung durch die Mehrheit den Unterschied zwischen Demokratie und Diktatur ausmacht, sondern die Anerkennung, dass eine politische Grundordnung eine prinzipiell prekäre hegemoniale Artikulation darstellt.

Laclau und Mouffe streichen stärker als Kelsen den Unterschied zwischen religiösen und säkularen Totalitarismen heraus. Sie betonen, dass – auch nachdem alle Bezüge auf außergesellschaftliche Mächte durch die demokratische Revolution zerstört wurden – eine rein soziale Macht auftauchen kann, die sich als total darstellt und ausschließlich aus sich selbst das Prinzip des Rechts und des Wissens herleitet. Totalitäre Systeme zeichneten sich durch die Macht aus, „sich in einem Organ zu verkörpern, das sich anmaßt, der Repräsentant eines *einheitlichen* Volkes zu sein" (Laclau/Mouffe 2000: 231). In den totalitären Ideologien, die eine verlorene Ganzheit zu rekonstruieren beanspruchen, handelt es sich somit um eine Reaktion und Gegenbewegung zum Selbstverständnis liberal-demokratischer Gesellschaften: „Unter dem Vorwand, die Einheit des Volkes zu erlangen, wird demzufolge die soziale Teilung geleugnet, die durch die Logik der Demokratie sichtbar wurde" (ebd.). (Moderner) Totalitarismus gilt daher als Versuch, „die Einheit wiederherzustellen, die die Demokratie zwischen den Orten der Macht, des Rechts und des Wissens zerschlagen hat" (ebd.), als jene „Logik der Konstruktion des Politischen, die darin besteht, einen Ausgangspunkt zu setzen, von dem aus Gesellschaft vollkommen gemeistert und gewußt werden kann" (ebd.: 232). Beispielsweise nimmt die Vorstellung von Wissenschaft im marxistischen Kontext – wieder im Sinne einer Politikvermeidung – die Stellung eines unbezweifelbaren Grundes ein,

„verbunden mit einem ganzheitlichen Wissen, das auf der privilegierten Position einer Klasse beruhte, die ihrerseits wieder in die epistemologisch privilegierte Position politischer Führung transformiert wurde, was zu den wohlbekannten autoritären Formen von Politik führte" (Hintz/Vorwallner 2000: 21).

Die Begriffe des Essentialismus und des Religiösen nähern sich in diesem Konzept tendenziell einander an. Dementsprechend formulieren Laclau und Mouffe auch die Forderung nach „Verweltlichung der Politik", die ausdrücklich als Kritik am Essentialismus der traditionellen Linken gemeint ist, die (in den 1980er

Jahren) nach wie vor in absoluten Kategorien wie „die Klasse", „die Partei", „die Revolution" denke (Laclau/Mouffe 2000: 235).

5. Anti-fundationalistische Theorie und Zivilreligion

„Totalitarismus" wird hier auf das Merkmal zugespitzt, dass das jeweilige Fundament von Gesellschaft als zeitlos und nicht verfügbar gilt und seine Geltung nicht durch einen Prozess der Willensbildung erlangt, sondern Ergebnis eines Anspruchs auf ein Erkenntnismonopol ist, das wiederum die Infragestellung der herrschenden Verhältnisse delegitimiert. Religiöse und/oder in einem weiteren Sinne ontologische Grundlegungen sind aber auch Gegenstand zivilreligiöser Auffassungen, die in demokratischen Systemen formuliert werden, diese absichern wollen und sich hinsichtlich ihrer Geltung zumindest partiell auf demokratische Verfahren berufen.

Auf den für die hier erörterte Fragestellung wesentlichen Aspekt von Zivilreligion weist Hermann Lübbe hin, der darunter

> „exklusiv diejenigen Symbole, symbolischen Handlungen, rituellen und freien Bekundungen, Normen und freien Gewohnheiten [versteht], durch die innerhalb des politischen Systems öffentlich ein Sinnbezug zu prinzipiell nicht disponiblen Voraussetzungen seiner eigenen Existenz hergestellt wird und durch die darüber hinaus der Grund benannt und anerkannt wird, der uns normativ festlegen läßt, was prinzipiell menschlicher Dispositionsfreiheit entzogen sein soll" (Lübbe 1986: 320f.).

Die Konzepte von Zivilreligion sind in der Frage nach ihren Geltungsgründen und der Durchsetzung ihrer Geltung uneindeutig. Einerseits erscheint es zumindest als wünschenswert, dass der zivilreligiöse Gehalt des politischen Systems in demokratisch zustande gekommenen Gesetzen, insbesondere in der Verfassung, zum Ausdruck kommt. Gleichzeitig werden jedoch gesellschaftliche Werte als nicht-verfügbar deklariert und damit dem Prozess des Aushandelns entzogen, was dem Bekenntnis zu ihrer Gültigkeit nur deklaratorischen Charakter verleiht. Die zivilreligiöse Auffassung ist mit der Position der Radikalen Demokratie nur dann vereinbar, wenn diese Nicht-Disponibilität als im Rahmen der Macht einer bestimmten politischen Position dekretiert aufgefasst wird. Mit einer anti-fundationalistischen Haltung inkompatibel wäre sie jedoch, wenn bestimmte Werte aus sich heraus, vorpolitisch Grund von Gesellschaft sein sollen und damit nicht „auf andere Argumente Bezug nimmt und, da der Prozeß offen ist, immer bezweifelt werden kann" (Hintz/Vorwallner 2000: 21). Für die Geltung dieses Fundaments wäre diese Frage aber auch irrelevant, denn Wirksamkeit und Bedeutung erlangen sie nur durch gesellschaftliche Durchsetzung und Anerkennung, nicht durch ihr Sein als transzendentales Signifikat.

Generell ist davon auszugehen, dass das Konzept der „Zivilreligion" auf ein ontologisches Fundament von Gesellschaft abzielt. Zivilreligiöse Diskurse kreisen um die Frage nach der Ganzheit und sind von der Furcht vor ihrer Auflösung geprägt. Rolf Schieder postuliert daher: „Wer weiterhin am Gedanken eines gesellschaftlichen Ganzen festhalten will, der wird um einen Zivilreligionsbegriff kaum herumkommen" (Schieder 1996: 86). Für radikal-demokratische TheoretikerInnen ist jedoch gerade hinsichtlich der Vorstellung eines gesellschaftlichen Ganzen eine zivilreligiöse Sicht nicht haltbar. Denn Politik erzeugt ohnehin ständig Konzepte von Totalität. So ist nicht das Fehlen von Entwürfen von Ganzheit und von Fundamenten zu konstatieren, in der antifundationalistischen Sicht steht auch die Anerkennung des prozessualen, historischen und damit unabschließbaren Charakters des „gesellschaftlichen Ganzen" in Widerspruch zu den oben skizzierten Zwecken einer Zivilreligion.

Die Dekonstruktion der Setzung von Fundamenten einer Gesellschaft in ihrem Gegensatz zu zivilreligiösen Positionen lässt sich am Beispiel der Menschenrechte sichtbar machen. Von den VertreterInnen der Radikalen Demokratie werden die Menschenrechte und die Bedeutung des Einsatzes für sie mit Emphase vertreten. Dies gilt, obwohl aus einer dekonstruktivistischen Perspektive selbstverständlich auch das Konzept des „Menschen" historisch kontingent und prekär ist. Nicht ein ahistorischer „Mensch an sich" ist demnach Träger von Menschenrechten, sondern diese sind Ergebnis eines in bestimmten zeitlichen und kulturellen Kontexten erzeugten Entwurfes des Menschen:

> „In Wirklichkeit jedoch ist der Versuch wichtig zu zeigen, wie der ‚Mensch' in der Moderne produziert worden ist, wie das ‚menschliche' Subjekt – das heißt der Träger unterschiedsloser menschlicher Identität – in bestimmten religiösen Diskursen auftaucht, in juristischen Praxen verkörpert und in anderen Bereichen wiederum andersartig konstruiert ist" (Laclau/Mouffe 2000: 155).

Ganz anders hört sich hingegen die ebenfalls emphatische Betonung der Menschenrechte in der US-amerikanischen Zivilreligion an. John F. Kennedy brachte in seiner Inaugurationsrede zum Ausdruck, dass diese ein ontologisches Fundament besitzen, nicht Ergebnis menschlicher Willensbildung, sondern letztlich eine Frage des Glaubens und der Erkenntnis einer Glaubenswahrheit darstellen:

> „Und trotzdem geht es rund um den Erdball immer noch um dieselben revolutionären Überzeugungen, für die unsere Vorfahren gekämpft haben: den Glauben nämlich, daß die Menschenrechte nicht der Großzügigkeit des Staats entspringen, sondern aus der Hand Gottes stammen" (zit. nach Bellah 1986: 19).

Dass der Mensch als Träger von allgemeinen Menschenrechten bei Laclau und Mouffe als Konstrukt anzusehen ist, bedeutet aber nicht die Absage an diese, sondern betont vielmehr das Bewusstsein einer Notwendigkeit demokratischen Engagements für sie:

> „Weit davon entfernt zu denken, daß dem ‚Menschen' Wesenhaftigkeit zukommt vermutlich als ein Geschenk des Himmels –, kann uns eine solche Analyse die historischen Bedingungen seines Auftauchens und die Gründe für seine augenblickliche Anfechtbarkeit zeigen und uns somit befähigen, wirksamer und ohne Illusionen für die Verteidigung humanistischer Werte zu kämpfen" (Laclau/Mouffe 2000: 155).

Der analytische Nachvollzug der Konstruktion konkreter Auffassungen vom Menschen gilt hier als Voraussetzung, die Zerbrechlichkeit dieser humanistischen Werte in den Griff zu bekommen und ihre Einschränkung auf bestimmte Kategorien wie zum Beispiel Männer oder Besitzende aufzubrechen.

Die Anerkennung der Kontingenz und des Prekären, der diskursiven Erzeugung auch der scheinbar selbstverständlichsten Kategorien führt daher nicht zur Auffassung von deren Beliebigkeit und Bedeutungslosigkeit. Im Gegenteil, wenn Werte und Ordnungen nicht als ontologisch vorgegeben, sondern als im politischen Feld erzeugt und nur durch das menschliche Handeln realisierbar gelten, dann gewinnen dadurch Praxis, Einsatz und Engagement erst an Bedeutung. Insofern wird bei Laclau und Mouffe das universale Konzept des Menschen als zwar historisch bedingt, aber dennoch höchst wertvoll betrachtet: „'Der Mensch' ist ein fundamentaler Knotenpunkt, von dem aus seit dem achtzehnten Jahrhundert die ‚Humanisierung' zahlreicher sozialer Praxen vorangetrieben werden konnte" (ebd.: 155). In jener Anerkennung der Kontingenz und des Prekären unterscheidet sich damit der Blick der Radikalen Demokratie auf Politik und Gesellschaft von jenem der Zivilreligion. Das Ziel ihrer Argumentation ist es, das Paradox aufzuzeigen, dass einerseits der Zuschreibung von Menschenrechten als dem Guten ein breiter Konsens zukommen würde, gleichzeitig aber in der Behauptung, das Absolute zu vertreten und verbreiten zu wollen – auch wenn dieses Absolute die Menschenrechte sind – ein nicht mehr hinterfragbarer Machtanspruch liegt. Ebenso folgt aus dem anti-fundationalistischen Ansatz die fehlende demokratiepolitische Notwendigkeit dieses Absolutheitsanspruchs als „strategischer Essentialismus".

Die Kritik an zivilreligiösen Vorstellungen, die im Ansatz der Radikalen Demokratie liegt, lässt sich in zwei Punkten zusammenfassen: Erstens bezieht sie sich auf die Behauptung eines nicht verfügbaren, ontologischen Fundaments, die einen Glaubensakt voraussetzt und damit folglich von den BürgerInnen die Anerkennung einer (nicht überprüfbaren) Wahrheit voraussetzt. Zweitens ist es gar nicht erforderlich, dass Demokratie die Anerkennung dieses Erkenntnismonopols verlangt, da – wiederum im Sinne von Lyotards „rauher Nüchternheit des Realismus" – für die Aufrechterhaltung eines demokratischen Systems nicht dessen ontologische Fundierung, sondern dessen faktische Geltung, die in jedem Fall erkämpft und permanent reproduziert werden muss, entscheidend ist. Die Behauptung eines vorpolitischen Fundaments menschlichen Zusammenlebens, zum Beispiel der Menschenrechte, gilt gemäß dieser Kritik als irrelevant, wenn doch die Würde des Menschen de facto antastbar ist. Eine Garantie für die Voraussetzungen des freiheitlichen, säkularisierten Staates könne es daher auch nicht geben. Anders als es das Böckenförde-Paradoxon zum Ausdruck bringt (Böckenförde 1991: 112), ist aus einer anti-fundationalistischen Sicht die Prekarität, das Fehlen eines essentiellen Grundes des Gemeinwesens kein Mangel, sondern Voraussetzung für ein demokratisches Staatswesen. Gerade im Verzicht auf die Erwartung, ein vorpolitisches Fundament in allgemein verbindlicher Weise ahistorisch festmachen zu können, liegt die Abkehr von einer „meta-politischen Illusion" (Kelsen 1981: 22). Nicht die ontologische Fixierung oder transzendentale Grundlegung des freiheitlichen Staates bewirken dessen Entstehung und Existenz, sondern die Hegemonie einer demokratischen Deutung von Politik und Gesellschaft, ihre faktische Inkorporierung in die „Wirklichkeit".

6. Radikale Demokratie und Religion – ein Resümee

Die VertreterInnen der Radikalen Demokratie stellen nicht explizit die Frage nach dem demokratischen Charakter religiös legitimierter oder motivierter AkteurInnen – beispielsweise christlicher Parteien – in einem säkularen politischen Feld. Die hier besprochene Theorie befasst sich weniger mit konkreten AkteurInnen als mit den Bedingungen, die ein Gemeinwesen aufweisen muss, um als demokratisch zu gelten. Das „Projekt für eine radikale Demokratie" als „Politikform, die sich nicht auf die dogmatische Annahme einer ‚Essenz des Gesellschaftlichen' stützt, sondern im Gegenteil auf die Behauptung der Kontingenz und Ambiguität jedes ‚Wesens' und auf den konstitutiven Charakter der sozialen Spaltung und des Antagonismus" gilt dabei als Voraussetzung für das Höchstmaß der dekonstruktiven Effekte, die der Hegemoniebegriff als Angelpunkt politischer Analyse erlaubt (Laclau/Mouffe 2000: 238).

Am ehesten legt sie die Grenzen fest, welche Diskurse sich im Raum ihres Konzepts des Demokratischen – das unvermeidlich normative Implikationen aufweist – bewegen. Daher ist nur eine Annäherung an die Frage nach dem Verhältnis von „Religion und Radikaler Demokratie" möglich, die sich aus deren Grundpositionen erschließen lässt. Dennoch hat die konsequente Anwendung eines dekonstruktivistischen Ansatzes in der politischen Theorie tief greifende

Konsequenzen für die Frage nach dem Verhältnis von Religion, Politik und Demokratie. Zentral ist in diesem Zusammenhang das Thema der Grundlegung von Gesellschaft. Mit Bestimmtheit lässt sich sagen, dass nur eine säkulare Gesellschaft im Sinne von Laclau und Mouffe radikaldemokratisch sein kann oder umgekehrt, dass die Setzung religiöser – im weiteren Sinne auch ontologischer – Fundamente, die nicht gleichzeitig als Ergebnis von Willensbildung und prekären Hegemonialverhältnissen ausgewiesen sind, als inkompatibel mit dem Fehlen eines transzendenten Zentrums gilt, das als Spezifikum der Demokratie ausgemacht wird.

Aus dieser Grundposition lassen sich hinsichtlich der Legitimation religiös motivierter politischer AkteurInnen eine harte und eine weiche Position extrapolieren. In einer harten Interpretation ist politisches Handeln, das sich über eine zeitlose Wahrheit oder einen Glaubensakt begründet, nicht verträglich mit demokratischer Politik. Politische AkteurInnen, die den Glauben an einen religiösen oder metaphysischen Grund von Gesellschaft vertreten, wären damit als antidemokratisch aufzufassen. In einer weichen Interpretation – die dem radikaldemokratischen Ansatz wohl eher entspricht – kann die Motivation einzelner Personen oder Gruppen im politischen Feld aus religiösen Quellen oder dem Glauben an vorpolitische und außergesellschaftliche Wahrheiten oder Grundwerte entstammen, ohne dass diese Haltung ihnen die Einschätzung als demokratische AkteurInnen nehmen würde. Voraussetzung ist dabei, dass sie nicht allgemeine Verbindlichkeit ihrer „Quellen" einfordern und sie sich als VertreterInnen einer partikularen Position verstehen. Diese Deutung würde mit dem Verständnis einer säkularen Gesellschaft übereinstimmen, wie sie zum Beispiel Jan Philipp Reemtsma (2005: 28) definiert:

> „Eine säkulare Gesellschaft zeichnet sich dadurch aus, dass Religion zwar im privaten wie im öffentlichen Raum gelebt werden kann, der öffentliche Raum aber durch keine Religion bestimmt wird. Auch wo Religion öffentlich stattfindet, ist sie Privatsache. In einer säkularen Gesellschaft findet Religion in der Öffentlichkeit statt, weil sie Privatsache ist und weil in einer säkularen Gesellschaft vielerlei private Ansichten in der Gestaltung des öffentlichen Raumes eine Rolle spielen können."

Wenn Religiosität die Überzeugung bedeutet, „über einen privilegierten Zugang zu einer nur in diesem Zugang als einheitlich zu verstehenden Welt – sagen wir: zur Wahrheit – zu verfügen" (ebd.: 29), dann ist sie mit Demokratie als nach Kelsen auf Relativismus basierender Ordnung nur als Privatsache kompatibel, nicht als verbindliche Überzeugung.

Demokratische Freiheit ist dort gegeben, wo religiös motivierte TeilhaberInnen am gesellschaftlichen Handeln ihre Position als eine partikulare und subjektive verstehen. Die Kodifizierung nicht disponibler Fundamente eines Staates – Werte, Identitäten, kulturelle Festschreibungen, Glaubenshaltungen – kann dementsprechend im demokratischen Sinne nur als Willensäußerung der Mehrheit der BürgerInnen Anerkennung beanspruchen, nicht aber als Fixierung eines vorpolitischen Grundes, der auf dem Anspruch auf Erkenntnis des Essentiellen einer Gesellschaft beruht. Die Verbindlichkeit, die demokratisch legitim erzeugt wird, kann sich nur auf das Sollen selbst beziehen, nicht aber auf dessen Grund, wie auch der römisch-katholische Philosoph Robert Spaemann (2002: 173) prägnant konstatiert:

> „Die Gesetze erzwingen Gehorsam auch von denen, die ihnen nicht zustimmen. Das klingt unfreundlich, aber man kann dasselbe auch freundlich ausdrücken und sagen: die Gesetze des modernen Rechtsstaates schreiben nicht vor, dass man den Wertschätzungen zustimmt, die ihnen zugrunde liegen."

Dennoch ist die Spannung einer (zivil)religiösen Perspektive zu jener der Dekonstruktion politischer Diskurse, die zur Auffassung vom Grund von Gesellschaft als Leerstelle führt, vermutlich unaufhebbar. Hier deckt sich die radikaldemokratische Sicht mit Reemtsmas Sicht, der die Spannung „zwischen einer Gesellschaft, zu deren Öffentlichkeitsverfassung gehört, dass es keinen privilegierten Zugang zur Wahrheit gibt, und Menschen, deren Leben von der Vorstellung erfüllt ist, es gebe dergleichen und sie seien im Besitz dieses Zugangs", als unvermeidlich betrachtet (Reemtsma 2005: 30). Daher lässt sich sagen, dass eine religiös legitimierte politische Haltung aus der Sicht eines dekonstruktivistischen Verständnisses von Politik dort als nicht demokratiekompatibel erscheint, wo sie den Grund von Gesellschaft nicht bloß als Ergebnis eines übergreifenden politischen Konsenses, sondern als ontologisch nicht disponibel fixieren will. Hier ist eine idealtypische Differenzierung deutlich zu machen: Ein totalitäres System im Sinne von Lefort oder von Laclau und Mouffe versucht den Akt des Glaubens an seine Fundamente, einschließlich an den/die Herrschenden als Repräsentanz der Totalität, zu erzwingen. Auch in einer Demokratie ist die Setzung ihres Grundes möglich und empirisch feststellbar, aber sanktioniert wird eben nicht der Nicht-Glauben an den Grund, sondern die faktische Verletzung der darauf beruhenden Rechtsordnung. Gleichzeitig liegt in der Festschreibung eines bestimmten religiösen oder in weiterem Sinne ontologischen Fundaments eine Privilegierung eines bestimmten Glaubensaktes, die letztlich zwar nicht von Vornherein als Aufhebung, aber doch als Beschränkung des demokratischen Charakters von Staat und Gesellschaft aufzufassen ist.

Die Geltung von substantiellen Werten, Identitäten, etc. als vorpolitisch und ihre Festschreibung als Erkenntnis des Wesens einer Gesellschaft oder des Menschen führen zu einer Fixierung, die unvereinbar mit jener Auffassung von Demokratie als „historischer Gesellschaft par excellence", als Konstrukt aus partikularen, um hegemoniale Stellung kämpfende Positionen ist, die aus der Sicht der Radikalen Demokratie das Spezifische der Demokratie ausmacht. Mit der Sinnfrage, mit der im religiösen Diskurs zumeist formulierten Anthropologie des Menschen als Orientierung und Verbindlichkeiten suchendem „Mängelwesen", setzt sich die politische Theorie der Radikalen Demokratie nicht auseinander. Der Gegensatz zwischen (wahrem) Sinn und Abwesenheit von Sinn gilt als spezifisch religiöse Dichotomie (Reemtsma 2005: 30). Dagegen ist eine säkulare Demokratie von der Artikulation einer Vielzahl an politisch konkurrierenden Deutungen und Sinngebungen bei gleichzeitiger Anerkennung als „Gegenerzählungen" geprägt. Der dekonstruktivistische Ansatz von Laclau und Mouffe ist durch eine anthropologische Abstinenz charakterisiert, die die Fixierung einer bestimmten Vorstellung vom Menschen „an sich" und damit auch von dessen essentiellen Bedürfnissen ablehnt. Die Postulierung einer außergesellschaftlichen Sinn- und Wertebasis der Gesellschaft durch religiöse beziehungsweise ontologische Weltanschauungen kann damit nur den Anspruch erheben, als partikulare Position eines rein sozialen Kampfes um Deutungsmacht und politisch-kulturelle Hegemonie behandelt zu werden.

Diese Auffassung stellt damit eine unaufhebbare Bruchstelle zwischen dem Konzept der Radikalen Demokratie und fundationalistischen Positionen dar, die Gesellschaft auf der Grundlage eines der Politik und der Demokratie vorgängigen, fixierten Fundaments denken. Allerdings entspricht dieser Antagonismus selbst wiederum der Logik der Radikalen Demokratie, denn diese ist ebenfalls ein politisches Projekt wie jedes andere, ohne Anrecht darauf, den Ort der Macht aufgrund privilegierter Erkenntnis zu besetzen. Ganz im Gegenteil wäre auch ihre politisch-kulturelle Hegemonie immer neu herzustellen und auszuverhandeln (Marchart 2001: 9).

Literatur

Bellah, Robert N. (1986): Zivilreligion in Amerika. In: Heinz Kleger/Alois Müller (Hrsg.), Religion des Bürgers. Zivilreligion in Amerika und Europa. München, 19–41 (amerik. Original: Civil Religion in America. In: Daedalus. Journal of the American Academy of Arts and Sciences 96, 1/1967, 1–21).

Böckenförde, Ernst-Wolfgang (1991): Die Entstehung des Staates als Vorgang der Säkularisation. In: Ders., Recht, Staat, Freiheit. Studien zur Rechtsphilosophie, Staatstheorie und Verfassungsgeschichte. Frankfurt a. M., 92-114.

Ernst, Werner W. (1987): Zu einer Theorie des Populismus. In: Anton Pelinka (Hrsg.), Populismus in Österreich. Wien, 10-25.

Heit, Helmut (Hrsg.) (2005): Die Werte Europas. Verfassungspatriotismus und Wertegemeinschaft in der EU? Münster.

Hintz, Michael/Vorwallner, Gerd (2000): Vorwort der Herausgeber. In: Ernesto Laclau/Chantal Mouffe, Hegemonie und radikale Demokratie. Zur Dekonstruktion des Marxismus. 2. Aufl., herausgegeben und übersetzt von Michael Hintz und Gerd Vorwallner, Wien, 11-22.

Johannes Paul II. (2005): Erinnerung und Identität. Gespräche an der Schwelle zwischen den Jahrtausenden. In Deutsch von Ingrid Stampa, Augsburg.

Kelsen, Hans (1981): Vom Wesen und Wert der Demokratie. 2. Neudruck der 2. Aufl. Tübingen 1929, Aalen.

Laclau, Ernesto/Chantal Mouffe (2000): Hegemonie und radikale Demokratie. Zur Dekonstruktion des Marxismus. Herausgegeben und übersetzt von Michael Hintz und Gerd Vorwallner, Wien.

Lefort, Claude (1981): L'invention démocratique. Les limites de la domination totalitaire. Paris.

Lefort, Claude (1988): Democracy and Political Theory. Cambridge.

Lübbe, Hermann (1986): Religion nach der Aufklärung. Graz.

Lyotard, Jean-François (1994): Das postmoderne Wissen. Ein Bericht. 3. Aufl., herausgegeben von Peter Engelmann, aus dem Französischen von Otto Pfersmann (Edition Passagen 7), Wien.

Marchart, Oliver (1998): Einleitung: Undarstellbarkeit und „ontologische Differenz". In: Judith Butler et al. (Hrsg.), Das Undarstellbare der Politik. Zur Hegemonietheorie Ernesto Laclaus,. Wien, 7-20.

Marchart, Oliver (2001): „Civic Republicanism" und radikale Demokratie. Zur Politischen Philosophie jenseits von Kommunitarismus und Liberalismus. In: Zivilgesellschaft. Ein Begriff macht Karriere (Mitteilungen des Instituts für Wissenschaft und Kunst, 56/1). Wien, 2-11.

Meyer, Thomas (2000): Was ist Politik? (UTB für Wissenschaft 2135). Opladen.

Misik, Robert (2005): Wahlen ohne Wahl. In: Der Standard. Album-Dossier: Der freie Wille, 25. Juni 2005. A 2.

Mouffe, Chantal (1993): The Return of the Political. London/New York.

Mouffe, Chantal (1995a): Preface: Democratic Politics Today. In: Chantal Mouffe (Hrsg.), Dimensions of Radical Democracy. Pluralism, Citizenship, Community. 2. Aufl., London/New York, 1-14.

Mouffe, Chantal (1995b): Democratic Citizenship and the Political Community. In: Chantal Mouffe (Hrsg.), Dimensions of Radical Democracy. Pluralism, Citizenship. Community, 2. Aufl., London/New York, 225-239.

Öhner, Vrääth (2006): Punkt ohne Ausdehnung. Zur Philosophie der Mitte. In: schreibkraft. Das Feuilletonmagazin, Heft 13: Mitte, Graz, 12-14.

Ratzinger, Joseph Kardinal (2002): Einführung in das Christentum. Vorlesungen über das Apostolische Glaubensbekenntnis. Düsseldorf.

Reemtsma, Jan Philipp (2005): Muss man Religiosität respektieren? Über Glaubensfragen und den Stolz der säkularen Gesellschaft. In: Liga. Zeitschrift der Österreichischen Liga für Menschenrechte, 3/2005, 27-34.

Schieder, Rolf (1996): Über Zivilreligion, politische Religionskompetenz und die Zivilisierung der Religion. In: Hans-Joachim Höhn (Hrsg.), Krise der Immanenz. Religion an den Grenzen der Moderne. Frankfurt a. M., 72-90.

Sévillia, Jean (2007): Moralement correct. Recherche valeurs désespérément. Paris.

Spaemann, Robert (2002): Europa – Wertegemeinschaft oder Rechtsordnung? In: Transit – Europäische Revue 21 (Sommer 2002), 172-184.

Stäheli, Urs (1998): Politik der Entparadoxisierung. Zur Artikulation von Hegemonie- und Systemtheorie. In: Judith Butler et al. (Hrsg.), Das Undarstellbare der Politik. Zur Hegemonietheorie Ernesto Laclaus. Wien, 52-66.

Vogl, Joseph (1994): Einleitung. In: Joseph Vogl (Hrsg.), Gemeinschaften. Positionen zu einer Philosophie des Politischen. Frankfurt a. M., 7-27.

II. Religion und Demokratie im orthodoxen und jüdischen Kontext

Kirche und Demokratie: Russland und die Ukraine im Vergleich

Matthias Morgenstern

1. Einleitung

Russland und die Ukraine weisen von ihrer religiösen wie politischen Geschichte her zwar erhebliche Parallelen auf, die sie miteinander verbinden: ihre gemeinsamen kirchenhistorischen Wurzeln in der Kiewer Rus lassen sich hierzu ebenso anführen wie ihre gemeinsame Geschichte im Staatsverband der Sowjetunion. Dennoch sind politische wie religiöse Kultur beider Länder alles andere als identisch: allein die seit ihrer staatlichen Unabhängigkeit immer wieder aufkeimenden Konflikte zwischen den zwei Nachbarn zeugen davon, wie schwer ihnen heute ein gedeihliches Miteinander fällt. Zu unterschiedlich sind die Vorstellungen darüber, welche Rolle das eigene und das jeweils andere Land in der neuen politischen Konstellation nach dem Ende der kommunistischen Herrschaft einnehmen.

Diese Spannung zwischen Nähe und Distanz in den Beziehungen Russlands und der Ukraine ist heute in vielen gesellschaftlichen Bereichen spürbar. Selbst eine Thematik wie „Kirche und Demokratie" wird von dieser Problematik wesentlich berührt, womit ein Vergleich auf diesem Gebiet nicht umhinkommt, den Faktor der schwierigen Nachbarschaft beider Länder mit zu berücksichtigen.

Die Bedingungsfaktoren für die erwähnten Differenzen sind bei dieser Thematik in den Ereignissen, die sich aus der Transformation der politischen Systeme ergeben, sowie in der unterschiedlichen konfessionellen Ausprägung zu suchen. Darüber hinaus liegen die Wurzeln für diese Spannung maßgeblich in der Geschichte: Historische Entwicklungslinien besitzen insbesondere hinsichtlich der Frage nationaler Identität großen Einfluss und prägen das Demokratieverständnis kirchlicher Kreise in Russland und der Ukraine bis heute.

2. Historische Einflussfaktoren

Das Schlüsselereignis, das Russland und die Ukraine als gemeinsames geschichtliches Erbe miteinander verbindet, war die Einführung des Christentums im slawischen Frühreich der so genannten Kiewer Rus durch Großfürst Wladimir im Jahre 988 (Letopis' 1969: 106ff.). Doch bereits die Frage, wer dieses Ereignis für sich als identitätsstiftenden Faktor in Anspruch nehmen darf, wird heute vor allem aus einem nationalen Blickwinkel heraus beantwortet: Die russische Geschichtsschreibung sieht die Geschichte der Ukraine nur als Territorialgeschichte innerhalb Russlands an und betrachtet deshalb auch die Ukraine kirchlich wie politisch als ihr legitimes Einflussgebiet. Dagegen behandelt die ukrainische Geschichtsschreibung das Kiewer Reich – das ja schließlich auf ihrem heutigen Territorium lag – als Teil der eigentlich ukrainischen Geschichte und sieht die Landesgeschichte als kontinuierliche eigenständige Nationalgeschichte (Kappeler 2000: 34f.).

In der Kiewer Rus war das Christentum nach byzantinischem Ritus eingeführt worden. Gemeinsam sind Russland und der Ukraine damit in Bezug auf das Verhältnis von Kirche und Staat auch die Prägung durch die Idee der so genannten „Symphonie", die – vereinfacht ausgedrückt – von einer engen, kooperativen Verbindung beider Institutionen im Sinne eines harmonischen Gleichklangs ausgeht. Dennoch kam es nach dem Ende des Kiewer Reichs auf russischem und ukrainischem Territorium zu deutlich unterschiedlichen Entwicklungen im Staat-Kirche-Verhältnis.

Mitte des 15. Jahrhunderts beschloss die Kirche in Moskau die Trennung von Konstantinopel – dem bis dato unangefochtenen Zentrum der Ostkirche (Pospelovskij 1996: 68). Die Idee „Moskau – das Dritte Rom" wurde geboren (Kartašev 2004: 701; Stricker 1989: 20ff.). Diese hatte von Anfang an nicht nur eine religiöse, sondern auch eine dezidiert politische Dimension. Die Vorstellung einer russischen Universalmission in der Christenheit und eines Weltreiches mit Moskau als neuer rechtgläubiger Kaiserstadt dienten fortan als Legitimation der Autokratie und des imperialen Anspruchs Russlands (Rühl 1992: 78f.).

Die neu geschaffene russisch-orthodoxe Kirche näherte sich in der Folgezeit immer stärker dem Staat an. An der Wende vom 15. zum 16. Jahrhundert setzten sich diejenigen innerkirchlichen Kräfte durch, welche eine größere Nähe des Klerus zu weltlichen Akteuren und Institutionen, die über Macht und Reichtum verfügten, befürworteten. Damit verband sich die Erwartung, dass dies sich zum Nutzen der Kirche auswirkt (Benz 1957: 143). In der Praxis führte die Annäherung an die Machthaber allerdings dazu, dass sich die Kirche spätestens unter Peter dem Großen zu einer Dienerin des Staates mit dem Zaren als ihren Herren entwickelte (Stricker 1993: 7). Bis zur Oktoberrevolution blieb die russisch-orthodoxe Kirche eine Staatskirche (Luchterhandt 1976: 16). Und selbst zur Zeit ihrer Unterdrückung in der Sowjetunion war der unmittelbare Einfluss staatlicher Machthaber auf sie groß (Solschenizyn 1973: 31ff.).

Die Situation auf ukrainischem Territorium entwickelte sich anders: Dort kam es weder zur ideologischen Einbindung der Kirchen in eine imperiale Doktrin noch zu einer Etablierung des Modells einer Staatskirche. Das hängt damit zusammen, dass es über Jahrhunderte hinweg überhaupt keine ukrainische Staatlichkeit gab. Nach dem Niedergang der Kiewer Rus gehörte das Territorium der Ukraine teilweise und wechselnd zu Litauen, Polen, dem vereinten Polen-Litauen, Ungarn, Österreich-Ungarn oder Russland (Feige 1999: 224).

Im Unterschied zu Moskau hielt die Kiewer Kirche auch unter Fremdherrschaft zunächst an der Bindung zu Konstantinopel fest. Dabei konnte sie in der Praxis ein sehr eigenständiges Leben führen, da sich die Patriarchen von Konstantinopel aufgrund der räumlichen Distanz kaum in die Angelegenheiten der ukrainischen Kirche einmischten (Vlasovs'kyj 1998: 16f., 36f.).

Damit wurde gerade in Zeiten fehlender Staatlichkeit das kirchliche Leben zum Kristallisationspunkt ukrainischer Eigenständigkeit. Dieses Faktum wurde im 16. und 17. Jahrhundert von den Kosaken politisch instrumentalisiert, indem sie einen eigenen ukrainischen Staat auf der Basis der ukrainischen Orthodoxie propagierten (Bojko 2006: 132). Ein weiteres kirchliches Spezifikum der Ukraine ist die unierte griechisch-katholische Kirche, die sich von der äußeren Erscheinungsform zwar orthodox gibt, formal aber mit Rom verbunden ist. Sie war zunächst als Akt der Assimilation unter polnischer Herrschaft entstanden, bildete sich aber – aufgrund ihrer Einzigartigkeit – immer stärker zu einer festen Konstante ukrainischer Eigenständigkeit heraus. Im 19. Jahrhundert kamen aus dieser Kirche wesentliche Impulse für die ukrainische Nationalbewegung (Turii 2003: 27), insbesondere in jenen westlichen Teilen des Landes, die sich zu dieser Zeit unter österreichischer Herrschaft befanden (Jobst 1993: 162).

Ab der zweiten Hälfte des 17. Jahrhunderts war der weitaus größte Teil des ukrainischen Territoriums allerdings unter russischen Einfluss geraten. Russland versuchte mit allen Mitteln, das kirchliche Eigenleben in der Ukraine zu unterbinden (Winter 1993: 114f.). 1668 wurde die Trennung der ukrainischen Orthodoxie von Konstantinopel durchgesetzt und diese dem Moskauer Patriarchat unterstellt. Ebenso wurden in der Folgezeit eigenständige Traditionen – wie beispielsweise die ukrainische Aussprache in der Liturgie – verboten (Werhun 1941: 20f.). Nicht besser erging es im 19. Jahrhundert der griechisch-katholischen Kirche (Welyjyj 1953: 100; Pospelovskij 1996: 122). Sie wurde 1839 in den Teilen der Ukraine, die damals zu Russland gehörten, vorübergehend sogar aufgelöst und ihre Mitglieder zum Eintritt in die orthodoxe Kirche gezwungen (Heyer 1953: 29ff.).

Ein ähnliches Szenario ereignete sich noch einmal nach dem 2. Weltkrieg. Unter Stalin wurde das gesamte orthodox geprägte ukrainische Kirchenleben (einschließlich der griechisch-katholischen Kirche) der russisch-orthodoxen Kirche des Moskauer Patriarchats einverleibt (Theodorowitsch 1964: 127). Während also in Russland die traditionelle russisch-orthodoxe Kirche unter dem Sowjetstaat zumindest als – wenn auch staatlich unterdrückte – Institution erhalten blieb, wurden die spezifischen religiösen Organisationsformen der Ukraine nach 1945 vollkommen in den Untergrund gedrängt (Kozauer 1979: 181).

So existieren in Russland und der Ukraine zwei sehr differierende Traditionslinien mit Blick auf das Verhältnis von Kirche und Staat. Außerdem bleibt festzuhalten, dass es auf kirchlichem Gebiet gewisse historische Vorbelastungen zwischen Russland und der Ukraine gibt. Beide Faktoren spiegeln letztlich die Bedeutung der kirchengeschichtlichen Entwicklung für das nationale Selbstverständnis von heute wieder. Dieses Faktum wiederum wirkt sich auch auf das aktuelle Verhältnis von Kirche und Demokratie aus.

3. Die Situation im heutigen Russland

3.1 Stand des Demokratisierungsprozesses

Obwohl der Wechsel im politischen System nach Ende der Sowjetunion anfänglich große Hoffnungen auf eine Demokratisierung Russlands ausgelöst hatte, ist dieser Prozess heute faktisch zum Erliegen gekommen (Ševcova 2006: 5ff.). Zwar entsprechen Verfassung und Wahlen formal einigermaßen demokratischen Standards, die Entwicklung der letzten Jahre ist jedoch von einer Konzentration der Machtbefugnisse beim Präsidenten und dessen Apparat gekennzeichnet, während das russische Parlament, die Duma, seit den letzten Wahlen im politischen Entscheidungsprozess eine zunehmend marginale Rolle spielt (Freedom House 2007a: 1ff.).

Des Weiteren ist die politische Ordnung durch das Fehlen wesentlicher demokratischer Elemente wie gesicherte Rechte der Opposition oder eine funktionierende Kontrolle der Machtausübung durch die Öffentlichkeit geprägt (Gaidar 2006: 35). Der fragwürdige Umgang mit politischen Gegnern wie beispielsweise in der so genannten Jukos-Affäre (Gudkov/Dubin 2005: 71f.) oder die systematische staatliche Unterdrückung kritischer Berichterstattung in den Medien (Mayr/Neef 2006: 84ff.) belegen dies. Die immer wiederkehrenden Gewalttaten gegen Journalisten und Kritiker der herrschenden Eliten runden das aus demokratischer Perspektive negative Bild ab (Reiserer 2006: 1).

Aufgrund der genannten Entwicklungen wird im Zusammenhang mit Russland heute häufig von einer „defekten" beziehungsweise „gelenkten" Demokratie gesprochen. „Freedom House", eine unabhängige Nichtregierungsorganisation, die den Stand der Freiheitsrechte in der Welt untersucht, stuft Russland für das Jahr 2006 deshalb auf ihrer dreistufigen Skala (free, partily free, not free) in der Summe als „not free" ein (Freedom House 2007a: 1ff.).

3.2 Konfessionelle Rahmenbedingungen

Bei der Beantwortung der Frage, welche Rolle die Religionsgemeinschaften hinsichtlich des demokratischen Entwicklungsprozesses spielen, beschränken sich die folgenden Ausführungen auf diejenige kirchliche Kraft, die in Vergangenheit wie Gegenwart das religiöse Leben in der russischen Gesellschaft dominiert und heute die mit Abstand größte Kirche des Landes darstellt: die russisch-orthodoxe Kirche. Ihr gehören circa 60 Prozent der Bevölkerung an, sie verfügt über mehr als 16.000 Kirchengemeinden und 600 Klöster.

Die zweitgrößte Religionsgemeinschaft ist der Islam, dem circa 12 Prozent der Bevölkerung angehören und deren rund 4.500 Gemeinden vor allem in den asiatischen Republiken Russlands liegen. Rund 25 Prozent der Bevölkerung gelten als konfessionslos. Unter den drei Prozent Angehörigen anderer Religionen und Konfessionen befinden sich neben Buddhisten und Juden vor allem christliche Minderheiten, darunter Katholiken und Mitglieder evangelischer Kirchen. (Enzyklopädie des Europäischen Ostens 2007: 1; Bryner 2005: 394).

Während sich das Verhältnis zwischen orthodoxer Kirche und Islam relativ gut gestaltet, ist es in den vergangenen Jahren immer wieder zu Konflikten zwischen russischer Orthodoxie und katholischer Kirche gekommen. Innerhalb der russisch-orthodoxen Kirche besteht die Befürchtung, die katholische Kirche könne ihr Anhänger abwerben (Holm 2002: 41).

3.3 Kirche und Demokratie

Die russisch-orthodoxe Kirche ist – was ihr Verhältnis zu Staat und Demokratie anbelangt – beileibe kein homogenes Gebilde. Gegenwärtig lassen sich drei maßgebliche Strömungen feststellen:
(a) Bei der sozialethisch-wertorientierten Strömung steht der einzelne Mensch im Mittelpunkt des Denkens. Theologisch stützt sich diese Strömung maßgeblich auf den 1990 ermordeten Priester Alexander Men, der in den 1970er und 1980er Jahren als einer der führenden Denker der russischen Kirche galt und mit seiner eigenständigen Form der Spiritualität große Anziehungskraft auf junge Menschen und Intellektuelle ausübte (Glaube in der 2. Welt 11/2005: 7). Mens

Interpretation biblischer Texte unter den Aspekten Individualität des Menschen, Gerechtigkeit und kritischer Distanz zu Macht und Tradition sowie seine gegenwartsbezogene Deutung der christlichen Botschaft wirkten sich auch auf die Auffassung über das Verhältnis des Gläubigen zum Staat aus (Men 2002: 15, 2006: 38, 86, 134, 403). Die Aufgabe der Kirche sah Men – neben der Beantwortung existentieller Fragen – vor allem darin, den Menschen zu dienen. Dabei müsse die Kirche immer offen für den Dialog mit anderen Religionen und der heutigen Welt sein. Die Würde der Person, die Humanität der gesellschaftlichen Ordnung sowie Demokratie und Rechtsstaatlichkeit wurden von ihm christlich begründet (Kostjuk 2001: 184). Demokratie sah Men als die „Anerkennung des hohen Wertes der Persönlichkeit" und dieser Wert habe seine Wurzeln letztlich im religiösen Denken. Das Prinzip der Gewissensfreiheit im Rechtsstaat deutete er als Schutz für das „Heiligste des Menschen – seine Überzeugung" (Men 1992: 399, 412). Andere bekannte Persönlichkeiten dieser Strömung setzen sich vor allem für kirchliche Reformen ein. Die Bemühungen des Priesters Georgi Kotschkow zielen darauf ab, durch Reformen in der Liturgie den Gläubigen das Begreifen der Inhalte und Vorgänge im Gottesdienst zu ermöglichen. Priester Gleb Jakunin strebt eine Selbsterneuerung der Kirche an und fordert vom Patriarchat die Unterstützung der demokratischen Umgestaltung der Gesellschaft an. Seine Kandidatur zum russischen Parlament nahm die Kirchenleitung allerdings zum Anlass, ihn in den Laienstand zu versetzen (Stuch 1995: 19ff.).

(b) Ausgangspunkt der politischen Überlegungen der national-monarchistisch orientierten Strömung ist die russische Nation. Dieser Flügel der russischen Kirche, die maßgeblich von dem 1995 verstorbenen Metropoliten von Sankt Petersburg, Ioann, ideologisch fundiert wurde, betont die Auserwähltheit der Orthodoxie. Sie allein habe Zugang zum wahren Glaubensbekenntnis und dieses müsse von Russland durch den Aufbau einer christlichen Monarchie geschützt werden (Kostjuk 2001: 185). Darunter versteht Ioann (1996: 36) „nicht so sehr ein politisches, sondern ein religiöses System, das die Höherwertigkeit der moralischen Anschauungen des Volkes über die Natur und das Ziel der Macht bezeugt". Hier existiert gewissermaßen ein ostkirchliches Missionsbewusstsein, das mit dem Anspruch korreliert, im Besitz eines höherwertigen Gesellschaftskonzepts zu sein, das sich vom Westen abgrenzt. Die liberale Demokratie wird als bloßes System zur Machterlangung abgelehnt. Demokratie, Menschenrechte und Kapitalismus, so der Metropolit, seien antichristliche Mittel zur Zerstörung Russlands (Kostjuk 2001: 185). Alle Ideen der Demokratie seien letztlich „aus Lügen geknetet" (zit. nach Stuch 1995: 16). Die national-monarchistische Strömung behauptet letztlich einen essentiellen Zusammenhang zwischen „Demokratie" und „moralischer Degeneration". Dem „verkommenen Westen" wird das auserwählte „rechtgläubige Russland" gegenübergestellt (Stuch 1995: 16). Schließlich wird Russland von den national-monarchistischen Kräften der Orthodoxie als Imperium gesehen. Ioann (1996: 114) nannte als seine außenpolitischen Ziele die Wiedererrichtung Russlands in seinen „natürlichen" Grenzen mit der „freiwilligen" Rückkehr der Ukraine und Weißrusslands in den Bestand Russlands.

Zwischen beiden Flügeln der russischen Orthodoxie ist es wiederholt zu massiven Konflikten gekommen. Anhänger des national-monarchistischen Flügels machten mehrfach mit Bücherverbrennungen der Schriften von Men und anderer Theologen seiner Richtung von sich reden; umgekehrt wurden der national-monarchistischen Strömung von ihren innerkirchlichen Gegnern gezielt Vorwürfe im Zusammenhang mit Homosexualität gemacht, um sie dadurch öffentlich zu diskreditieren (Behrens 2002: 310ff.).

(c) Das Patriarchat – die Kirchenleitung – bemüht sich grundsätzlich um eine Zwischenposition (Stuch 1995: 23). Damit verbindet sich die Absicht, die kirchliche Einheit nicht zu gefährden und die Kirche als Ort für alle orthodoxen Gläubigen zu bewahren. Allerdings wird durch die Kompromisshaltung die Position des Patriarchats ein Stück weit unscharf und von der jeweiligen Popularität und Anziehungskraft der einzelnen Strömungen innerhalb der russisch-orthodoxen Kirche abhängig. So ist durch die Stärkung des national-monarchistischen Flügels der russischen Orthodoxie in den letzten anderthalb Jahrzehnten in der Amtskirche eine deutliche Akzentverschiebung spürbar geworden. Dies lässt sich am deutlichsten an der Position des Metropoliten Kyrill nachvollziehen, der als Leiter des kirchlichen Außenamtes für gesellschaftliche Fragen zuständig ist. Er vertrat Anfang der 1990er Jahre noch eine eher konservativ-liberale Position, plädierte für Gewissensfreiheit und sprach vom Menschen als Zentrum der gesellschaftlichen Ordnung. Ab dem Jahr 1995 dagegen übt er Kritik an der westlichen Lebensart, am liberalen Menschenbild und rechtsstaatlich-demokratischen Grundrechten wie etwa der Gewissensfreiheit, die er inzwischen als Ausdruck religiöser Beliebigkeit verwirft (Kostjuk 2001: 186f.). Des Weiteren schlägt er nationalere Töne an. So würde ohne die Orthodoxie die russische Nation aufhören zu existieren (Holm 2002: 41). Die Orthodoxie sei die Basis einer östlich-christlichen Zivilisation mit ganz spezifischen Werten: der Betonung des gemeinschaftlichen Lebens – der Familie, des Kollektivs, des Volkes und des Staates (Willems 2006: 15ff.). Einem westlichen Menschenbild, das das Individuum in den Mittelpunkt stellt, wird nun ein östliches, das die Gemeinschaft betont, gegenübergestellt – gewissermaßen als Gegenmodell. Diese Auffassung wird von Kyrills Stellvertreter, dem Erzpriester Tschaplin, folgendermaßen formuliert:

„Im Mittelpunkt der Soziallehre und des sozialen Wirkens vieler westlicher Kirchen stehen das irdische Leben des Menschen, seine Lebensgestaltung, die Sorge um die Menschenrechte und seine Selbstverwirklichung in der Gesellschaft. In diesem Wertesystem spielt das Glaubensbekenntnis keinerlei Schlüsselrolle [...]. Man kann übrigens das westliche Modell kaum als einzig universal anerkennen" (zit. nach Willems 2006: 15).

Trotz dieser neuen Position bleibt die Haltung des Patriarchats gegenüber fundamentalistischen Positionen der national-monarchistischen Strömung distanziert. Diese ignoriert nämlich weitgehend die Probleme der realen Gesellschaft. Das Patriarchat dagegen plädiert weiterhin für eine Öffnung der Kirche hin zur modernen Gesellschaft und deren grundlegenden Herausforderungen (Kostjuk 2001: 186f.).

Diese ambivalente Position des „Sowohl-als-auch" spiegelt sich auch in der Sozialdoktrin der russisch-orthodoxen Kirche aus dem Jahr 2000 wider. Mit dieser Verlautbarung bediente man sich einer Form kirchenamtlicher Unterweisung wie sie beispielsweise bei den bundesdeutschen Großkirchen bekannt ist, dagegen für die Orthodoxie ein echtes Novum darstellt. Das Patriarchat sah sich gezwungen, in wichtigen gesellschaftlichen Fragen Position zu beziehen, da nach dem Ende der Sowjetunion politische Gruppen jedweder Couleur – einschließlich der rechts- und linksextremen Ränder – damit begannen, sich auf die Kirche zu berufen (Uertz 2001: 135ff.).

Eine klare Aussage zur Demokratie enthält die Sozialdoktrin allerdings nicht. Zur Staatsform äußert man sich nur indirekt: Ideale Staat-Kirche-Beziehungen, so heißt es im historischen Rückgriff auf das byzantinische Ideal der Symphonie, können „nur in einem Staat hervorgebracht werden, der die Orthodoxe Kirche als das höchste Heiligtum des Volkes anerkennt – mit anderen Worten: in einem orthodoxen Staat" (Heiliger Bischöflicher Synod der Russisch-Orthodoxen Kirche, 2001: 25).

Wenngleich eine Distanz zum liberal geprägten, weltanschaulich neutralen Staat erkennbar wird, verurteilt die Doktrin die moderne Demokratie nicht, sondern nimmt sie als gegebenes Faktum hin (Kostjuk 2001: 189ff.). Den modernen politischen Prozess mit seinen Institutionen und Interaktionen (wie beispielsweise Parteien, demokratischen Wahlen oder Gewaltenteilung) erkennt sie als notwendige politische Auseinandersetzung um Interessen an. Christen – vor allem die Laien – können sich an dieser Auseinandersetzung beteiligen, sofern diese mit gesetzlichen und sittlichen Mitteln geführt wird (Uertz 2001: 162, 166f.).

Insgesamt ist die Sozialdoktrin damit ein Kompromisspapier, auf das sich gemäßigte politische wie kirchliche Kräfte berufen können, sich dagegen Vertreter extremer Positionen nicht wiederfinden (Uertz 2001: 173). So wird beispielsweise ein christlicher Patriotismus befürwortet, ein übersteigerter Nationalismus dagegen abgelehnt: „Der orthodoxen Ethik widerspricht jede Einteilung der Völker in bessere und schlechtere wie auch die Herabwürdigung jeglicher ethnischer oder bürgerlicher Nation" (Heiliger Bischöflicher Synod der Russisch-Orthodoxen Kirche 2001: 19f.).

Zur Situation in der Praxis: Spätestens seit der Präsidentschaft Putins hat die orthodoxe Kirche in Russland eine quasi-offizielle Funktion zurückerlangt. Sie wird nicht nur in der Auslegung des Religionsrechts privilegiert. Längst gilt der russisch-orthodoxe Patriarch als fester Bestandteil eines jeden bedeutenden Staatsaktes von gesamtnationaler Relevanz. Beispielsweise fand die Amtsübergabe von Jelzin an Putin zum Jahreswechsel 1999/2000 im Kreml im Beisein von Patriarch Aleksij II. statt (Behrens 2002: 338). Auch ansonsten versuchen russische Politiker jedweder weltanschaulicher Couleur – auch die Kommunisten – sich mit äußerlichen Symbolen der Orthodoxie zu umgeben, etwa indem sie anlässlich kirchlicher Feiertage an Gottesdiensten teilnehmen – meist medienwirksam positioniert, mit einer Kerze in der Hand (Behrens 2002: 335). Ein kritischer Kommentar in der „Iswestija" deutete diese Entwicklung einmal dahingehend, das Kreuz habe inzwischen das rote Parteibuch von einst ersetzt (Kičin 2000: 1).

Was die Mächtigen in Kirche und Staat darüber hinaus eint, ist der gemeinsame Stolz auf die große russische Vergangenheit und der Anspruch einer herausgehobenen weltpolitischen Rolle Russlands in der künftigen Welt – Themen, die gegenwärtig in der russischen Öffentlichkeit eine zunehmend wichtigere Rolle spielen (Mayr/Neef 2006: 84ff.). Während die offizielle russische Politik versucht, ihren Staat wieder als Weltmacht zu präsentieren, betont das Patriarchat die herausragende Stellung der russischen Orthodoxie. Beides geht einher mit einer zunehmenden Abgrenzung von westlicher Politik und westlichen Werten (Thöle 2007: 15ff.). Manches erinnert in diesem Kontext ein Stück weit an die historische Idee „Moskau – das Dritte Rom".

Bei Wahlen hat das Patriarchat außerdem relativ eindeutig Putin unterstützt (Stricker 2000: 229ff.). Russisch-orthodoxe Geistliche dagegen, die die demokratischen Defizite des Landes thematisieren, haben keinen leichten Stand. Im April 2006 wurde der Gefängnisseelsorger des inhaftierten Ex-Ölmagnaten Michail Chodorkowskij, des früheren Chefs des Jukos-Konzerns, all seiner Rechte als Seelsorger enthoben. Der Priester hatte sich wiederholt für Chodorkowskij eingesetzt und gleichzeitig mehr Demokratie in Russland gefordert (Glaube in der 2. Welt 6/2006: 7).

Zusammenfassend betrachtet gehen von der russisch-orthodoxen Kirche derzeit keine wesentlichen Impulse für eine weitergehende Demokratisierung des Landes aus. Die Kirche verhält sich gegenüber der Demokratie eher neutral – zumindest fördert sie sie nicht. Vor allem tritt die Leitung der russischen Orthodoxie nicht den Gefahren der zunehmenden Entdemokratisierung des Landes entgegen. Einzelne Versuche des Klerus, gegenüber den existierenden Demokratiedefiziten ein kritisches Korrektiv auszuüben, finden innerkirchlich keinen Rückhalt.

Demgegenüber entwickelt sich das Selbstverständnis der orthodoxen Kirche in wachsendem Maße in Richtung eines nationalen Identifikationsfaktors. Dies bedeutet, die Orthodoxie wird zunehmend als unverzichtbarer Bestandteil der russischen Nation angesehen. In diesem Sinne wird die russisch-orthodoxe Kirche allerdings umgekehrt auch von der Politik instrumentalisiert.

4. Die Situation in der Ukraine heute

4.1 Stand des Demokratisierungsprozesses

Nach der Unabhängigkeit der Ukraine 1990 schritt die Demokratisierung im flächenmäßig zweitgrößten europäischen Staat zunächst nur sehr langsam voran. Die post-sowjetische Verfassung von 1996 enthält zwar das Prinzip der Machtbalance zwischen Präsident und Parlament, dennoch gab es seit Ende der 1990er Jahre Tendenzen hin zu einem zusehends autoritären System mit weitreichenden Präsidialbefugnissen (Ott 2000: 3ff.).

Gegen diese Entwicklungen und gegen die Wahlfälschungen bei der Präsidentschaftswahl 2004 richtete sich die sogenannte „Orange Revolution", in deren Folge Wiktor Juschtschenko, der für Marktwirtschaft, Westbindung und Demokratisierung der Ukraine eintritt, Präsident wurde (Bojko 2006: 598). Ihm gelang es bisher zwar nicht, das Land ökonomisch und gesellschaftlich zu stabilisieren, hinsichtlich demokratischer Prinzipien kann er aber auf Erfolge verweisen. Meinungs- und Pressefreiheit haben sich in der Ukraine seit seinem Amtsantritt positiv entwickeln können (Freedom House 2007b: 1ff.) und die Parlamentswahlen Ende März 2006 waren nach Meinungen internationaler Beobachter die ersten wirklich freien Wahlen ohne direkte oder indirekte Manipulationen (Drewelowsky/Plaschkin 2006: 1f.).

Die Werchowna Rada, das ukrainische Parlament, das seit diesen Wahlen über mehr Befugnisse verfügt, hat dagegen die Spielregeln demokratischer Konsensfindung und Konfliktbewältigung noch nicht verinnerlicht. Seit jeher für Ineffizienz in der Arbeit bekannt (Bos 2002: 468), gelang es ihr erst nach rund halbjährigen Verhandlungen zwischen den Fraktionen, eine neue Regierung zu wählen. Dabei waren die Auseinandersetzungen, ob eher eine pro-westlich oder pro-russisch ausgerichtete Regierungskoalition gebildet werden sollte, von chaotischen Zuständen im Parlament geprägt, die von massiven Störungen bis hin zu Rangeleien zwischen Abgeordneten begleitet wurden (Čuha 2006: 3). Dass außerdem eine Reihe politischer Akteure, deren genaue Rolle bei den Wahlfälschungen bei der Präsidentenwahl 2004 bis heute nicht zweifelsfrei geklärt werden konnte, nach wie vor teils hochrangige Ämter bekleidet, wird in der in- und ausländischen Öffentlichkeit ebenfalls als Umstand gesehen, der kein sehr positives Licht auf die demokratische Entwicklung wirft.

Man muss also auch bei der Ukraine noch von einer „defekten", nicht aber „gelenkten" Demokratie sprechen, da sich das dortige System eher durch einen Mangel an effektiven Entscheidungsstrukturen auszeichnet. Der Unterschied zu Russland wird aber auch deutlich, wenn man den Index von Freedom House (2007: 1ff.) heranzieht. Hier wird die Ukraine nach der Orangen Revolution inzwischen als „free" eingestuft.

4.2 Konfessionelle Situation

Hinsichtlich der Frage, welche Rolle die Kirchen in diesem Kontext spielen, sind vier christliche Kirchen zu berücksichtigen, die heute in der Ukraine über einen entscheidenden politisch-gesellschaftlichen Einfluss verfügen:
- die orthodoxe Kirche des Moskauer Patriarchats (also der unmittelbare Ableger der russisch-orthodoxen Kirche in der Ukraine), der rund 12 Prozent der Bevölkerung zugerechnet werden,
- zwei orthodoxe Kirchen mit spezifisch ukrainischer Ausrichtung, die orthodoxe Kirche des Kiewer Patriarchats mit circa 22 Prozent der Bevölkerung sowie die autokephale orthodoxe Kirche mit mindestens einem Prozent und
- die unierte griechisch-katholische Kirche als der spezifische ukrainische Sonderfall mit rund 8 Prozent der Bevölkerung.

Die vorangegangenen Zahlen können dabei nur als grobe Richtwerte gesehen werden, da weitere 26 Prozent der Bevölkerung sich als orthodox bezeichnen, ohne sich einer bestimmten Richtung der ukrainischen Orthodoxie zugehörig zu fühlen. 25 Prozent der Ukrainer gelten als dezidiert konfessionslos, die restlichen fünf Prozent entfallen auf andere Religionsgemeinschaften, vor allem auf protestantische Minderheiten (Risu 2007: 1ff.; Yelensky 2005: 523ff.).

Insbesondere in den ersten Jahren nach der Unabhängigkeit kam es zu massiven Konflikten zwischen den vier gesellschaftlich bedeutenden Glaubensgemeinschaften, die teilweise bis heute anhalten (Glaube in der 2. Welt 2/2006: 12). Die ukrainische Politik hat in diesem Kontext immer wieder auch friedensstiftend und mäßigend als Moderator auf die Religionsgemeinschaften wirken müssen.

Wesentliche Ursache der Konflikte stellen ungeklärte Ansprüche bei der Rückgabe von Kirchengebäuden dar. Da alle orthodox geprägten Kirchen außer dem Moskauer Patriarchat unter kommunistischer Herrschaft verboten waren, führten die Neu- und Wiedergründungen von christlichen Religionsgemeinschaften am Ende der Sowjetunion zu Auseinandersetzungen, wem die Kirchengebäude, die zur Zeit der UdSSR dem Moskauer Patriarchat übereignet worden waren, nun zuzuordnen sind (Yelensky 2005: 535).

Darüber hinaus stellte sich mit der Unabhängigkeit der Ukraine auch der alte historische Konflikt der Eigenständigkeit der Kirchen im Lande und deren Abgrenzung gegenüber Moskau. Bestrebungen, die wichtigsten ukrainischen Kirchen zu einer starken Nationalkirche zu einen, sind bisher gescheitert (Marynowitsch 2002: 190f.).

4.3 Kirche und Demokratie

Dass es heute vor allem zwischen dem Moskauer Patriarchat und den drei anderen Konfessionen immer wieder zu Konflikten kommt, hängt aber auch mit deren unterschiedlichen politischen Ausrichtung zusammen. Es geht dabei unter anderem um den Grundkonflikt ukrainischer Politik: Soll man sich eher Russland oder dem Westen zuwenden? Von dieser Fragestellung wird letztlich die Haltung der vier Kirchen zur Demokratie geprägt. Die Diskussion wird dabei weniger theoretisch geführt, sondern orientiert sich eher an der konkreten Politik:

(a) Die orthodoxe Kirche des Moskauer Patriarchats steht in der Tradition einer Bindung zu Russland. Das erklärt sich natürlich aus der innerkirchlichen Bindung an die Mutterkirche in Moskau. Selbst in der politischen Haltung wird dieser Bezug deutlich. Bei der Parlamentswahl 2006 unterstützte das Moskauer Patriarchat relativ offen diejenigen Parteien, die für einen pro-russischen Kurs und damit auch für ein eher russisch geprägtes Politikverständnis stehen wie die „Partei der Regionen" von Wiktor Janukowitsch sowie die Kommunistische Partei und die Splittergruppe „Volksopposition", die sich auf ihre Fahnen geschrieben haben, die „historischen und spirituellen Bande mit Moskau nicht zerreißen" zu wollen (Glaube in der 2. Welt 5/2006: 9). Als Anfang Juli 2006 deutlich wurde, dass in Kiew möglicherweise jene russisch-orientierte Regierung von Janukowitsch zustande kommt, wurde dies von hochrangigen Vertretern des Moskauer Patriarchats deutlich begrüßt. Außerdem setzte man sich öffentlich für Politikinhalte einer derartigen Regierung ein – also gegen eine Annäherung des Landes an NATO und EU sowie für Russisch als zweite Staatssprache (Risu 2006a: 1ff.). Letztlich treten die Hierarchie und der Klerus des Moskauer Patriarchats nach wie vor für territoriale Strukturen ein, die sich an die Grenzen der ehemaligen UdSSR anlehnen und bezeichnen die staatliche Unabhängigkeit der Ukraine als „historischen Fehler". Dies erklärt ein Stück weit das öffentlich immer wieder geäußerte Einvernehmen zwischen Moskauer Patriarchat und Kommunisten. Gleichzeitig sind diese territorialen Vorstellungen auch Ausdruck des aufgezeigten wachsenden Weltmacht-Verständnisses in Russland, das von der Orthodoxie in Moskau mitgetragen wird (Marynowitsch 2002: 191). Des

Weiteren gilt aufgrund der innerkirchlichen Bindungen für das Moskauer Patriarchat auch die Sozialdoktrin der russisch-orthodoxen Kirche mit ihrer eher demokratieneutralen Haltung (Yelensky 2005: 541f.).

(b) Die orthodoxe Kirche des Kiewer Patriarchats stellt diejenige kirchliche Kraft in der post-sowjetischen Ukraine dar, die die größte Nähe zur Staatsmacht besitzt (Simon 1993: 101). Das Kiewer Patriarchat sieht sich in der historischen Tradition einer eigenständigen ukrainischen Orthodoxie – unabhängig von Moskau. Beispielsweise verlangte ein Konzil des Kiewer Patriarchats vor der Präsidentenwahl 2004, das künftige Staatsoberhaupt müsse von patriotischem Geist beseelt sein, die volle Souveränität der Ukraine anstreben und ihre wirtschaftliche und politische Unabhängigkeit stärken. Gemeint war damit Juschtschenko (Stricker 2005: 31). Auch in anderem Zusammenhang – wenngleich mehr aus nationalpatriotischen Gründen – unterstützte die Kirchenleitung die westorientierten Reformkräfte. So erklärte Patriarch Filaret 2006, als es noch nach einer pro-westlichen Regierungsbildung aussah: „Wir unterstützen die Koalition der Orangen Revolution, weil es eine national-patriotische Koalition ist, die an die erste Stelle das Interesse des Staates und des Volkes der Ukraine setzt" (Kyïvs'kyj Patriarchat 2006a: 1ff.). Allerdings hat das Kiewer Patriarchat aufgrund der Betonung des ukrainischen Patriotismus nicht immer nur demokratische Reformkräfte unterstützt. In entsprechenden Konstellationen hat es wiederholt auch die Nähe von politischen Akteuren mit eher hierarchischem Politikverständnis oder solchen mit rechtsnationaler Gesinnung gesucht (Marynowitsch 2002: 191; Turiy 2005: 263).

(c) Bei der autokephalen orthodoxen Kirche deckt sich die politische Grundausrichtung weitgehend mit der des Kiewer Patriarchats. Auch sie befürwortet die Staatlichkeit und Souveränität der Ukraine, was sich konkret auch darin ausdrückt, dass sie – wie das Kiewer Patriarchat – innerkirchlich die ukrainische Kultur und Sprache pflegt (Yelensky 2005: 542). Allerdings ist in ihren Äußerungen zuweilen zum Ausdruck gekommen, dass bei ihr ebenfalls die nationalpatriotische Grundhaltung dominiert, während die Verinnerlichung demokratischer Prinzipien nicht unbedingt erkennbar ist. In einer Erklärung der Bischofssynode der autokephalen orthodoxen Kirche zu den Parlamentswahlen 1998 heißt es zum Thema Demokratie:

> „Der westliche Typ der Mehrparteiendemokratie mit all seinen Lastern wird der Ukraine eingeimpft: aggressive Intoleranz gegenüber dem Opponenten, unkorrekte Führung des Wahlkampfes, Bestechung der Wähler, Ausnutzung der Amtsstellung für die Agitation zugunsten der eigenen Partei" (zit. nach Marynowitsch 2002: 180).

(d) Gesellschaftlich-politisch an Gewicht gewonnen hat in den letzten Jahren die griechisch-katholische Kirche (Németh 2005: 185). Sie ist vorwiegend im Westen des Landes vertreten und am stärksten von einem westlichen Politikverständnis geprägt. Darüber hinaus verfügt sie sogar über historische Demokratieerfahrung: Als Transkarpatien, der allerwestlichste Teil der heutigen Ukraine, in den 1930er Jahren für kurze Zeit Autonomiestatus besaß, war der frei gewählte Ministerpräsident Augustin Woloschyn ein griechisch-katholischer Geistlicher (Kul'čyc'kyj 2001: 128). Auch bei der griechisch-katholischen Kirche bleiben die politischen Stellungnahmen sehr eng an den Gedanken ukrainischer Unabhängigkeit gekoppelt. Allerdings stößt dieser Kurs nicht wie in den beiden ukrainisch orientierten orthodoxen Kirchen auf ungeteilte Zustimmung (Marynowitsch 2002: 192). Außerdem ist unübersehbar, dass bei der griechisch-katholischen Kirche demokratische Werte wesentlich deutlicher betont werden. Im Hirtenbrief zu den ersten freien Parlamentswahlen von 1994 hieß es beispielsweise, dass sich die Gläubigen insbesondere daran orientieren sollten, ob die Kandidaten keinen Zweifel an der Souveränität und der demokratischen Struktur des Landes aufkommen lassen (Németh 2005: 191). Ähnlich äußerten sich die Bischöfe zur Präsidentenwahl 1999 und schlossen dabei ausdrücklich die demokratische Grundrechte „auf Leben, Freiheit, insbesondere Religionsfreiheit, auf Meinungsfreiheit, auf Freizügigkeit, auf Erhalt von Informationen" als Kriterium der Wahlentscheidung mit ein (ebd.: 189f.). Darüber hinaus hat sich die griechisch-katholische Kirche auch für die Entwicklung einer demokratischen politischen Kultur in der Ukraine stark gemacht. Die bestehenden gesellschaftlichen Probleme des Landes seien – so in einer kirchlichen Erklärung – nur durch eine Stärkung des staatsbürgerlichen Bewusstseins zu lösen. Dies zu fördern sei auch Aufgabe der Kleriker (ebd.: 186). Aus diesem Grundverständnis heraus wurde auch die „Orange Revolution" begrüßt. Der Vorsitzende der griechisch-katholischen Bischöfe, Lubomyr Husar, erklärte damals: „Zum ersten Mal seit dem Untergang des Kommunismus fordern die Menschen ihre bürgerlichen Rechte ein" (zit. nach Kreuz.net 2004: 1).

Was das Verhältnis von Staat und Kirche in der Praxis betrifft, gehört es auch in der Ukraine unter Politikern gewissermaßen zum „guten Ton", sich als der Kirche nahe stehend zu zeigen – insbesondere an hohen Feiertagen. Präsident Juschtschenko hat beispielsweise Ostern 2006 gleich die Gottesdienste aller vier großen christlichen Kirchen in der Ukraine besucht (Risu 2006b: 1). Umgekehrt zählt die Anwesenheit führender Vertreter der großen Religionsgemeinschaften bei staatlichen Anlässen wie Parlamentseröffnung (Kyïvs'kyj Patriarchat 2006b: 1; Risu 2006c: 1) oder dem Jahrestag der Verfassung inzwischen zur gesellschaftlichen Normalität (Katolyc'kyj Media-Centr 2006: 1).

Zusammenfassend betrachtet lässt sich feststellen, dass in der Ukraine deutlichere Impulse zur Förderung der Demokratisierung im Rahmen der Transformation des politischen Systems ausgehen. Allerdings ist die Vision der Rückkehr in "die alte, gute vorkommunistische Vergangenheit" im kirchlichen Massenbewusstsein der Ukraine teilweise stärker verbreitet als der Wunsch, in Richtung einer umgestalteten und modernisierten Zukunft in einer pluralen Gesellschaft zu blicken (Marynowitsch 2002: 179). So wird auch die Demokratie von den Kirchen häufig noch nicht in ihren Grundprinzipien begriffen, sondern vor allem mit der Frage nationaler Unabhängigkeit und daran gekoppelter eigener Interessen in Verbindung gebracht. Überlagert wird die Diskussion dabei maßgeblich von einem Grundkonflikt in der ukrainischen Politik, der Frage einer künftigen West- oder Ostbindung des Landes.

5. Resümee

In Russland gehen von der orthodoxen Kirche derzeit keine wesentlichen Impulse für eine weiterführende Demokratisierung des Landes aus. Dagegen sind in der Ukraine zumindest vereinzelte demokratiefördernde Verhaltensweisen der großen Religionsgemeinschaften erkennbar, die allerdings überwiegend einen Sekundäreffekt der Befürwortung der Staatlichkeit der Ukraine darstellen und weniger eine Verinnerlichung von Grundwerten der Demokratie. Dass parallel dazu der Demokratisierungsprozess in der Ukraine eher fortschreitet, während er in Russland tendenziell stagniert, ist allerdings nicht primär auf die Religionsgemeinschaften zurückzuführen. Sehr wohl verstärkt die Haltung der Kirchen aber zumindest die jeweils bestehenden gesellschaftlichen Tendenzen und Entwicklungen auf diesem Gebiet.

Beiden Ländern gemeinsam ist, dass sich im Rahmen der Transformation der politischen Ordnung nach dem Ende der Sowjetunion ein relativ enges Verhältnis von Religion und Politik herausgebildet hat – gerade in der Selbstdarstellung der Akteure in der Öffentlichkeit. Dies ist nicht allein Ausdruck der ostkirchlichen Tradition einer engen Bindung von Kirche und Staat. Viele gewählte Politiker suchen die Nähe des Klerus heute vor allem deshalb, weil dieser in der Bevölkerung inzwischen eine weitaus höhere moralische Autorität genießt als sie selbst.

Das kirchengeschichtliche Erbe wirkt sich in beiden Ländern auf das gegenwärtige Verhältnis von Kirche und Staat aus, insbesondere weil darin das historisch gewachsene nationale Selbstverständnis eine zentrale Rolle spielt: in Russland in Bezug auf die religiöse Legitimation nationaler Größe, in der Ukraine hinsichtlich der kirchlichen Tradition nationaler Eigenständigkeit. In der Folge wird heute die Haltung der Kirchen zur Demokratie in hohem Maße von Fragen der nationalen Identität geprägt.

Anmerkungen

Vielen Dank an Angelina Burch und Sybille Kranz für ihre Unterstützung bei der Erstellung des vorliegenden Textes.

Die Umschrift der kyrillischen Buchstaben erfolgt im laufenden Text in Anlehnung an die aussprachenahe Duden-Transkription. Namen, Orte und Begriffe, für die eingebürgerte deutsche Schreibweisen existieren, werden in diesen wiedergegeben.

Dagegen erfolgt die Umschrift bei den Literaturangaben nach den Regeln der für Bibliotheken und Veröffentlichungen üblichen Transliteration nach DIN 1460, die eine Rückübertragung in den Ausgangstext ermöglicht.

Grundlage der griechisch-katholischen Kirche sind die Union von Brest-Litowsk (1595/96) sowie die Union von Uschgorod (1646), durch die bis dato orthodoxe Kirchenstrukturen – unter Wahrung bestimmter Eigenständigkeiten – dem Papst in Rom unterstellt wurden. Heute ist die unierte griechisch-katholische Kirche überwiegend in der Ukraine verbreitet (Bojko 2006: 120; Lacko 1963: 114ff.).

Exakte Angaben zur Religions- und Konfessionszugehörigkeit der russischen Bevölkerung können nicht gemacht werden. Offizielle Statistiken weisen lediglich die Anzahl der Gemeinden einer Glaubensgemeinschaft aus, nicht dagegen die Anzahl ihrer Mitglieder. Die Zahlen zur Religions- und Konfessionszugehörigkeit basieren deshalb auf religionssoziologischen Untersuchungen.

Eine einheitliche Bezeichnung für die sozialethisch-wertorientierte Strömung der russischen Orthodoxie hat sich nicht durchgesetzt. Sie wird unter anderem auch mit Begriffen wie Reformer, Erneuerer oder liberale Christen bezeichnet.

Auch für die national-monarchistisch orientierte Strömung der russischen Orthodoxie existiert keine einheitliche Bezeichnung. Sie wird unter anderem auch mit Attributen wie nationalistisch, traditionalistisch, nationalpatriotisch, faschistisch sowie – aufgrund ihres radikalen exklusiven Anspruchs, im alleingültigen Besitz der Wahrheit zu sein – auch fundamentalistisch versehen.

In dem nach langen Auseinandersetzungen am 1. Oktober 1997 in Kraft gesetzten neuem russischen „Gesetz über Gewissensfreiheit und religiöse Vereinigungen" wird bereits in der Präambel von der „Anerkennung der besonderen Rolle der Orthodoxie in der Geschichte Russlands" gesprochen (Bryner 2005: 402).

Für die Ukraine lassen sich ebenfalls keine exakten Zahlen zur Konfessionszugehörigkeit der Bevölkerung angeben. Auch dort weisen offizielle Statistiken nur die Anzahl der Gemeinden, nicht die der Angehörigen einer Religionsgemeinschaft aus. Die Zahlen zur Konfessionszugehörigkeit basieren deshalb wiederum auf religionssoziologischen Untersuchungen.

Literatur

Behrens, Kathrin (2002): Die Russisch Orthodoxe Kirche: Segen für die „neuen Zaren"? – Religion und Politik im postsowjetischen Rußland (1991-2000). Paderborn.
Benz, Ernst (1957): Geist und Leben der Ostkirche. Hamburg.
Bojko, Oleksandr Dmytrovyč (2006): Istorija Ukraïny (Geschichte der Ukraine). Kyïv.
Bos, Ellen (2002): Das politische System der Ukraine. In: Wolfgang Ismayr (Hrsg.), Die politischen Systeme Osteuropas. Opladen, 447-488.
Bryner, Erich (2005): Das Recht der Religionsgemeinschaften in Russland. In: Wolfgang Lienemann/Hans-Richard Reuter (Hrsg.), Das Recht der Religionsgemeinschaften in Mittel-, Ost- und Südosteuropa. Baden-Baden, 393-417.
Čuha, Ivan (2006): Vybory spikera obojdutsja v $ 250 mln? (Kostete die Wahl des Parlamentspräsidenten 250 Millionen Dollar?). In: Večernie Vesti. Nr. 091 (1587) 2006, Kyïv, 3.
Drewelowsky, André/Plaschkin, Igor (2006): Juschtschenkos Schwäche ist Timoschenkos Sieg, Wahl-Kurzbericht der Konrad-Adenauer-Stiftung, Büro Kiew vom 27. März 2006. In: www.kas.de/db_files/dokumente/laenderberichte/7_dokument_dok_pdf_8187_1.pdf, vom 26. Januar 2007.
Enzyklopädie des Europäischen Ostens (2007): Russland. In: www.2.uni-klu.ac.at/eeo/index.php/ Russland, vom 4. Januar 2007.
Feige, Gerhard (1999): Ukraine. In: Erwin Gatz (Hrsg.), Kirche und Katholizismus seit 1945. Band 2: Ostmittel-, Ost- und Südosteuropa. Paderborn, 223-244.
Freedom House (2007a): Freedom in the World – Russia (2006), In: www.freedomhouse.org/template.cfm?page=22&year=2006&country=7044, vom 2. Januar 2007.
Freedom House (2007b): Freedom in the World – Ukraine (2006). In: www.freedomhouse.org/ template.cfm?page=22&year=2006&country=7081, vom 2. Januar 2007.
Gaidar, Jegor (2006): Was der Kreml unter Demokratie versteht. In: Der Standard vom 11. Mai 2006. Wien, 35.
Glaube in der 2.Welt (Hrsg.): Glaube in der 2. Welt. Zürich.
Gudkov, Lev/Dubin, Boris (2005): Der Oligarch als Volksfeind – Der Nutzen des Falls Chodorkovskij für das Putin-Regime. In: Osteuropa. Juli 2005, 55. Jahrgang Heft 7, Berlin, 52-75.
Heiliger Bischöflicher Synod der Russisch-Orthodoxen Kirche (2001): Sozialdoktrin. In: Thesing, Josef/Uertz, Rudolf (Hrsg.), Die Grundlagen der Sozialdoktrin der Russisch-Orthodoxen Kirche. Sankt Augustin, 9-131.
Heyer, Friedrich (1953): Die Orthodoxe Kirche in der Ukraine – Von 1917 bis 1945. Köln-Braunsfeld.
Holm, Kerstin (2002): Kampf dem Papst – Die russische Orthodoxie bläst zum Sturm gegen die Katholiken. In: Frankfurter Allgemeine Zeitung vom 1. März 2002, 41.
Ioann, Mitropolit (1996): Odolenia Smuty – Slovo k russkomu narodu (Überwindung der Trauer – Wort an das russische Volk). Sankt Peterburg.
Jobst, Kerstin S. (1993): Die ukrainische Nationalbewegung bis 1917. In: Frank Golczewski (Hrsg.), Geschichte der Ukraine. Göttingen, 156-171.
Kappeler, Andreas (2000): Kleine Geschichte der Ukraine. München.
Kartašev, Anton V. (2004): Istorija ruskoj cerkvi (Geschichte der russischen Kirche). Moskva.
Katolyc'kyj Media-Centr v Ukraïni (2006): Predstavnyky cerkov učast' v uročystostjach z nahody 10-riččja konstytuciï Ukraïny (Vertreter der Kirchen nahmen an den Feierlichkeiten zum 10-jährigen Jubiläum der Verfassung der Ukraine teil). In: www.catholicmedia.org.ua/content/ view/230/6/, vom 12. Juli 2006.
Kičin, Valerija (2000): Prikazano verit' (Zu glauben befohlen). In: Izvestija vom 15. Januar 2000. Moskva, 1.

Kostjuk, Konstantin (2001): Die Sozialdoktrin der Russisch-Orthodoxen Kirche: Schritt zur Zivilgesellschaft oder Manifest des orthodoxen Konservatismus. In: Josef Thesing/Rudolf Uertz (Hrsg.), Die Grundlagen der Sozialdoktrin der Russisch-Orthodoxen Kirche. Sankt Augustin, 174-196.
Kozauer, Nikolaus G. (1979): Die Karpaten-Ukraine zwischen den beiden Weltkriegen unter besonderer Berücksichtigung der deutschen Bevölkerung. Esslingen.
Kreuz.net (2004): Steckt die Kirche hinter den Demonstrationen in der Ukraine? Meldung vom 5. Dezember 2004. In: www.kreuz.net/print-article.250.html, vom 13. Juli 2006.
Kul'čyc'kyj, S. (2001): Vološyn, Avgustyn – 18.3.1874-19.7.1945 (Woloschyn, Augustin – 18.3.1874- 19.7.1945). In: Dovidnyk z istoriï Ukraïny, Kyïv, 128.
Kyïvs'kyj Patriarchat (2006a): Kyïvs'kyj Patriarchat pidtrymuje stvorennja pomarančevoï koaliziï (Das Kiewer Patriarchat unterstützt die Bildung einer Orangen Koalition). In: www.cerkva.info/ 2006/05/15/koalicija.html, vom 6. Juni 2006.
Kyïvs'kyj Patriarchat (2006b): Meldung vom 25. Mai 2006. In: www.cerkva.info/2006/ 05/25/rada.html, vom 6. Juni 2006.
Lacko, Michael (1963): Die Union von Užhorod (1646). In: Wilhelm de Vries (Hrsg.), Rom und die Patriarchate des Ostens. Freiburg, 114-131.
Lětopis' po spisku lavrentija (Chronik aus der Sammlung des Mönches Lawrentij) (1969). In: Dmitrij Tschižewskij (Hrsg.), Die Nestor-Chronik. Wiesbaden, 1-274.
Luchterhandt, Otto (1976): Der Sowjetstaat und die Russisch-Orthodoxe Kirche – Eine rechtshistorische und rechtssystematische Untersuchung. Köln.
Marynowitsch, Myroslaw (2002): Die Rolle der Kirchen in der postkommunistischen Gesellschaft. In: Gerhard Simon (Hrsg.), Die neue Ukraine – Gesellschaft, Wirtschaft, Politik (1991-2001). Köln, 175-196.
Mayr, Walter/Neef, Christian: Die neue, alte Großmacht. In: Der Spiegel vom 10. Juli 2006. Hamburg, 84-97.
Men, Alexander (1992): Kul'tura i duchovnoe voschoždenie (Kultur und geistige Wiedergeburt). Moskva.
Men, Alexander (2006): Der Menschensohn. Freiburg im Breisgau.
Németh, Thomas Mark (2005): Eine Kirche nach der Wende – Die Ukrainische Griechisch-Katholische Kirche im Spiegel ihrer synodalen Tätigkeit. Freistadt.
Ott, Alexander (2000): Die Ukraine auf dem Weg zu einer autoritären Präsidialherrschaft? Köln.
Pospelovskij, Dmitrij (1996): Pravoslavnaja cerkov' v istorii: Rusi, Rossii, SSSR (Die orthodoxe Kirche in der Geschichte: Rus, Russland, UdSSR). Moskva.
Reiserer, Axel (2006): Litwenko-Mord: Eine Spur des Todes durch London. In: Die Presse, Wien, Online-Ausgabe vom 29. November 2006, www.diepresse.com/textversion_article.aspx?id =601890, vom 27. Januar 2007.
Risu (Relihijno-informacijna služba Ukraïny) (2006a): Odeskyj Mytropolyt UPZ (MP) proty vstupu Ukraï ny w JES i NATO i saklykaje provesty referendum pro status rosijs'koï movy (Odessaer Metropolit UOK (MP) ist gegen Beitritt der Ukraine zu EU und NATO und ruft zu Referendum über den Status der russischen Sprache auf). In: www.risu.org.ua/ukr/news/article;10816/, vom 12. Juli 2006.
Risu (Relihijno-informacijna služba Ukraïny) (2006b): Viktor Juščenko na velykden' vidvidaje 4 cerkvy (Viktor Juschtschenko besucht zu Ostern vier Kirchen). In: www. risu.org.ua/ ukr/news/ article;9930/, vom 6. Juni 2006.
Risu (Relihijno-informacijna služba Ukraïny) (2006c): Predstavnyky relihijnych konfesij Ukraïny u vidkrytti peršoï sesiï ukraïns'koho parlamentu p'jatoho sklykannja (Vertreter der religiösen Konfessionen bei der Eröffnung der ersten Sitzung des ukrainischen Parlaments in der fünften Legislaturperiode). In: www.risu.org.ua/ukr/news/article;10385/, vom 6. Juni 2006.

Risu (Relihijno-informacijna služba Ukraïny) (2007): Church Strength in Ukraine. In: www.risu.org.ua/eng/religion.and.society/strength/, vom 4. Januar 2007.
Rühl, Lothar (1992): Aufstieg und Niedergangs des Russischen Reiches – Der Weg eines tausendjährigen Staates. Stuttgart.
Ševcova, Lilija (2006): Garantiert ohne Garantie – Russland unter Putin. In: Osteuropa. März 2006, 56. Jahrgang Heft 3, 3-18.
Simon, Gerhard (1993): Was wird aus der Ukraine – Probleme der staatlichen, nationalen und kirchlichen Einheit. In: Herder-Korrespondenz. Februar 1993 47. Jahrgang Heft 2, 96-102.
Solschenizyn, Alexander (1973): Kirche und Politik. Zürich.
Stricker, Gerd (1989): Die Russische Orthodoxe Kirche bis 1917 – Aspekte zu Staat und Kirche. In: Ottokar Basse/Gerd Stricker (Hrsg.), Religionen in der UdSSR – Unbekannte Vielfalt in Geschichte und Gegenwart. Zollikon, 19-26.
Stricker, Gerd (1993): Religion in Rußland – Darstellung und Daten zu Geschichte und Gegenwart. Gütersloh.
Stricker, Gerd (2000): Das Moskauer Patriarchat während der Wahlen in Russland. In: Herder-Korrespondenz. Mai 2000, 54. Jahrgang Heft 5, 228-232.
Stricker, Gerd (2005): Die orthodoxen Kirchen im ukrainischen Wahlkampf. In: Glaube in der 2. Welt (Hrsg.), Glaube in der 2. Welt. 1/2005, Zürich, 29-31.
Stuch, Stephan (1995): Neue Kirche im neuen Russland? Über die Stellung der Russisch-Orthodoxen Kirche im heutigen Russland. Sankt Augustin.
Theodorowitsch, Nadija (1964): Die Lage der Religionen in der Sowjetunion. In: Ukraine in Vergangenheit und Gegenwart. 11. Jahrgang 1964 H. 28, 120-131.
Thöle, Reinhard (2007): Westliche Werte hinterfragt. In: Glaube in der 2. Welt (Hrsg.), Glaube in der 2.Welt. Heft 1/2007, Zürich, 15-17.
Turii, Oleh (2003): Die Griechisch-Katholische Kirche und die ukrainische nationale Identität in Galizien. In: Thomas Bremer (Hrsg.), Religion und Nation – Die Situation der Kirchen in der Ukraine. Wiesbaden, 25-32.
Turiy, Oleh (2005): Wie Religion ins Spiel kam - Die Kirchen und die „Orangene Revolution" in der Ukraine. In: Herder-Korrespondenz. Mai 2005, 59. Jahrgang Heft 5, 261-266.
Uertz, Rudolf (2001): Einführung in die politische Theorie des russisch-orthodoxen Christentums. In: Josef Thesing/Rudolf Uertz (Hrsg.), Die Grundlagen der Sozialdoktrin der Russisch-Orthodoxen Kirche. Sankt Augustin, 134-173.
Yelensky, Victor (2005): Das Recht der Religionsgemeinschaften in der Ukraine. In: Wolfgang Lienemann/Hans-Richard Reuter (Hrsg.), Das Recht der Religionsgemeinschaften in Mittel-, Ost- und Südosteuropa. Baden-Baden, 519-545.
Vlasovs'kyj, Ivan (1998): Narys istoriï Ukraïns'koï Pravoslavnoï cerkvy – Tom I (Grundriss der Geschichte der ukrainischen orthodoxen Kirche – Band 1). Kyïv.
Welyjyj, A.G. (1953): Die jahrhundertelangen Verfolgungen der Ukrainischen Kirche und ihre grundlegenden Ursachen. In: o.A. (Hrsg.), Die ersten Opfer des Kommunismus. Weißbuch über die religiösen Verfolgungen in der Ukraine. München, 93-106.
Werhun, Peter (1941): Kurzer Grundriß der Kirchengeschichte der Ukraine. Berlin.
Willems, Joachim (2006): Russische Kirche, Islam und Westeuropa. In: Glaube in der 2. Welt (Hrsg.), Glaube in der 2.Welt. Heft 1/2006, Zürich, 15-17.
Winter, Eduard (1993): Byzanz und Rom im Kampf um die Ukraine – 955-1939. Fürth.

Die Debatte um den jüdischen Staat im religiösen Judentum

Hans-Michael Haußig

Judentum und Islam sind in struktureller Hinsicht ähnliche Religionen; beide beruhen auf einem umfassenden religionsgesetzlichen Korpus, das weite Teile des täglichen Lebens zum Teil bis ins minutiöse Detail hinein regelt. Dabei werden weite Bereiche des Lebens unter religiösen Gesichtspunkten behandelt, die im westlich-christlichen post-aufklärerischen Religionsverständnis im Allgemeinen nicht dem Bereich der Religion zugeordnet werden. Der Islam hat sich in diesem Zusammenhang immer für die Frage des Politischen interessiert und in neuerer Zeit sind viele muslimische Denker der Ansicht, dass nur mittels der Verwirklichung der *Schari'a* – des islamischen Religionsgesetzes – ein gerechtes Staatswesen realisiert werden kann. Aufgrund der strukturellen Ähnlichkeit zwischen Judentum und Islam scheint es zunächst verwunderlich, dass sich das Judentum offenbar in keinem vergleichbaren Maße wie der Islam zum Bereich des Politischen geäußert hat. Zwar hat im Mittelalter der wohl bedeutendste jüdische Gelehrte seiner Zeit, Moses Maimonides (1135-1204), einige Grundsätze politischer Gestaltung aus der Sicht des Religionsgesetzes, der Halacha, formuliert[1], doch blieben darüber hinaus bis in die Neuzeit hinein die Versuche, ein politisches Denken aus der religiösen Tradition heraus zu entwickeln, eher spärlich. Dies hängt zweifelsohne damit zusammen, dass die Juden in der Diaspora über kein eigenständiges Staatswesen verfügten und die damit zusammenhängende Problematik keine praktische Relevanz hatte. Eine Änderung sollte diesbezüglich im Zusammenhang mit der zionistischen Bewegung kommen.

Der Zionismus ist bekanntlich mit dem Ziel entstanden, die nationale Frage der Juden einer Lösung herbeizuführen. Der klassische politische Zionismus, als deren maßgeblicher Vertreter Theodor Herzl (1860-1904) angesehen werden kann, ging davon aus, dass die Juden ein normales Volk seien und sich nicht grundlegend von anderen Völkern unterscheiden, die in jener Zeit im Begriff waren, ihre nationale Selbstbestimmung zu realisieren. Nach Ansicht von Herzl

---

1 Yad ha-chazaqa, halachot melachim. Zur Philosophie von Maimonides vgl. Guttmann (1933: 174-205); zu seinem religionsgesetzlichen Hauptwerk vgl. Twersky (1980).

sollte auch das jüdische Volk die Möglichkeit erhalten, dieses Ziel zu verwirklichen (Herzl 1996: 16, 33-36). Ein religiöses Anliegen stand Herzl und den anderen frühen Protagonisten des jüdischen Staates dabei nicht vor Augen. Der Versuch der Schaffung eines selbständigen jüdischen Staatswesens stieß jedoch in weiten Kreisen des damaligen Judentums auf heftigen Widerspruch. Die Vertreter des Reformjudentums lehnten die Idee einer jüdischen Nation ab, da sie das Judentum nur als eine Religionsgemeinschaft, nicht jedoch als eigenständige Nation auffassten und bestrebt waren, diese gleichberechtigt neben den großen Kirchen zu etablieren (Meyer 1988: 209ff.; Lowenstein et al. 1997: 296ff.). Weitaus bedeutsamer war jedoch der Widerspruch, der von Seiten der orthodoxen Kräfte kam. Man lehnte den Zionismus hier gerade aus einer gegensätzlichen Tendenz wie das Reformjudentum ab. In dem Bestreben des Zionismus, die Juden zu einem „normalen Volk" zu machen, sahen sie eine Verletzung der Gebote der Tora, die den Juden eine besondere Verpflichtung auferlegt, sich von den übrigen Völkern zu unterscheiden und nicht ihre Gesetze und Bräuche nachzuahmen. Aus diesem Grund lehnte die radikale Orthodoxie auch jegliche emanzipatorischen Bestrebungen ab und zog die Existenz der Juden in einem selbst gewählten Ghetto vor, da ihrer Ansicht nach nur auf diese Weise die Integrität des Judentums bewahrt werden könne.[2] Da die Juden kein Volk wie alle anderen sind, dürfen sie dementsprechend auch nicht wie alle anderen Völker nach einem eigenständigen nationalen Staat streben (Ravitzky 1993: 23-111). Sie beriefen sich dabei unter anderem auch auf die so genannten drei Schwüre, auf die Gott Israel verpflichtet hat, nämlich dass man nicht „wie eine Mauer" in das heilige Land hinaufziehen, dass man nicht gegen die Völker der Welt rebellieren und dass man nicht das Ende herbeibeschleunigen solle.[3] Einige betonten jedoch auch, dass die Heiligkeit des Landes einen besonderen Respekt von all denjenigen verlange, die in ihm wohnen, und viele, auch fromme Juden, könnten diesem Anspruch nicht gerecht werden; Verfehlungen und die Nichteinhaltung der Gebote wiegen im Lande Israel schwerer als außerhalb und ziehen entsprechend

---

2   Einer der bedeutendsten Vertreter der radikalen Orthodoxie im 19. Jahrhundert, der Preßburger Rabbiner Moses Sofer, brachte dies bildlich dahingehend zum Ausdruck, dass die Juden *SCHaLeM* „integer" sein müssten. Dieses Wort lässt sich jedoch für Sofer auch noch nach den in ihm enthaltenen Konsonanten ausdeuten, bei denen *SCH* für *schemot* „Namen", *L* für *leschonot* „Sprachen" und *M* für *malbusch* „Kleidung" steht. Damit soll zum Ausdruck gebracht werden, dass die Juden sich weder nichtjüdische Namen zulegen noch nichtjüdische Sprachen erlernen und sich auch nicht nach Art der Nichtjuden kleiden sollten; nur auf diese Weise kann seiner Ansicht nach die Integrität des Judentums bewahrt werden (Mendes-Flohr 2003: 201-213, 207ff.).

3   Babylonischer Talmud Ketubbot 111a.

katastrophale Konsequenzen nach sich (Ravitzky 1993: 67-70).[4] Dementsprechend mussten sie die Bestrebungen der meist säkularen Zionisten zur Ansiedlung in Palästina umso mehr ablehnen und konnten in ihnen nichts anderes als eine Entweihung des heiligen Charakters des Landes Israel sehen.

Eine Sonderposition sollten demgegenüber die religiösen Zionisten einnehmen, die sich insbesondere in der so genannten Mizrachi-Bewegung sammeln sollten. Bei ihnen finden wir allerdings keine klaren Antworten über den Charakter eines jüdischen Staates. Die Mizrachi-Bewegung versuchte vielmehr, sich den Zielen der allgemeinen zionistischen Bewegung anzuschließen und strebte danach, in diesem Rahmen dafür Sorge zu tragen, dass auch den Belangen der jüdischen Religion eine angemessene Berücksichtigung bei der Verwirklichung der nationalen Bestrebungen des jüdischen Volkes zukommt. Auch Rav Jizchaq ha-Kohen Kook (1865-1935), der erste aschkenazische Oberrabbiner des Landes Israel, der als einer der wohl einflussreichsten Denker des religiösen Judentums im ersten Drittel des vorigen Jahrhunderts gelten kann und der sich um eine spirituelle Deutung der zionistischen Bewegung bemühte, vermied es in seinen Schriften, eine explizite Staatsauffassung zu propagieren (Agus 1946; Kaplan/Shatz 1995). Dennoch wird er heutzutage gerne von vielen zum Teil unterschiedlichen politischen Kräften vereinnahmt. Jedenfalls sollten sich im Laufe der Zeit Positionen herauskristallisieren, die aus religiöser Sicht der Frage nachgingen, welches Staatsverständnis das Judentum voraussetzt und inwieweit dies in einem sich jüdisch zu nennenden Staat zu realisieren sei.

Wenn nun im Folgenden vom „religiösen Judentum" die Rede ist, so ist es zunächst notwendig, diesen Begriff näher zu erläutern. Unter „religiösem Judentum" sollen im Rahmen der folgenden Ausführungen die unterschiedlichen Kräfte der Orthodoxie verstanden werden. Zwar können im Prinzip auch die Vertreter des Reformjudentums als „religiös" bezeichnet werden, doch – sieht man einmal von der kritischen Analyse des „Politischen" im rabbinischen Judentum durch Samuel Holdheim (1806-1860) ab (Holdheim 1845a, 1845b, 1847) – wurde in ihren Kreisen zunächst keine explizite Theorie über den Charakter eines jüdischen Staates entwickelt, da dessen Realisierung nicht mit ihrer Auffassung des Judentums vereinbar war. Erst in späterer Zeit sollten sich auch in den Kreisen des Reformjudentums diesbezüglich differenziertere Positionen herausbilden. Keineswegs handelt es sich jedoch beim „religiösen Judentum" um einen monolithischen Block, sondern wir müssen zunächst zwei Gruppen unterscheiden, deren wesentlicher Unterschied gerade in ihrer Einstellung zur Frage eines jüdischen Staates begründet liegt: die zionistischen und die antizionistischen Kräfte;

---

4 Über den Ursprung derartiger Auffassungen im vormodernen Judentum vgl. Ravitzky (1999: 11-48).

beide Gruppen unterteilen sich wiederum in zahlreiche weitere Untergruppen. Im Folgenden sollen nun drei unterschiedliche Auffassungen über den jüdischen Staat vorgestellt werden, die in unterschiedlichem Maße auf die Frage eingehen, inwieweit ein jüdischer Staat demokratisch sein kann. Von diesen stammt eine Auffassung aus dem antizionistischen Lager, eine weitere Position aus religiöszionistischer Sicht, wogegen sich die dritte Position keinem der bestehenden Lager im religiösen Judentum zuordnen lässt.

1. Die Tora als der souveräne Staatswille Israels. Isaac Breuers antizionistische Auffassung über den jüdischen Staat

Zunächst sei hier die Auffassung von Isaac Breuer (1882-1946) erläutert, der seine Ansichten als explizite Gegenposition zu den Zielen der zionistischen Bewegung verstand. Isaac Breuer war der Enkel von Samson Raphael Hirsch (1808-1888), der im 19. Jahrhundert innerhalb Deutschlands als der Hauptvertreter der so genannten Neo-Orthodoxie galt. Diese bemühte sich darum, die Halacha, das jüdische Religionsgesetz, in Übereinstimmung mit den Sitten und Gebräuchen des Landes zu praktizieren. Man sonderte sich nicht mehr von der nichtjüdischen Mehrheitsgesellschaft ab, wie die Orthodoxie der alten Schule, sondern nahm aktiv am allgemeinen Leben Anteil, so lange man dadurch nicht die religionsgesetzlichen Bestimmungen verletzte.[5] Breuer verstand sich Zeit seines Lebens stets in voller Übereinstimmung mit den Ansichten seines Großvaters, doch muss man seine Auffassungen wohl eher als eine eigenständige Weiterentwicklung von dessen Positionen ansehen. Breuer selbst war zunächst als Anwalt tätig, hatte jedoch auch die rabbinische Approbation erworben. Daneben veröffentlichte er zahlreiche größere und kleinere Schriften, in denen er sich mit den das Judentum betreffenden Zeitfragen auseinandersetzte. Darüber hinaus hat er neben kleineren belletristischen Werken auch zwei Romane veröffentlicht (I. Breuer 1920, 1923).[6] Diese können gewissermaßen als Tendenzromane aufge-

---

5   Zur Orthodoxie in Deutschland vgl. Wiener (1933: 69-81); Graupe (1977: 200-226); M. Breuer (1986); speziell zu S. R. Hirsch vgl. Rosenbloom (1976); Grünewald (1977); Liberles (1985).
6   Die beschriebene Tendenz zeigt sich auch in Breuers wohl bedeutendstem religionsphilosophischen Hauptwerk, das ebenfalls in Form einer Erzählung und eines Dialoges geschrieben wurde „Der neue Kuzari". Der Titel lehnt sich an das strukturell ähnlich aufgebaute Werk „Buch des Kuzari" des mittelalterlichen Dichters und Religionsphilosophen Jehuda ha-Levi (1075-1141) an und handelt von der Bekehrung des Königs der Chazaren (Kuzari), eines Turkvolks, zum Judentum, zu der er sich nach eingehenden Diskussionen zunächst mit einem Philosophen, einem Christen, einem Muslim und schließlich einem jüdischen Weisen, entschließt. In Breuers Kusari bewegen sich die Diskussionen allerdings in innerjüdischem Rahmen; die Hauptperson der Erzählung ist ein aus einem völlig assimilierten Elternhaus stammender junger Jude, der nach

fasst werden; im Verlauf der Handlung machen die Hauptcharaktere stets gewisse Lebenskrisen durch, finden aber am Ende schließlich den Weg zum toratreuen Judentum, wie Breuer es verstand. Im Jahre 1912 war er auch an der Gründungskonferenz der orthodoxen Weltorganisation *Agudat Israel*, dem politischen Sammelbecken der Anhänger des traditionalistischen Judentums, die in ihrer Mehrheit den Zionismus ablehnten, in Kattowitz beteiligt, für die er im folgenden bei verschiedenen Gelegenheit immer wieder tätig werden sollte. 1936 siedelte Breuer infolge der politischen Umstände in Deutschland nach Palästina über und schrieb von dieser Zeit an überwiegend in Hebräisch.[7]

Breuer ging in einer seiner früheren Schriften zunächst davon aus, dass das Judentum alle Zeichen der äußeren Macht, die andere Völker charakterisieren, nicht bedürfe. Dies trifft insbesondere auf die territorialen Aspekte der Macht zu, bezüglich derer sich die Juden grundlegend von anderen Völkern unterscheiden. Was für andere Völker ihr Territorium ist, dies ist für die Juden die Tora. Nur durch die Bindung an die Tora, nicht jedoch durch Bindung an ein Territorium gewinnen die Juden ihre Identität (I. Breuer 1918: 25-29). Einige Jahre später vertritt er dann die Ansicht, dass die Tora der „souveräne Staatswille" Israels sei. Es gibt in ihr keine Trennung zwischen religiösem und weltlichem, vielmehr ist in ihr alles religiös. Akzeptiert die jüdische Nation die Scheidung in weltliches und religiöses, dann hätte sie aufgehört Gottes Nation zu sein. Dazu Breuer (1925: 98):

„Spricht es nicht jedes Blatt der Thora, jedes Blatt der Prophetenbücher aus? „Ganz sollst du sein Gott, deinem Gotte!" Der kurze Satz enthält das Wesen des Judentums. Aber er muss richtig verstanden sein. Er bezieht sich nicht nur auf den Einzelnen in Jissrael, auf Gesinnung und Tat der Einzelnen. Für das Gemeinschaftsleben der Nation, für ihre ganze Organisation von der obersten bis zur untersten Stufe gilt er nicht minder, ja gilt er erst recht. Die ungeheure Originalität der jüdischen Nation tritt gerade in dieser Beziehung Gottes zur Nation, zum nationalen Leben hervor. Der Gott der Thora ist auch der politische Gott, der Wirtschaftsgott der Nation. Keine Fuge des nationalen Lebens kann sich der Herrschaft Gott-Königs entziehen. „Ganz sollst du sein Gott, deinem Gotte!"

Bezüglich der praktischen Gestaltung des jüdischen Staates, den er übrigens im Laufe der Jahre mal als „jüdischer Staat", „Torahstaat" oder „Gottesstaat" bezeichnet, finden sich in Breuers posthum veröffentlichten in Hebräisch verfasstem Werk *Nahaliel* umfassendere Ausführungen. Hierbei bietet er jedoch wenig Eigenständiges, was schon daran deutlich wird, dass er in erster Linie auf Mai-

---

zahlreichen Diskussionen unter anderem mit Vertretern des Reformjudentums und des Zionismus schließlich zum orthodoxen Judentum nach der Lesart von Breuer findet (I. Breuer 1934).

7 Biographische Skizzen finden sich auch in den einschlägigen Monographien über Isaac Breuer, so bei Mittleman (1990) sowie Morgenstern (2002). Breuer selbst hinterließ autobiographische Aufzeichnungen, die posthum veröffentlicht wurden (I. Breuer 1988).

monides zurückgreift, aus dessen religionsgesetzlichem Hauptwerk, der Mishne Tora, er längere Zitate anführt (vgl. auch Schweid 1988: 138). Demnach ist zur Reglung der staatlichen Fragen ein Gerichtshof einzusetzen, das Sanhedrin, der aus 72 Personen bestehen soll. Diese werden durch torakundige Männer repräsentiert, die in der Lage sind, die Gesetze der Tora angemessen auszulegen (Y. Breuer 1951: 316f.). Detailliertere Angaben, inwieweit die Angehörigen des Torastaates an der Reglung seiner politischen Belange partizipieren, sind seinen Ausführungen nicht zu entnehmen. Da Breuer ja grundsätzlich davon ausging, dass die Tora das politische Leben Israels bestimme, scheint er hier auch wenige Freiräume für eine politische Entfaltung des Einzelnen gesehen zu haben. Man kann Breuers Staatsauffassung daher durchaus totalitäre Züge zuschreiben. So sagt er an einer Stelle auch, dass innerhalb der „Zwangsgewalt" des jüdischen Staates für „Empörertum gegen Gottes und der Thora Herrschaft" kein Raum ist. „Der Gott Jissraels ist nicht tolerant" (I. Breuer 1925: 96). Hierbei muss man jedoch davon ausgehen, dass Breuer von einer idealen Situation ausging und er sich bewusst war, dass die realpolitische Situation eine ganz andere ist. Breuer ging zwar einerseits davon aus, dass der einzelne Jude kraft seiner Geburt sich der geltenden Macht der Tora nicht entziehen kann. Doch obliegt es

> „der Menschenfreiheit . . . [der jüdischen Gemeinschaft] die Organe und Institutionen zu geben, die von der Thora gefordert werden, oder sich gegen den Willen der Thora aufzulehnen und Organe der Willkür und Institutionen des Abfalls zu entwickeln, die von der Thora nicht als Konkretisierung der in die Sinneswelt als Ortsgemeinde hineinragenden Kenesseth Jißrael anerkannt, vielmehr als Verbrechen der daran beteiligten, in Tat oder Duldung beteiligten jüdischen Einzelmenschen erachtet werden" (I. Breuer 1934: 224f.).

Bezogen auf die Situation in Palästina forderte er daher ein „palästinensisches Staatswesen", das die Interessen der säkularen zionistischen Juden und der Araber auf der einen und der toratreuen Juden auf der anderen vereinigt. „Der palästinensische, der judaeo-arabische Staat kann tolerant sein. Muß tolerant sein. Nur Gott darf selbst die Gewissen zwingen" (I. Breuer 1925: 96f.). Innerhalb der palästinensischen Staatsnotwendigkeiten braucht daher die Gewissensfreiheit nicht zu leiden (ebd.: 99). Näher geht jedoch Breuer hier nicht auf die praktischen Belange dieses Vorschlags ein; die Frage des Verhältnisses zwischen Demokratie und Halacha spielt bei ihm keine Rolle, was jedoch in erster Linie darin begründet liegt, dass es ihm weniger darauf ankam, einen Entwurf für ein pluralistisches Staatswesen vorzulegen als vielmehr die Interessen der jüdischen Orthodoxie innerhalb Palästinas zu sichern und ihr, soweit als möglich, gegenüber den anderen Segmenten des damaligen britischen Mandatsgebiets und künftigen Staates Autonomie zu sichern. Insofern tragen Breuers Ausführungen letztendlich den Charakter eines Kompromissvorschlags.

2. Demokratie als Grundprinzip der Halacha: Die religiös-zionistische Position von Rav Shlomo Goren

Ein umfassenderer Diskurs über Fragen des Verhältnisses von Halacha – jüdischem Religionsgesetz – und demokratischem Staatswesen sollte erst nach der Gründung des Staates Israel einsetzen. Neben grundsätzlichen Debatten konzentrierte sich die Diskussion dabei aber immer wieder auch auf Einzelfragen, anhand derer das Verhältnis zwischen Demokratie und Halacha diskutiert wurde.

Zunächst sei hier der Ansatz von Rav Shlomo Goren (1917-1994) besprochen. Shlomo Goren wurde in Polen geboren, jedoch wanderten seine Eltern mit ihm wenige Jahre nach seiner Geburt ins damalige Palästina aus. Goren absolvierte traditionelle jüdische Ausbildungsstätten, so unter anderem auch die berühmte Hebroner Jeschiwah, die als eine der renommiertesten Talmudakademien des Landes Israel galt, und verfasste schon sehr früh selbständige halachische Abhandlungen. Prominent wurde er zunächst als oberster Militärrabbiner des Staates Israel. In der breiteren Öffentlichkeit erlangte er vor allem durch ein Foto einige Berühmtheit, das ihn beim Blasen des Shofars an der Westmauer in Jerusalem zeigt, nachdem diese durch die israelischen Truppen im Sechs-Tage-Krieg erobert worden war, wodurch Juden nun erstmals wieder Zugang zu ihrer heiligen Stätte hatten. Später sollte Goren Oberrabbiner des Staates Israel werden. Politisch war er eher auf Seiten der rechten Kräfte des Landes anzusiedeln. In seinen letzten Lebensjahren kritisierte er heftig den durch die Osloer Abkommen eingeleiteten Friedensprozess und rief sogar zur Ermordung Jassir Arafats auf.

Goren äußerte sich eher beiläufig zum Verhältnis zwischen Demokratie und Halacha. Seine diesbezüglichen Ausführungen finden sich in seinem Buch „torat ha-medinah" (die Lehre des Staates). Trotz dieses Titels werden hier weniger grundsätzliche Fragen über das Verhältnis von Staat und jüdischem Religionsgesetz verhandelt als vielmehr Einzelfragen, bei denen das Problem gewissermaßen von der Peripherie her beleuchtet wird. So finden sich in dem Werk in erster Linie religionsgesetzliche Abhandlungen zur Legitimität von archäologischen Grabungen in der Stadt Davids, zur Frage des Status der äthiopischen Juden oder zur Bewertung des ersten Libanonkrieges.

Einer der Orte, wo sich Goren grundsätzlich zum Verhältnis von Demokratie und Halacha äußert, ist ein Votum zum Wahlsystem Israels. Hierbei geht er, ohne dies eingehender zu diskutieren, von einer prinzipiellen Übereinstimmung zwischen Halacha und Demokratie aus, aufgrund derer er das gegenwärtige Wahlsystem in Israel kritisiert, da es seiner Ansicht nach aus Sicht der Halacha problematisch sei. Goren sieht dies darin begründet, dass die gewählten Personen durch Listen, das heißt Parteien gestellt werden und nicht direkt durch die Wähler nach regionaler Zuordnung der Kandidaten in ihren Ämtern bestätigt werden

(Goren 1996: 53). Dies führt Goren nun zu einer Untersuchung über die Legitimationsbasis öffentlicher Ämter nach den Maßgaben der Halacha, bei der er zur Begründung seiner eigenen Position auf zahlreiche klassische Quellen zurückgreift. So müssen öffentliche Ämter grundsätzlich durch das Volk legitimiert werden, was für ihn durch die Mischnah, dem Grundtext des rabbinischen Judentums, bestätigt wird.[8] Hier steht (Mischna Berachot V,5): „Der Bevollmächtigte eines Menschen ist wie dieser selbst" (*schlucho schel adam kemoto*), das heißt die Handlungen, die der Bevollmächtigte im Name des ihn Beauftragenden vollzieht, haben dieselbe Gültigkeit, als ob der Auftraggebende sie selbst vollzogen hätte. Dies trifft, wie bereits frühere Autoritäten festgestellt haben, auch auf das jeweilige höchste politische Amt, wie etwa das des Königs oder des Richters zu. Die Quelle hierfür findet Goren, ebenfalls unter Rückgriff auf ältere Autoritäten, im biblischen Buch Josua 1,18, wo davon berichtet wird, wie das Volk zu Josua sagt: „Jeder, der sich deinem Befehl widersetzt und nicht allen deinen Anordnungen gehorcht, soll mit dem Tod bestraft werden. Sei nur mutig und stark!" Wesentlich ist für Goren hier, dass das Volk diesen Satz ausspricht und so sieht er denn darin den Hinweis, dass das Volk Josua die Befugnis übertragen hat, gesetzgeberisch tätig zu werden. Auch heutzutage wären Bevollmächtigte, sofern sie von der Mehrheit des Volkes gewählt worden sind, als in gleicher Weise durch den Grundsatz „der Bevollmächtigte eines Menschen ist wie dieser selbst" legitimiert anzusehen (Goren 1996: 53, 55).

Problematisch erscheint Goren nun aus der Sicht der Halacha das Verhältniswahlrecht, denn hierbei kann es vorkommen, dass, wenn mehrere Kandidaten zur Auswahl stehen, jemand gewählt wird, der nur 40 Prozent der Stimmen auf sich vereinigen konnte. Hierin sieht Goren einen Widerspruch zum Grundsatz des Prinzips „nach der Mehrheit neigen" (*achare rabim lehattot*, unter Anknüpfung an Ex. 23,2), denn wenn man die Stimmenanteile der unterlegenen Kandidaten zusammenzählt, wäre die Mehrheit nicht repräsentiert. Demgegenüber war in der Antike das jüdische Selbstverwaltungsgremium, das Sanhedrin, zu gleichen Teilen aus Vertretern der zwölf Stämme zusammengesetzt und repräsentierte so in ausgewogener Weise alle Segmente des Volkes. Durch die verschiedenen Siedlungsgebiete der Stämme waren somit auch alle Regionen des Landes im Sanhedrin vertreten. Aufgrund des regional ausgerichteten Verfahrens des antiken Sanhedrin würde es Goren zufolge auch heutzutage am ehesten mit der Halacha im Einklang stehen, wenn Wahlen zunächst auf regionaler Basis erfolgten. Um den Grundsatz „nach der Mehrheit" genüge zu tun, schlägt Goren zudem die Durchführung von zwei Wahlgängen vor, bei dem im zweiten Wahl-

---

8   Zur rabbinischen Literatur vgl. Stemberger (1992) (zur Mischna insbesondere S. 113-152); Neusner (1994) (zur Mischna insbesondere S. 97-128). Älteren Datums ist Albeck (1971).

gang zwischen den beiden Kandidaten, die die meisten Stimmen erhalten haben, eine Stichwahl durchzuführen wäre (ebd.: 62ff.). Auch bei der Besetzung des höchsten ausführenden politischen Amtes, der Position des Ministerpräsidenten, möchte Goren nach den Grundsätzen der Halacha verfahren. Goren setzt hier die Funktion des Ministerpräsidenten mit der des Königs in antiker Zeit gleich. Der König wurde nicht vom Volk direkt gewählt, sondern durch einen Propheten ernannt oder einen Gerichtshof legitimiert. Daher spricht sich Goren auch gegen die Direktwahl des Ministerpräsidenten aus; dieses Verfahren könnte zudem auch dazu führen, dass ein Regierender gegen eine parlamentarische Vertretung ankämpfen muss, die aus anderen Fraktionen als der seinigen zusammengesetzt ist und er somit handlungsunfähig wird (ebd.: 67).

Gorens Ansatz schlägt also eine Brücke zwischen den Anforderungen der Halacha und den Prinzipien des demokratischen Staatswesens. Die Demokratie steht nicht in Konfrontation zur Halacha, vielmehr setzt die Halacha demokratische Verfahren bei der Besetzung leitender Ämter voraus. Insofern stellt Gorens Ansatz eine kreative Interpretation der traditionellen Überlieferung für die Gegenwart dar.

3. Zur Position der religiösen Linken. Jeshajahu Leibowitz Ablehnung der Instrumentalisierung der Tora für politische Zwecke

Eine ganz andere Ansicht als Goren vertritt wiederum Jeshajahu Leibowitz (1903-1993), dessen Position allerdings gegenüber den organisierten religiösen Kräften eine eigenständige Sichtweise darstellt. Leibowitz wurde 1903 in Litauen geboren und studierte später in Deutschland Biochemie, wo er bis zur Machtergreifung der Nationalsozialisten am Kaiser-Wilhelm-Institut als wissenschaftlicher Mitarbeiter tätig war. Er ging dann nach Palästina, wo er an der Hebräischen Universität eine Professur für Biochemie innehatte. Daneben beschäftigte er sich aber auch mit allgemeiner und jüdischer Philosophie sowie Wissenschaftstheorie. Neben seiner universitären Tätigkeit fungierte er als einer der Herausgeber der Encyclopaedia Ivrit – der Hebräischen Enzyklopädie –, die in ihrer Struktur mit der Encyclopaedia Britannica verglichen werden kann.[9] Zudem war er eine in der Öffentlichkeit weithin gehörte Stimme, die jedoch gegenüber der offiziellen Politik meist eine kritische Position einnahm und politisch eher dem Lager der Linken zuzurechnen war. Gleichzeitig verstand sich Leibowitz aber als ein religiöser Jude, der das Judentum nur in der Erfüllung der Gebote der

---

9   Vgl. Encyclopaedia Hebraica (1948-1985): ha-enziqlopedya ha-ivrit. kelalit, yehudit weerezyisraelit, 35 Bde., Jerusalem/Tel Aviv.

Tora realisiert sah; Theologie, Philosophie, Mystik oder Morallehren werden von ihm als nebensächlich und nicht wesentlich für den Bestand des Judentums angesehen.[10]

Leibowitz Position zum Verhältnis zwischen Demokratie und Religion hängt eng mit seiner generellen Auffassung zur Beziehung zwischen Staat und Religion zusammen. Leibowitz kritisiert an den Diskussionen zum Verhältnis beider, dass dabei in erster Linie die Nützlichkeit der Religion für gesellschaftliche Belange im Vordergrund stehe und nicht ein genuin religiöses Anliegen (Leibowitz 1952: 122). Die Tora bietet seiner Ansicht nach überhaupt keine Rezepte für die Gestaltung eines politischen Gemeinwesens. Ebenso wenig wie sich in der Tora medizinische Behandlungsmethoden oder Konstruktionspläne für Gebäude finden lassen, so liefert die Tora auch keine konkreten Hinweise zur Reglung gesellschaftspolitischer Belange (ebd.: 126). Im eigentlichen Sinne setzt nach Ansicht von Leibowitz die Halacha zudem die Existenz im Exil und die Fremdherrschaft über das Heilige Land voraus; die fehlende nationale Selbstständigkeit des jüdischen Volkes und das Fehlen bürgerlicher Pflichten sind seiner Ansicht nach eine Grundbedingung für die eigentliche Möglichkeit der Ausführung des jüdischen Religionsgesetzes (ebd.: 128). Unter der „Herrschaft der Tora" (*mischtar ha-tora*) ist eine Lebensweise zu sehen, die gerade die Pflichten des Staatsbürgers nicht umfasst (ebd.: 129). Das jüdische Denken erachtet Leibowitz zufolge lediglich zwei Staatsformen als legitime Herrschaftsform im Sinne des Religionsgesetzes: einerseits wird die Herrschaft Davids und Salomos als legitime politische Herrschaft anerkannt, eine Auffassung, die sich sozusagen als mythologisch und legendenhafte Volksüberlieferung verstehen lässt und die eine Art „Vorgeschichte des Judentums" darstellt; demgegenüber steht das Ende der Tage, das Reich des messianischen Königs, das nicht mehr zu unserer realen Existenz gehört und gewissermaßen als eine Post-Historie des Judentums verstanden werden kann. Gegenüber diesen beiden „idealen Staatsentwürfen" steht die gegenwärtige realpolitische Existenz, die durch Exil und Fremdherrschaft charakterisiert ist. Die im talmudischen Traktat Sanhedrin und bei Maimonides in den Königsgesetzen formulierten Staatsauffassungen beziehen sich nicht auf die realen historischen Gegebenheiten des jüdischen Volkes, sondern auf die messianische Zeit, also die Post-Historie (ebd.: 131f.). Der gegenwärtige Staat Israel stellt keineswegs die Verwirklichung des messianischen Reiches dar, sondern

---

10 So in dem zentralen, zunächst 1952 als Vortrag gehaltenen und 1953 veröffentlichten Aufsatz „mizvot ma'asiyot (maschma'uta schel ha-halacha)" (Die realen Gebote. Die Bedeutung der Halacha) (Leibowitz 1953 [1979]: 13-36).

fungiert lediglich zur Lösung politischer Probleme im Hier und Jetzt, in der realen gegenwärtigen Zeit (ebd.: 136f.).[11]

Vor diesem Hintergrund sind auch seine Ausführungen zur Frage, inwieweit das jüdische Religionsgesetz innerhalb eines jüdischen Staates, im konkreten Fall auch des Staates Israel, Gültigkeit hat, zu sehen. Es mag aufgrund der bisherigen Ausführungen nicht verwunderlich erscheinen, dass Leibowitz die Anwendung des Religionsgesetzes im gegenwärtigen Staat Israel ablehnte. Er ging jedoch noch weiter. In einem ursprünglich 1971 unter dem Titel „Staat und Religion" (Leibowitz 1971a) veröffentlichten Aufsatz vertrat er die Ansicht, dass sowohl die religiöse theozentrische Weltauffassung als auch die humanistische anthropozentrische Weltauffassung darin übereinstimmen, dass der Staat nur eine instrumentelle Bedeutung habe und keinen Wert an sich darstellt. Im Staat mehr als eine funktionelle Rolle zu sehen, ist Leibowitz zufolge eine faschistische Anschauung. Der Staat kann schon deswegen keinen Wert an sich darstellen, weil die Werte der Menschen voneinander verschieden sind; vielmehr dient der Staat als Bühne zum Ausgleich dieser unterschiedlichen Werte und Interessen. Der Wert der Demokratie besteht für Leibowitz darin, dass der Staat seine Herrschaft auf ein Minimum des unbedingt Notwendigen beschränkt, die Leibowitz in der Verteidigung des Menschen vor der Herrschaft des Staates selbst sieht (ebd.: 181). Der demokratische Staat basiert auf den Menschenrechten und ist daher anthropozentrisch ausgerichtet. Demgegenüber ist die Tora nicht anthropozentrisch ausgerichtet, sondern theozentrisch. Die Halacha kennt die Idee der Menschenrechte nicht sondern nur die Pflichten des Menschen gegenüber seinem Gott. Auch diejenigen Gebote, die das zwischenmenschliche Zusammenleben regeln, sind diesem Aspekt untergeordnet: „Die menschliche Realität – sowohl was das Individuum betrifft als auch das Kollektiv – werden in ihr nicht aus sich selbst heraus verhandelt, sondern unter dem Aspekt der Gottesverehrung" (ebd.: 182). Prinzipiell sieht Leibowitz in dem Versuch, sich die Tora für den Staat nutzbar zu machen, gerade das umgekehrte Ziel als dasjenige, was die Halacha vom Menschen fordert. Wer Wissenschaft – und hierzu rechnet Leibowitz in diesem Fall auch das Staatswesen – durch die Tora ersetzen will, der dient nicht Gott, sondern fordert von der göttlichen Offenbarung, dass sie ihm und seinen eigenen egoistischen Interessen dienstbar gemacht werde (Leibowitz 1971b: 344). Damit sowohl den Interessen der säkularen als auch den

---

11 Die Grundannahme, dass mit der Ansiedlung in Palästina und der Errichtung eines jüdischen Staates noch nicht die messianische Zeit eingeleitet wird, teilt Leibowitz mit Breuer, der wiederholt davon spricht, dass das Exil auch in Palästina fortdauert, ja sogar eine Steigerung erfahren habe („zionistisches Golus und nicht mehr edomitisches Golus") (I. Breuer 1925: 54). Goren sieht in der gegenwärtigen Situation des Staates Israel eher eine Art Zwischenzustand (Goren 1996: 18-27).

Interessen der religiösen Juden innerhalb des Staates Israel Gerechtigkeit widerfahre, forderte Leibowitz (1959) in einem Votum sogar die Schaffung einer vom Staate unabhängigen religiösen Körperschaft der jüdischen Religion. So findet sich bei Leibowitz sowohl eine Affirmation der Tora als auch der Demokratie, nur stehen beide nicht miteinander in Verbindung, da sie sich auf unterschiedliche Bereiche erstrecken. Das jüdische Religionsgesetz enthält keine Anweisungen zur politischen Gestaltung in der gegenwärtigen Zeit und folglich lässt sich auch die Demokratie weder aus der jüdischen Tradition heraus bejahen noch ablehnen.

4. Fazit

Alle drei hier zitierten Autoren zeigen sowohl Gemeinsamkeiten als auch Trennendes in ihrer Einstellung zur Frage zum Verhältnis von Religionsgesetz und Demokratie. Dabei kommen sie trotz teilweise gleicher Grundannahmen zum Teil zu unterschiedlichen Schlussfolgerungen. Alle gehen letztendlich davon aus, dass die Tora göttliche Offenbarung ist und torazentriertes Leben heteronom ist. Die Halacha bringt nicht den Willen des Menschen zum Ausdruck, sondern dient der Realisierung des göttlichen Willens. Die Betonung der theozentrischen Ausrichtung der jüdischen Halacha führt aber bei Breuer und Leibowitz zu ganz unterschiedlichen Schlussfolgerungen: Breuer fordert den auf der Basis der Tora beruhenden jüdischen Staat, während Leibowitz diesen gerade ablehnt, da er die Ansicht vertritt, dass die Halacha gar keine Reglungen für das politische Alltagsleben bereitstellt. Breuer spricht nicht explizit über die Demokratie, aber aufgrund dessen, dass er Gott als den Souverän des jüdischen Staates ansieht und nicht den Menschen wird deutlich, dass sie in einem jüdischen Staat keine Basis hat. Er lässt jedoch gewissermaßen eine demokratische Hintertür offen, da er die Akzeptanz des Torastaates als einen freiwilligen Akt ansieht und jeder Jude prinzipiell auch die Möglichkeit hat, die ihm von Gott übertragenen Gebote abzulehnen. Interessanterweise sprechen sowohl Breuer als auch Goren über die Einrichtung des Sanhedrin, jedoch mit ganz unterschiedlicher Tendenz. Für Breuer stellt die Errichtung des Sanhedrin nur die organisatorische Umsetzung der Leitung des jüdischen Staates dar, wogegen Goren gerade hierin den grundsätzlich demokratischen Charakter der jüdischen Halacha realisiert sieht und im Gegensatz zu Breuer die Rolle des Menschen hervorhebt. Leibowitz bezieht die Bestimmungen in Verbindung mit dem Sanhedrin auf die messianische Zeit und lehnt eine Umsetzung unter den gegenwärtigen politischen gesellschaftlichen Bedingungen ab.

Eine einheitliche Position gibt es im religiösen Judentum zum Verhältnis von Halacha und Demokratie nicht, obwohl zum Teil die gleichen Quellen zur Entwicklung der jeweiligen Position – hier ist insbesondere Moses Maimonides zu nennen – nutzbar gemacht wurden. Die Debatte geht jedoch weiter und drückt nicht zuletzt den alltäglichen Auseinandersetzungen im Staat Israel ihren Stempel auf (Morgenstern 1990); diese erschöpfen sich nicht nur in dem jüdisch-arabischen Konflikt, sondern sind auch durch innerjüdische Auseinandersetzungen zwischen den mehrheitlich säkularen Juden und Teilen der religiösen Juden, aber auch durch interne Auseinandersetzungen innerhalb letzterer, geprägt.

Literatur

Agus, Jacob B. (1946): Banner of Jerusalem: The Life, Times, and Thought of Abraham Isaac Kuk, the Late Chief Rabbi of Palestine. New York.
Albeck, Chanoch (1971): Einführung in die Mischna. Berlin/New York.
Breuer, Isaac (1918): Messiasspuren. Frankfurt a. M.
Breuer, Isaac (1920): Ein Kampf um Gott. Frankfurt a. M.
Breuer, Isaac (1923): Falk Nefts Heimkehr. Frankfurt a. M.
Breuer, Isaac (1925): Das jüdische Nationalheim. Frankfurt a. M.
Breuer, Isaac (1934): Der neue Kusari. Ein Weg zum Judentum. Frankfurt a. M.
Breuer, Isaac (1988): Mein Weg. Jerusalem/Zürich.
Breuer, Yizchaq (1951): nahaliel. yesodot ha-chinuch le-mizvot ha-tora. Jerusalem.
Breuer, Mordechai (1986): Jüdische Orthodoxie im deutschen Reich 1871-1918. Sozialgeschichte einer religiösen Minderheit. Frankfurt a. M.
Encyclopaedia Hebraica (1945-1985): ha-enziqlopedya ha-ivrit. kelalit, yehudit we-erezyisraelit. 35 Bde., Jerusalem/Tel Aviv.
Goren, Ha Rav Schlomo (1996): torat ha-medina. mechqar halachti histori be-nos'im ha-'omdim be-roma schel medinat yisrael me-'az tequmata. Jerusalem.
Grünewald, Pinchas Paul (1977): Eine jüdische Offenbarungslehre. Samson Raphael Hirsch. Judaica et Christiana 2, Bern et al.
Guttmann, Julius (1933): Die Philosophie des Judentums. München.
Graupe, Heinz Mosche (1977): Die Entstehung des modernen Judentums. 2. rev. u. erw. Aufl., Hamburg.
Herzl, Theodor (1996): Der Judenstaat. Versuch einer modernen Lösung der Judenfrage, mit einem Nachwort von Henryk M. Broder. Augsburg.
Holdheim, Samuel (1845a): Das Religiöse und Politische im Judenthum. Mit besonderer Beziehung auf gemischte Ehen. Eine Antwort auf Hrn. Frankel's Kritik der Autonomie der Rabbinen und der Protokolle der ersten Rabbiner-Versammlung in Betreff der gemischten Ehen. Schwerin/Berlin.
Holdheim, Samuel (1845b): Das Ceremonialgesetz im Messiasreich. Als Vorläufer einer Schrift über die religiöse Reform des Judentums. Schwerin/Berlin.
Holdheim, Samuel (1847): Ueber die Autonomie der Rabbinen und das Prinzip der jüdischen Ehe. Ein Beitrag zur Verständigung über einige das Judenthum betreffende Zeitfragen. Schwerin.
Kaplan, Lawrence J./ Shatz, David (Hrsg.) (1995): Rabbi Abraham Isaac Kook and Jewish Spirituality. New York/London.

Leibowitz, Jeshajahu (1952): ha dat ba-medina we-ha-medina ba-dat (die Religion im Staat und der Staat in der Religion). In: Ders. (1979), yahadut, 'am yehudi u-medinat yisrael.Jerusalem, 121-145.
Leibowitz, Jeshajahu (1953): mizvot ma'asiyot (maschma'uta schel ha-halacha) (Die realen Gebote. Die Bedeutung der Halacha). In: Ders. (1979), yahadut, 'am yehudi u-medinat yisrael. Jerusalem, 13-36.
Leibowitz, Jeshajahu (1959), hafradat ha-dat we-ha-medina (Die Trennung der Religion und des Staates). In: Ders. (1979), yahadut, 'am yehudi u-medinat yisrael. Jerusalem, 155-164.
Leibowitz, Jeshajahu (1971a): medina wa-dat. In: Ders. (1979), yahadut, 'am yehudi u-medinat yisrael. Jerusalem, 181-191.
Leibowitz, Jeshajahu (1971b): ha-madda' we-dat yisrael (die Wissenschaft und die Religion Israels). In: Ders. (1979), yahadut, 'am yehudi u-medinat yisrael. Jerusalem, 337-346.
Liberles, Robert (1985): Religious Conflict in Social Context. The Resurgence of Orthodox Judaism in Frankfurt am Main 1838-1877. Westport/Connecticut.
Lowenstein, Steven M./Mendes-Flohr, Paul/Pulzer, Peter/ Richarz, Monika (1997): Deutsch-jüdische Geschichte in der Neuzeit. Band 3: 1871-1918, München.
Mendes-Flohr, Paul (2003): Post-Traditional Jewish Identities. In: Hans-Michael Haußig/Bernd Scherer (Hrsg.), Religion – eine europäisch-christliche Erfindung? Berlin/Wien, 201-213.
Meyer, Michael A. (1988): Response to Modernity. A History of the Reform Movement in Judism. Detroit.
Mittleman, Alan L. (1990): Between Kant and Kabbalah. An Introduction to Isaac Breuer's Philosophy of Judaism. Albany/New York.
Morgenstern, Matthias (1990) (Hrsg.): Kampf um den Staat. Religion und Nationalismus in Israel. Schriftenreihe des Deutsch-Israelischen Arbeitskreises für Frieden im Nahen Osten e. V., H. 18, Frankfurt a. M.
Morgenstern, Matthias (2002): From Frankfurt to Jerusalem. Isaac Breuer and the History of the Secession Dispute in Modern Jewish Orthodoxy, Studies in European Judaism 6. Leiden.
Neusner, Jacob (1994): Introduction to Rabbinic Literature. New York et al.
Ravitzky, Aviezer (1993): Messianism, Zionism and Jewish Religious Radicalism (Hebr.). Tel Aviv.
Ravitzky, Aviezer (1999): Freedom Inscribed. Diverse Voices of the Jewish Religious Thought (Hebr.). Tel Aviv.
Rosenbloom, Noah H. (1976): Tradition in an Age of Reform. The Religious Philosophy of Samson Raphael Hirsch. Philadelphia.
Schweid, Eliezer (1988): „medinat ha-tora" be mischnato schel yizchaq breuer. In: Rivka Horwitz (Hrsg.), Isaac Breuer: The Man and his Thought (Hebr.). Ramat-Gan, 125-146.
Stemberger, Günter (1992): Einleitung in Talmud und Midrasch. 8. neubearb. Aufl., München.
Twersky, Isadore (1980): Introduction to the Code of Maimonides (Mishneh Torah). New Haven.
Wiener, Max (1933): Jüdische Religion im Zeitalter der Emanzipation. Berlin 2002.

III. Religion und Demokratie in Religionen Asiens

Demokratie und Religion in Taiwan

Henning Klöter

1. Einleitung

Einer These des taiwanesischen Soziologen Hei-yuan Chiu zufolge ist die religiöse Vielfalt in Taiwan eine Folge der Säkularisierung im späten 20. Jahrhundert. Chiu argumentiert wie folgt:

> „Nach der Reformation war die römisch-katholische Kirche nicht mehr die einzige heilige Gemeinschaft der westlichen Gesellschaft. Die Entstehung und Entwicklung zahlreicher neuer christlicher Konfessionen ist somit eine Folge der Säkularisierung. Während des Ausnahmezustands galten Regierung und Regierungspartei KMT [in Taiwan] als heilig und unantastbar; selbst religiöse Vereinigungen mussten sich ihnen unterwerfen. Das Ende des Ausnahmezustandes ist somit gleichbedeutend mit der Entsakralisierung von Partei und Regierung" (Chiu 2001; Übersetzung H.K).

Während der Vergleich der früheren Kuomintang (KMT)-Einparteienregierung mit der vor-reformatorischen römisch-katholischen Kirche einer gewissen Ironie nicht entbehrt, steht es außer Frage, dass Religionsgemeinschaften in Taiwan seit den späten 1980er Jahren die Freiheiten nutzen, die durch die Demokratisierung ermöglicht wurden. Religion hat somit ein hohes Maß an institutioneller Ausdifferenzierung erfahren.[1] So zählt das aktuelle Jahrbuch des Regierungsinformationsamtes 22 Religionsgemeinschaften mit beinahe 16 Millionen Mitgliedern (GIO 2005: 366). Statistiken dieser Art sind jedoch nicht unproblematisch, da sie Konfessionsgebundenheit suggerieren und gleichzeitig die synkretistische und utilitaristische Ausprägung religiöser Alltagspraxis kaschieren. Gebete in einem der zahlreichen Tempel sind in der Regel mit dem Wunsch nach Erfüllung konkreter Ziele verbunden wie zum Beispiel guten Prüfungsergebnissen, Heilung von Krankheiten, erfolgreichen Geschäftabschlüssen, etc.

---

1   Demokratisierung ist jedoch keineswegs als der einzige Erklärungsfaktor für die institutionelle und inhaltliche Ausdifferenzierung zu sehen. Als weitere Faktoren nennt Jordan (1994: 138) wachsenden Wohlstand, Erhöhung des Bildungsniveaus und wachsende geographische Mobilität.

Götter, von denen in diesen Angelegenheiten Hilfe erwartet wird, können durchaus verschiedenen religiösen Traditionen zuzurechnen sein.

Der Wandel religiöser Traditionen im Kontext des sozio-ökonomischen Wandels ist Gegenstand zahlreicher sozial- und kulturwissenschaftlicher Studien jüngeren Datums (z. B. Chiu 2001; Feuchtwang/Wang 2001; Jochim 2003; Jones 1999; Laliberté 2003, 2004; Lee 2003; Makeham 2005; Katz 2003; Pas 2003). Im Gegensatz zu diesen und anderen Studien behandelt der vorliegende Aufsatz nicht den Wandel religiöser Organisationen, sondern untersucht, inwiefern im Prozess des demokratischen Wandels und im parteipolitischen Wettbewerb Einfluss von Religion ausgemacht werden kann. Der Einfluss von Religionen soll hierbei nicht aus deren geistesgeschichtlichen Traditionen oder historischen Glaubensgrundsätzen verstanden werden. Es erscheint für den vorliegenden Analysegegenstand angemessener, dem Ansatz von Philip Clart und Charles B. Jones zu folgen, der Religion in ihrer konkreten sozialen und institutionellen Manifestierung begreift:

„There will always exist a – greater or smaller – gap between a tradition's abstraction and its concretization in life. A lived religious tradition is a social construction that is conditioned by many factors, including, but not limited to, class, political system, climate, economic conditions, textual traditions, and institutional structures. As these factors keep changing, so do religions, even as they themselves become factors in the social construction of other areas of culture" (Clart/Jones 2003: 1).

In der folgenden Analyse sollen drei Typen der Konkretisierung von Religion unterschieden werden: (1) institutionell organisierte Religionsgemeinschaften am Beispiel buddhistischer Organisationen und der Presbyterianischen Kirche Taiwans, (2) konfessionsungebundene religiöse Alltagspraxis, und (3) ethisch-moralische Dimensionen des Konfuzianismus als einstige quasi-Staatsreligion. Konkret soll den Fragen nachgegangen werden, ob religiöse Gemeinschaften als Mitgestalter des demokratischen Wandels nach 1987 aufgetreten sind und welche Rolle Religion als Legitimationsinstanz in der Demokratie Taiwans spielt. Da alle untersuchten Ebenen der Wechselbeziehung zwischen Politik und Religion dem Spannungsfeld von Groß-China-Ideologie und taiwanesischer Partikularität ausgesetzt sind, sollen dessen historische Wurzeln im folgenden Teil zunächst skizziert werden.

2. Taiwans Weg zur Demokratie: historische Eckdaten

Die großen religiösen Traditionen Taiwans – Buddhismus, Taoismus und mit Einschränkungen Konfuzianismus – breiteten sich im Zuge der kulturellen Sinisierung im 17. Jahrhundert aus. Die Insel Taiwan entwickelt sich fortan – kaiserlichen Reiseverboten zum Trotz – zunehmend zu einem Zufluchtsort für verarmte Bauern, Piraten und Abenteurer. Von der kaiserlichen Regierungsbürokratie über 300 Jahre lang weitestgehend vernachlässigt, erhält Taiwan Ende des 19. Jahrhunderts Provinzstatus. Die administrative Aufwertung bleibt von kurzer Dauer – im Jahr 1895 wird die Provinz Taiwan eine Kolonie Japans. Durch die Kolonialisierung bleibt Taiwan von umwälzenden Änderungen auf dem chinesischen Festland ausgeschlossen: Dort dankt Ende 1911 die letzte kaiserliche Dynastie ab, wenige Wochen später, am 01.01.1912, ruft Sun Yat-sen die Republik China aus. Taiwan wird erst im Jahr 1945 Teil der Republik China, als Japan in Folge seiner militärischen Niederlage im 2. Weltkrieg zur Aufgabe seiner Kolonien gezwungen ist. Lokalpolitisch gerät die alleinherrschende KMT nur zwei Jahre nach der Übernahme ihrer Amtsgeschäfte in eine schwerwiegende Legitimitätskrise. Als im Februar 1947 die einheimische Bevölkerung gegen Machtmissbrauch und Misswirtschaft des KMT-Gouverneurs Chen Yi protestiert, werden die Demonstrationen blutig unterdrückt. In Folge dieses so genannten „Zwischenfalls vom 28. Februar" (*ererba shijian*) verhängt die KMT das Kriegsrecht, das bis 1987 die Grundlage ihrer Einparteinherrschaft bleibt. Die gewaltsame Unterdrückung des Aufstandes gilt als historische Wurzel der ideologischen Differenzierung von „Festländern" (*waishengren*) und einheimischen Taiwanesen. Nach ihrer Niederlage im chinesischen Bürgerkrieg wird die KMT-Regierung zu einem vollständigen Rückzug nach Taiwan gezwungen. Der Rückzug bewirkt eine radikale Änderung der politischen Ausgangslage. War Taiwan vor 1949 ein unbedeutender Punkt am Rande der großchinesischen Landkarte, so wird die Insel über Nacht zur letzten Bastion des Chiang-Regimes. Dieses kann seine Macht dank erfolgreicher Wirtschaftsreformen zunächst konsolidieren. Als der militärischen Niederlage von 1949 jedoch in den 1970er Jahren mit dem Verlust des UNO-Sitzes und der internationalen Isolierung die diplomatische Niederlage gegen die Volksrepublik China folgt, befindet sich die KMT erneut in einer schweren Legitimationskrise. Dieser begegnet sie mit vorsichtigen innenpolitischen Reformen. Nach dem Ende des Kriegsrechts und der Zulassung von Oppositionsparteien im Jahr 1987 ist der Kurs der Demokratisierung nicht mehr umzukehren. Während der amtierende Präsident Lee Teng-hui (Li Denghui) aus der ersten freien Präsidentenwahl im Jahr 1996 noch als eindeutiger Sieger hervorgeht, muss die KMT nur vier Jahre später erstmals die Macht an den Oppositionskandidaten abgeben. Mit dem Sieg der Democratic Progressive Party (DPP) und ihres Kandidaten Chen Shui-bian erhält im Jahr 2000 die Partei die Mehrheit, die sich mit ihrer Forderung nach einer politischen Unabhängigkeit Taiwans nicht nur gegen den Herrschaftsanspruch der Volksrepublik China, sondern auch gegen die großchinesische Ideologie der KMT positioniert hatte.

Rückblickend lässt sich feststellen, dass sich Taiwan seit der Aufhebung des Kriegsrechts im Jahr 1987 in weniger als 20 Jahren zu einer funktionierenden Demokratie entwickelt hat. Im jüngsten Länderbericht von *Freedom House* wird die Wahrung von Presse-, Religions- und Versammlungsfreiheit und der politischen Rechte mit der höchstmöglichen Beurteilung honoriert (Freedom House 2006). Der Prozess der Demokratisierung ging einerseits mit internationaler Isolierung und andererseits mit einer grundlegenden Neudefinition des nationalen Selbstverständnisses einher. Der politische Status und die nationale Identität Taiwans bleiben Kernfragen des demokratischen Wettbewerbs. So weist Fell in seiner Studie zur Parteipolitik in Taiwan darauf hin, dass „[t]he power of national identity is linked to its central place in the core ideology of all major political parties in Taiwan and it has become entwined with many other political issues" (Fell 2005: 86).

3. Religiöse Organisationen und Politik: Zwischen Vermeidung und Opposition

3.1 Buddhistische Organisationen

Im Zuge der Demokratisierung nach 1987 haben buddhistische Organisationen eine Diversifizierung erfahren. Diese Diversifizierung hat jedoch allenfalls in einem sehr geringen Maße zu einer verstärkten Partizipation an politischen Entscheidungsprozessen geführt. Alles in allem muss die Frage nach einer politischen Partizipation buddhistischer Organisationen verneint werden.

Institutionalisierte Formen des Buddhismus in Taiwan beschränkten sich bis zur Verabschiedung des Gesetzes für zivile Organisationen (*renmin tuanti fa*) im Jahr 1989 weitestgehend auf die ‚Buddhist Association of the Republic of China' (BAROC). In den Jahren des Ausnahmezustands war die BAROC als Unterstützerin der KMT-Alleinherrschaft aufgetreten und hatte jede Form von politischem Dissenz abgelehnt (Laliberté 2004: 47). So legt Laliberté dar, dass BAROC

„over the years, expressed its support for the KMT explicitly, if symbolically, during its performance of an annual ceremony. [...]. High-ranking members of the executive Yuan – as the executive branch of the government is known in Taiwan – as well as cadres from the ruling party have usually attended this highly visible public event, lending legitimacy to the government" (ebd.: 51).

Das Prinzip, nationale Politik zu beschützen (*yonghu guoce*) (ebd.) kam jedoch nicht einem blinden Obrigkeitsgehorsam gleich, sondern ist durch ideologische Nähe zur einstigen Regierungspartei KMT in zwei politischen Kernfragen zu erklären: die prinzipielle Positionierung gegen eine Selbstbestimmung Taiwans und gegen die religionsfeindliche Politik der Kommunistischen Partei Chinas. Vor diesem Hintergrund kann es nicht verwundern, dass BAROC nach der Präsidentenwahl 2000 der siegreichen DPP auf Grund ihrer Befürwortung einer taiwanesischen Unabhängigkeit die Gefolgschaft verweigerte (ebd.).

Mit der Verabschiedung des Gesetzes für zivile Organisationen im Jahr 1989 verlor die BAROC ihre Monopolstellung. Seitdem haben ihr die Organisationen ‚Tzu Chi Foundation' (*Ciji Gongdehui*) und ‚Foguangshan' die Position als größte buddhistische Organisation Taiwans streitig gemacht. Erstere firmiert formell als karitative Laienorganisation, wird aber auf Grund des Selbstverständnisses und der starken öffentlichen Präsenz ihrer charismatischen Gründerin, der Nonne Zhengyan, als buddhistisch-religiöse Organisation wahrgenommen. Zu den – nicht auf Taiwan beschränkten – karitativen Aktivitäten der Tzu Chi Foundation gehören in erster Linie Gesundheitsfürsorge für Arme und Soforthilfe nach Umweltkatastrophen. Sie betreibt unter anderem ein eigenes Krankenhaus, eine eigene Universität (mit Fächerschwerpunkten in den medizinischen und religiös-anthropologischen Bereichen), ein Knochenmarkzentrum, ein Konferenzzentrum, und einen Fernsehsender. Darüber hinaus ist sie Herausgeberin einer eigenen Zeitschrift und einer Zeitung. Diese breit gefächerten Aktivitäten verhelfen der Tzu Chi Foundation nicht nur zu einer festen gesellschaftlichen Verankerung, sie werfen gleichzeitig die Frage nach der Interaktion mit den politischen Institutionen des Landes und damit nach der grundsätzlichen Gestaltungsmöglichkeit einer der größten buddhistisch-inspirierten Organisationen Taiwans im politischen Bereich auf. Trotz ihrer finanziellen Unabhängigkeit – die Stiftung finanziert ihre Aktivitäten durch Spenden – pflegt Tzu Chi ein gutes Verhältnis zu Regierungsinstitutionen, da sie für ihre Operationen offizielle Genehmigungen und Akkreditierungen benötigt. Ihre Kontakte zu Regierungsinstitutionen schließen jedoch parteipolitische Einbindungen prinzipiell aus. Diesbezüglich ist die Stiftungsgründerin und aktuelle Leiterin Zhengyan nie von ihrer ‚Strategie der Vermeidung' (Laliberté 2004: 104) abgewichen. Daran hat sich auch mit der Erweiterung des parteipolitischen Spektrums seit den 1990er Jahren nichts geändert. Selbst dem praktizierenden Buddhisten Chen Li-an (Chen Lüan), der bei der Präsidentenwahl 1996 als unabhängiger Kandidat antrat, wurde eine Wahlempfehlung seitens Zhengyan verweigert. Auch von kritischen Kommentaren zu tagespolitischen Entscheidungen oder programmatischen Vorstößen zu sozialpolitischen Fragen, die naturgemäß im engen Zusammenhang mit ihrer karitativen Arbeit stehen, sieht Zhengyan konsequent ab. Laliberté schreibt hierzu, die Tzu Chi Foundation

„gives relief to the poverty-stricken but does not articulate the interests of the ‚poor and downtrodden', does not promote policies addressing the source of poverty in the long run, and does not harbor views comparable to the ‚preferential option for the poor', upheld by ‚liberation theology'" (ebd.: 93).

Kurzum, während die Tatsache, dass die Tzu Chi Foundation und Zhengyan ihre exponierte Plattform nicht als politischen Gestaltungsraum nutzen, was durchaus als „tacit approval" (ebd.: 96) des politischen Systems gesehen werden kann, stehen sie als Legitimierungsinstanz im demokratischen Wettbewerb nicht zur Verfügung.

Einen anderen Typus der Interaktion zwischen einer buddhistischen Organisation und politischen Entscheidungsträgern zeigt sich am Beispiel des Ordens Foguangshan. Vom Mönch Xingyun im Jahr 1967 gegründet erhielt Foguangshan im Rahmen der Reformen von 1989 das Recht, selbst Nonnen und Mönche zu weihen. Eine wichtige institutionelle Erweiterung schaffte Foguangshan mit der Gründung der Laienorganisation ‚Buddha Light International Association' (BLIA) im Jahr 1991, die wesentlich zur gesellschaftlichen Verwurzelung des Foguangshan-Ordens beitrug und als entscheidende institutionelle Grundlage für dessen politische Interventionen gilt (ebd.: 68). Inzwischen gehört Foguangshan zu den größten buddhistischen Organisationen Taiwans. Im Gegensatz zur Tzu Chi Foundation schrecken Foguangshan und ihr prominenter Gründer Xingyun nicht vor politischer Einmischung zurück. Im Gegenteil: Jahrelang galt Xingyun als Unterstützer der Regierungspartei KMT, was ihm zu dem Beinamen ‚politischer Mönch' verhalf (ebd.: 66). So war er nach 1986 mehrfach Mitglied des KMT-Zentralkomitees und nahm 1997 eine Einladung an, Mitglied der Regierungskommission für Angelegenheiten von Überseechinesen zu werden (ebd.: 71). Ein Jahr zuvor hatte er jedoch für Aufsehen gesorgt, als er im Vorfeld der ersten freien Präsidentenwahl der KMT die Unterstützung verweigerte und stattdessen eine Wahlempfehlung für den unabhängigen ‚buddhistischen' Kandidaten Chen Li-an ausgesprochen hatte. Die Wirkung seines Wahlaufrufs blieb jedoch bescheiden. Weniger als 1,4 Millionen der 4,9 Millionen bekennenden Buddhisten Taiwans gaben ihre Stimme für Chen Li-an ab, der mit einem Stimmenanteil von weniger als zehn Prozent das schlechteste Ergebnis aller Kandidaten erzielte.

Laliberté beschreibt Xingyuns Strategie der politischen Partizipation als ‚Strategie des Einspruchs' (‚strategy of remonstrance'; ebd.: 71). Trotz offensichtlicher Unterschiede zur Vermeidungsstrategie der Tzu Chi Foundation kann im politischen Ansatz des Foguangshan-Ordens und der BLIA keine substantiell unterschiedliche Form der politischen Partizipation gesehen werden. Foguangshan operiert in erster Linie in Kooperation mit bestehenden politischen Parteien, und bietet sich nicht als religiös-inspirierte parteipolitische Alternative an. So weist Laliberté ausdrücklich darauf hin, die BLIA habe dem Schicksal der japanischen buddhistischen Organisation Sōka Gakkai und ihrer Partei Kōmeitō entgehen wollen, die für ihre Aufweichung der Grenzen zwischen Religion und

Politik heftiger öffentlicher Kritik ausgesetzt bleiben (Laliberté 2003: 75; zu Sōka Gakkai und Kōmeitō vgl. Kazuo 1967; Metraux 1994). Xingyun geht es also nicht darum, das demokratische System in Frage zu stellen oder als solches zu unterstützen. Er sucht die Nähe zu politischen Entscheidungsträgern ausschließlich, um seinen buddhistischen Idealen innerhalb des bestehenden Systems zu einer möglichst weiten Verbreitung zu verhelfen (Laliberté 2003: 170f.).

Die kontrovers diskutierte Frage, wie weit die Unterstützung von Politikern durch religiöse Würdenträger gehen darf, war Teil aller drei Präsidentschaftswahlkämpfe seit 1996. Bereits die Unterstützung Chen Li-ans durch Xingyun im Jahr 1996 führte zu Medienreaktionen, die laut Laliberté gekennzeichnet waren von „criticism, ridicule and the denunciation of alleged Machiavellian plots" (ebd.: 74). In den Wahlkämpfen der Jahre 2000 und 2003 wurde die Kontroverse von dem buddhistischen Mönchen Wei-chueh (Weijue) provoziert, der sich jeweils ausdrücklich gegen den DPP-Kandidaten Chen Shui-bian und für den KMT-Kandidaten Lien Chan (Lian Zhan) aussprach. Auch das Prinzip der Trennung von Politik und Religion stellte er infrage (Chen 2000). Die ausdrücklichen Wahlaussagen stießen auf breite öffentliche Kritik, der sich auch andere buddhistische Vereinigungen anschlossen (Chiu 2004a, 2004b). Es liegt daher die Schlussfolgerung nahe, dass einer ausdrücklich religiös begründeten Legitimation im demokratischen Wettbewerb Taiwans breite öffentliche Akzeptanz versagt bleibt.

3.2 Die Presbyterianische Kirche Taiwans

Die einzige religiöse Organisation, die in der sozialhistorischen Forschung zur Demokratisierung Taiwans Erwähnung findet, ist die presbyterianische Kirche Taiwans (PK).[2] Als die PK bereits in den frühen 1970er Jahren für das Recht auf politische Selbstbestimmung der Bürger Taiwans eintrat, war dies unvereinbar mit der Groß-China-Ideologie des KMT-Regimes. Aus Anlass der bevorstehenden China-Reise des amerikanischen Präsidenten Richard Nixon erließ die PK am 29. Dezember 1971 ein "Public Statement on our National Fate" (*dui guoshi de shengming yu jianyi*) (Presbyterian Church 1971), in dem sie eindringlich vor einer internationalen Marginalisierung Taiwans warnte. Das Statement war folglich in erster Linie ein Aufruf an die internationale Gemeinschaft, Taiwan nicht unter die Herrschaft des kommunistischen Regimes in Peking zu zwingen. Verbunden damit war die an die KMT gerichtete Forderung nach demokratischen Reformen innerhalb Taiwans. Die von der PK formulierten Forderungen nach politischer Autonomie und Wahrung von Menschenrechten wurden in den Folge-

---

2 Eine detaillierte Studie zur PK in Taiwan ist Rubinstein (1991).

jahren zwar expliziter (Schubert 1994: 281f.). So sprach sie 1977 in einer öffentlichen Erklärung zu Menschrechten ausdrücklich vom "goal of independence and freedom for the people of Taiwan" und forderte die KMT-Regierung auf, "to face reality and to take effective measures whereby Taiwan may become a new and independent country" (Presbyterian Church 1977). Sie legte sich jedoch nicht auf ein Programm zur Umsetzung der politischen Unabhängigkeit fest. In diesem Zusammenhang weist Geoffroy darauf hin, dass die PK "n'a pas explicitement préconisé la fondation d'une 'Taiwan indépendante' et ménagé la possibilité d'une indépendance de la république de Chine" (1997: 191).

Die Tatsache, dass das Christentum in Taiwan quantitativ relativ gering repräsentiert ist, führt zur Frage nach den politischen Gestaltungsmöglichkeiten von christlichen Organisationen wie der PK. In sozialwissenschaftlichen und sozialhistorischen Studien zur Demokratisierung Taiwans finden die Beiträge der PK keine (z. B. Rigger 1999, 2001) oder nur geringe (zum Beispiel Roy 2003; Schubert 1993) Beachtung. Dennoch übertreibt Laliberté keineswegs, wenn er schreibt, die PK „stood at the forefront of the struggle for democratization during the 1970s and 1980s" und im Vergleich zu buddhistischen Organisationen hinzufügt, dass „despite the fact that they are far more numerous than their Christian compatriots [...], Buddhists did not play a comparable role in the process of transition to democracy in Taiwan" (Laliberté 2003: 158). Für die enge Verflechtung der PK mit der Demokratiebewegung sollen an dieser Stelle zwei Gründe angeführt werden. Zum einen war die PK die erste nichtstaatliche Institution, die im Zuge der Nixon-Krise von 1971 und den Folgejahren Forderungen nach politischer Autonomie und Wahrung von Menschenrechten öffentlich artikulierte. Damit hat sie der Demokratiebewegung in Taiwan wichtige ideologische Impulse gegeben.

Der zweite Grund liegt in dem weitreichenden sozialen Netzwerk sowie den engen informellen personellen Verflechtungen zwischen der PK-Führung und den Protestgruppen der 1970er und 1980er Jahre. Rubinstein zufolge wurden die politischen Aktionen der PK in den 1970er und 1980er Jahren nicht nur durch das Festhalten an ideologischen Idealen ermöglicht, sondern auch durch „the church's commitment to providing the people of Taiwan with social and medical services as well as secular and religious education" (Rubinstein 2003: 249). Ein bekannter Schüler einer PK-Schule war der frühere Dissident und DPP-Kandidat bei der ersten demokratischen Präsidentenwahl, Peng Min-ming (Peng Mingmin). Enge Kontakte zur politischen Opposition fanden auch außerhalb des institutionalisierten Netzwerks statt. So fand der wohl namhafteste Dissident und spätere DPP-Vorsitzende Shih Ming-teh (Shi Mingde) während seiner Flucht im Jahr 1979 Zuflucht bei PK-Generalsekretär Kao Chun-min (Gao Junmin). Die Familie des Dissidenten und ebenfalls späteren DPP-Vorsitzenden Lin I-hsiung

(Lin Yixiong) stellte der PK Räumlichkeiten für die Errichtung einer Kirche zur Verfügung. Diese Kirche sollte sich in den 1980er Jahren zu einem Zentrum des Widerstandes entwickeln.

Direkte politische Partizipation von Seiten der PK kann in erster Linie für die Phase des demokratischen Umbruchs vor 1987 festgestellt werden. Mit der Konsolidierung der Demokratie hat sich die politische Mission der PK erfüllt. Im demokratischen Wettbewerb tritt die PK heute kaum in Erscheinung. Aktive Politiker, die entweder Mitglieder der PK sind oder deren Umfeld zuzurechnen sind, treten vor allem als Mitglieder politischer Parteien auf. Hier sind in erster Linie die Parteien zu nennen, die entweder moderat (DPP) oder radikal (Taiwan Independence Party, TIP) für eine politische Unabhängigkeit Taiwans eintreten.

4. Religiöse Alltagspraxis, Tempel und demokratische Partizipation

Ein wesentliches Kennzeichen der religiösen Alltagspraxis ist die synkretistische und utilitaristische Prägung. Religiöse Alltagspraxis steht in der Regel nicht in der Tradition einer bestimmten von anderen Religionen abgegrenzten Glaubensrichtung, sondern vereint Elemente verschiedenster religiöser Strömungen. Eine allgegenwärtige Manifestation religiösen Alltagslebens sind die zahlreichen lokalen Tempel. Katz weist darauf hin, dass die Zahl der registrierten Tempel in Taiwan zwischen 1930 und 2001 sich beinahe verdoppelt habe. Zurzeit stehen knapp 10.000 Tempel beim Innenministerium registriert. Bedenkt man allerdings, dass die Bevölkerungszahl im gleichen Zeitraum von 6,5 Millionen auf 22,7 Millionen gestiegen ist, wird deutlich, dass der von Katz postulierte „ongoing growth of temple cults" (Katz 2003: 396) lediglich in absoluten Zahlen gesehen werden kann. Diese statistische Relativierung soll die enorme Bedeutung lokaler Tempel für die taiwanesische Gesellschaft jedoch nicht in Abrede stellen.

Als Standorte lokaler Schutzgottheiten, Ort religiöser Alltagspraxis und soziales Zentrum der traditionellen ländlichen Kommunen kommt Tempeln zweifelsohne eine wichtige lokalpolitische Rolle zu. Vor der Aufhebung des Kriegsrechts waren lokale Tempel die einzige Basis kommunaler Organisation außerhalb der offiziellen KMT-Machtstruktur (Weller 1999: 85). Gleichzeitig gehören sie „among the clearest symbols of local identity and among the only community-wide social organizations outside the government" (ebd.). Trotz zahlreicher Studien zum Nexus von Tempeln und Politik kann die Frage, ob sich aus der vielschichtigen sozialen Rolle von Tempeln Beiträge zum Demokratisierungsprozess und zur Aufrechterhaltung des gegenwärtigen demokratischen Systems ableiten lassen, an dieser Stelle nur ansatzweise beantwortet werden.

Einem Erklärungsansatz zufolge dienen lokale Tempel als Plattform lokalpolitischer Fraktionierung. Diese Funktion kam Tempeln bereits in den 1970er Jahren zu, als erstmals unabhängige Kandidaten bei Kommunalwahlen zugelassen wurden. Die Nutzung der Organisationsstrukturen von Tempeln für den demokratischen Wettbewerb wird dadurch erleichtert, dass Tempel säkular geleitet werden. Lokalpolitiker können sich also leicht als Besitzer von Tempeln oder durch Mitgliedschaften in Tempelkomitees öffentlich profilieren. In seiner Fallstudie zur Kommunalpolitik im Landkreis Matsu (Mazu) zieht Jacobs folgenden Vergleich zu US-amerikanischen Gemeindevorsitzenden: „Just as in the United States, where community leaders often serve as ‚pillars in the Church,' Matsu temple Managers and Directors tend to be of relatively high social status" (Jacobs 1975: 192f.). Feuchtwang warnt jedoch davor, die lokalpolitische Machtbasis auf Tempel zu reduzieren:

> „The temple, in its capacity as the focus for a local community, is used as an instrument to legitimate local power and as a proper medium for the publicization of a name. In other cities of Taiwan [...] local temples are used as symbols for competing local factions, but to my knowledge no politician has ever been able to use a temple or network of temples as a power base in the way that Farmers' Associations have been used. Nevertheless, appearing, at least in name, on the management of its temple, charity, or festival is a virtual necessity for winning support in a locality" (Feuchtwang 1974: 286).

Nach mehr als drei Jahrzehnten kommunalpolitischer Demokratie gibt es dennoch Beispiele von Personen, die den Vorsitz über einen Tempel als Vehikel für politische Karrieren zu nutzen wussten. Ein Beispiel ist der frühere Sprecher des Kommunalparlaments des Landkreises Taichung, Yen Ching-piao (Yan Qingbiao), der seine politische Karriere zweifelsohne auch der Tatsache zu verdanken hat, dass er Vorsitzender eines bekannten Tempels ist und in dieser Funktion über ein weitreichendes soziales Netzwerk verfügt. Solange die organisatorische Verflechtung von Tempeln und lokalpolitischen Machtstrukturen jedoch nicht auf der Grundlage breiter empirischer Studien nachgewiesen ist, kann ein solcher Zusammenhang lediglich als Deutungsansatz formuliert werden.

Gleiches gilt für die Frage nach der Verflechtung von lokalen Tempeln und den Oppositionsbewegungen der 1980er Jahre. Ein sehr anschauliches Beispiel für eine solche Liaison findet sich bei Weller (1999: 115-117), der den Protest gegen den geplanten Bau eines Naphtha-Crackers im südtaiwanesischen Landkreis Kaohsiung (Gaoxiong) durch das Unternehmen Formosa Plastic beschreibt. Das Beispiel zeigt, dass „when temples can be won over, they offer the movement a powerful moral sanction in local terms, alongside a ready-made organizational network and a stockpile of funds" (1999: 115). Als Formosa Plastic das umstrittene Projekt 1987 umsetzen wollte, stieß es auf massiven Protest der lokalen Bevölkerung. Dabei erhielt der Protest der Umweltschützer unmittelbare

Unterstützung von einem lokalen Tempel. Dieser spendete dem Protestkomitee zunächst einen Betrag von beinahe 100.000 US$. Nachdem Zivilpolizisten das Protestbanner entfernt und damit der Blockade des Baugeländes ein symbolisches Ende bereitet hatten, konnte sich die Protestbewegung dank des organisatorischen Potentials des Tempels schnell neu formieren. Der Tempel stellte sein Adressverzeichnis zur Verfügung und entsandte eine Gruppe traditioneller Kampfkünstler, die am Eingang des Baugeländes einen Altar errichteten. Von der Tempelverwaltung als religiöser Umzug deklariert, war der Aufmarsch der Kampfkünstler ohne weitere Prüfung behördlich genehmigt worden. Die Polizei musste klein beigeben, und stimmte der Forderung nach einer Wiederaufrichtung des Protestbanners an Stelle des Altars zu. Obwohl die Zentralregierung schließlich dem Bau des Naphta-Crackers zustimmte – und sich dabei über das anders lautende Ergebnis eines lokalen Referendums hinwegsetzte – konnte die Protestbewegung einen Teilerfolg erzielen: Formosa Plastic gründete eine 60 Millionen Dollar schwere Stiftung zum Wohle der lokalen Bevölkerung und versprach weitreichende Umweltschutzmaßnahmen. Ausgehend von diesem Fallbeispiel schlussfolgert Weller (1999: 117):

> „As protectors of community welfare, and often as symbols of community opposed to national or other interests, local deities provide easy cultural opportunities for social movements. Religion, in addition, offers an established social network that can be mobilized. Indeed, temples and political factions together [...] provide the main lines through which leaders can normally mobilize local people. They are not classic civil society organizations, but they provide exactly the kinds of informal ties that can become important in the construction of a new civil society under conditions like Taiwan's lifting of martial law in 1987."

Das Beispiel des als religiöser Umzug getarnten Protestmarsches deutet an, dass das Oppositionspotential religiöser Alltagspraxis über direkte Agitation hinausgeht. Auf Grund ihrer Mehrdeutigkeit besitzen religiöse Rituale eine Symbolkraft, die als politische Aussage interpretiert werden kann. Gleichzeitig entziehen sich religiöse Rituale leichter den Mechanismen der politischen Kontrolle als säkulare Proteste (Weller 1987: 36). Weller setzt mit seiner Schlussfolgerung einen anderen Akzent als Behne, der im Zusammenhang mit indigenen Religionen und Dorftempeln von einer „ablehnenden Haltung gegenüber Kräften des sozialen Wandels" spricht (Behne 1999: 137f.). Es sei dahingestellt, ob in diesen unterschiedlichen Einschätzungen ein Widerspruch liegt – eine Antwort kann auch in dieser Frage nur in einer breit angelegten empirischen Studie gefunden werden. Wertvolle Ansätze bieten hier die sozialanthropologischen Studien von Allio (zum Beispiel 2004, 2005).

Die Frage nach dem demokratischen Partizipationspotential religiöser Alltagspraxis auf kommunaler Ebene kann so nur ansatzweise beantwortet werden. Gleiches gilt für das Verhältnis von Demokratie und religiöser Alltagspraxis auf nationaler Ebene. Eine der wenigen jüngeren Studien zu diesem Thema stammt von Katz (2003: 399), der argumentiert dass „the importance of temple cults has not only persisted but even increased in modern Taiwan, because temples are no longer strictly local but now play a role on the national stage as well." Als Beispiele führt Katz die Bedeutung von Tempeln als Wahlkampfbühne auch bei nationalen Wahlen auf[3], außerdem die Infragestellung des von der DPP-Regierung aufrechterhaltenen Verbots direkter Verkehrswege nach China durch den bereits erwähnten Tempeldirektor/Politiker Yen Ching-piao[4] sowie Tempel als Orte der Durchführung von öffentlichen Schwur- und Anklageritualen mit politischen Implikationen[5]. Es mag jedoch bezweifelt werden, ob Katz' These einer breiteren empirischen Überprüfung standhalten könnte. Die angeführten Beispiele erscheinen zu partikulär, als dass sich daraus allgemeine Interaktionsmuster von religiöser Alltagspraxis und Politik ableiten ließen.

Fang-long Shih (2006) stellt das Verhältnis von Demokratie und religiöser Alltagspraxis/Tempeln in einen anderen Begründungszusammenhang. Sie legt dar, dass die DPP-Regierung lokale Tempelkultur als Emblem kultureller Einzigartigkeit gezielt fördert:

„The DPP is using local religion in the form of popular tourist festivals as vehicles for political messages and identification with national unity and cultural uniqueness. [...] The relation between religion and the state/the political parties in contemporary Taiwan therefore emerges as caught between two poles: regulation and rationalisation to production" (Shih 2006: 280).

---

3   In der jungen Wahlkampfkultur Taiwans sind Tempel als Wahlkampfbühnen fest etabliert. Da Präsidentenwahlen im März stattfinden, wird die Endphase des Wahlkampfs mit dem chinesischen Neujahrsfest eingeläutet, das traditionell zwischen Mitte Januar und Mitte Februar stattfindet. Während der ersten Tage des neuen chinesischen Jahres führen alle Kandidaten zahlreiche Tempelbesuche und traditionelle Opfer- und Weissagungsrituale durch (Chen 2000, Huang 2004). Einer Studie von Allio (2004) zufolge wird insbesondere in ländlichen Milieus das Wählerverhalten von dem korrekten Umgang der Kandidaten mit traditionellen religiösen Praktiken beeinflusst.
4   Nach dem Amtsantritt von Präsident Chen Shui-bian im Mai 2000 kündigte Yen Ching-piao eine Pilgerreise zum Geburtsort der Meeresgöttin Mazu in der chinesischen Provinz Fujian an. Er forderte Chen auf, einer direkten Schiffsreise in die Taiwan unmittelbar gegenüberliegende Provinz zuzustimmen. Als Datum wurde nach Konsultierung der Göttin Mazu der 16. Juli 2000 festgelegt. Die DPP-Regierung befürchtete jedoch eine propagandistische Vereinnahmung der Reise durch die chinesische Regierung und stimmte der Forderung nicht zu. Die Pilgergruppe um Yen Ching-piao musste also den legalen Umweg über Hongkong nehmen (Katz 2003: 407f.; Yang 2004).
5   Juristisch nicht bindende Schwüre und Anklagerituale vor Göttern werden zu den verschiedensten Anlässen durchgeführt. Katz (2003: 408) nennt unter anderem das Beispiel eines Tempels im Landkreis Taipei, in dem jährlich 3.000 rituelle Anklagen durchgeführt werden. Zu den Klägern gehören auch Polizisten und Staatsanwälte, die sich dadurch Hilfe bei der Verfolgung von Straftätern erhoffen.

„Religionsproduktion" und unabhängigkeitsorientierte Kulturpolitik werden somit in einen legitimatorischen Zusammenhang gesetzt. Allerdings sagt dieser Zusammenhang wenig darüber, ob diese Politik dem Selbstverständnis von Tempelverwaltungen und Ausübenden religiöser Praxis entspricht, also ein intendierter Effekt beobachtet werden kann. Feuchtwang deutet an, dass hier empirischer Klärungsbedarf zu sehen ist. Er schreibt, dass „the rebuilding of local temples is treated as a preservation of local culture, though the views of government and of participants do not necessarily coincide" (Feuchtwang 2001: 231).

5. Konfuzianismus und politische Legitimierung

„Confucianism in postwar Taiwan is a strange amalgam of cultural patterns among the Confucian scholars, ideological propaganda of the government and religious campaigns for moral living" (Huang 2006: 122). Mit diesen Worten beschreibt der renommierte Wissenschaftler und überzeugte Konfuzianer Chün-chieh Huang treffend den diffusen Charakter des Konfuzianismus im Taiwan des 20. Jahrhunderts. Zwar werden die als „vier Bücher" (sishu) und „fünf Klassiker" (wujing)[6] bekannten Werke gemeinhin als orthodoxe Schriften des Konfuzianismus betrachtet. Ein solcher Verweis auf neun repräsentative Werke trägt jedoch nur wenig zu einer definitorischen Klärung des Konfuzianismus bei. Angesichts dieser konzeptionellen Diffusität kann es wenig verwundern, dass „der Konfuzianismus" als Explanans für zum Teil sehr widersprüchliche Thesen herangezogen wird. So gilt er als Ursache sowohl für wirtschaftliche Rückständigkeit als auch für wirtschaftlichen Fortschritt (Selya 2004: 11), als unvereinbar mit oder Grundvoraussetzung für Demokratie.[7] Ein Hauptgrund für diese Diffusität liegt in der Vieldeutigkeit zentraler Termini, die es auch unmöglich macht, dem Konfuzianismus Kategorien wie „Religion" oder „Philosophie" zuzuordnen. So stellt Roetz (1995: 81f.) im Zusammenhang mit den unterschiedlichen Interpretationsmöglichkeiten der Begriffe aus der Zitatensammlung Lunyu (Gespräche) sehr treffend fest: „Konfuzius wird sowohl als Theist [...] wie auch

---

6   Die vier Bücher (sishu) sind die Zitatensammlung „Gespräche" (Lunyu) des Konfuzius, das Buch „Menzius" (Mengzi), das „Große Lernen (Daxue) und der „Gebrauch der Mitte" (Zhongyong). Die fünf Klassiker sind das „Buch der Lieder" (Shijing), das „Buch der Urkunden" (Shujing), das Buch der Wandlungen (Yijing), das „Buch der Riten" (Lijing), und die „Frühling-und-Herbst- Annalen" (Chunqiu). Ein Abriss der konfuzianischen Textgeschichte findet sich in Moritz (2003: 47-79).
7   Die These Huntingtons, das Konzept einer „Confucian democracy" sei ein Widerspruch in sich (Fukoyama 1995: 24f.), steht im deutlichen Widerspruch zur Aussage Huangs und Wus (1994: 70): „Confucianism is Taiwan's vibrant root-strength for world democracy, in fact, cosmic ecological democracy, of the twenty first century".

als Agnostiker gesehen [...], je nachdem ob man Textstellen [...] im Sinne von religiösen Bekenntnissen oder von Redensarten liest."

In Anlehnung an obiges Zitat von Chün-chieh Huang sollen in den folgenden Abschnitten die Spielarten „ideological propaganda of the government" und „religious campaigns for moral living" des Konfuzianismus in Taiwan untersucht werden. Die Grundlage für die ideologische Instrumentalisierung des Konfuzianismus findet sich in einer frühen Version der Verfassung der Republik China. Darin wird dem Konfuzianismus eine hervorgehobene Rolle eingeräumt. Kapitel IV, Artikel 12 der Verfassung von 1924 lautet: „A citizen of the Republic of China shall be free to honour Confucius and to profess any religion, such freedom shall not be restricted except in accordance with the law" (Commission on Extraterritoriality 1924). Auch wenn die Verfassungstheorie von einer ausdrücklichen Erhebung des Konfuzianismus zur Staatsreligion absah (vgl. hierzu Tyau 1918: 44, 52), sah die Verfassungswirklichkeit der auf das Territorium Taiwans geschrumpften Republik China lange Zeit anders aus: staatlich sanktionierte und mit öffentlichen Geldern finanzierte Konfuzius-Tempel, die vom Staat initiierte Durchführung von Konfuzius-Zeremonien sowie konfuzianische Klassiker als Kernstück der ethisch-moralischen Schulbildung waren Indikatoren für den Versuch, den Konfuzianismus zur quasi-Staatsreligion zu erheben.

Bis 1981 hatte die Regierung 15 Konfuzius-Tempel offiziell anerkannt. Davon waren zwei nach dem Rückzug der KMT-Regierung nach Taiwan errichtet worden. Wie die Analyse von Jochim (2003: 59) zeigt, handelt es sich bei den Versuchen, Konfuzius-Tempel zu bauen, zu restaurieren und zu pflegen um „central-government efforts to support Confucianism as a manifestaion of national culture". Auch die alljährlich durchgeführten Zeremonien anlässlich des Geburtstags von Konfuzius gehen unmittelbar auf staatliche Initiativen zurück. 1950 bestätigte Präsident Chiang Kai-shek den 28. September als Geburtstag des Konfuzius im westlichen Kalender; 1968 berief er ein Komitee zur Ermittlung der korrekten Konfuzius-Rituale, das eine Standardisierung der offiziellen Geburtstagszeremonie erarbeitete (ebd.: 58). Diese ostentative Zurschaustellung des „Staats-Konfuzianismus" ist vor dem Hintergrund der im Jahr 1966 von Chiang Kai-shek initiierten „Bewegung zur Erneuerung der chinesischen Kultur" (*Zhonghua wenhua fuxing yundong*) zu sehen, die ausdrücklich als Gegenbewegung zur Kulturrevolution (*wenhua da geming*) in China proklamiert wurde. In offiziellen Publikationen wurden explizite terminologische Verbindungen zwischen der Kulturerneuerungsbewegung und konfuzianischen Begriffen hergestellt. So wurde Chen Lifu, seinerzeit Berater von Präsident Chiang, im jährlich erscheinenden *China Yearbook* mit den Worten zitiert:

„Cultural renaissance is not aimed at restoration of the old but on building a new cultural heritage. The essence of Chinese culture is Jen (benevolence), its driving force is Cheng (sincerity), and it also includes Chung (moderation). [...] By traditional Chinese culture we mean the chain of orthodox thoughts handed down to us from ancient saints – an ideological system that embraces the thinking of emperors Yao, Shun, and Tang, to Confucius and Mencius" (Liu Shihhong et al. 1966/67: 9).

Eine ebenso explizite begriffliche Bezugnahme auf den Konfuzianismus zeigt sich in den moralisch-ethischen Bereichen der Schulbildung.[8] Die Analyse von Jeffrey E. Meyer (1988: 270) ergab „an overwhelming agreement among [teachers] that the morality taught in the schools was traditional Confucianism modified in a few areas to accord with the exigencies of the modern situation. [...] The two other systems of thought which might be considered potential competitors to Confucianism, Taoism and Buddhism, are given scant attention". Innerhalb der konfuzianisch-orientierten Moralerziehung nimmt das erste Kapitel des Klassikers „Das Große Lernen" (*Daxue*)[9] eine zentrale Position ein (Meyer 1988; Huang-ping Huang/Lian-hwang Chiu 1991; Jochim 2003). Darin heißt es:

„Ist die eigene moralische Macht ausgerichtet, dann vermag Ordnung in der Familie zu sein. / Ist Ordnung in der Familie, kann der Staat geordnet werden. / Ist der Staat geordnet, dann kann die ganze Welt zu Ruhe und Frieden finden" (Moritz 2003: 9).

Diese Passage zeigt den dynamischen Charakter konfuzianisch-geprägter Moralerziehung (Meyer 1988: 275). Innerhalb dieses „framework of expanding horizons" (ebd.) können die zahlreichen konfuzianischen Tugenden in vier Kategorien unterteilt werden: (1) Tugenden der Selbstkultivierung, (2) Tugenden des Familienlebens, (3) Tugenden die das unmittelbare soziale Umfeld außerhalb der Familie betreffen, (4) Tugenden, die die Einstellung zum Staat, zur chinesischen Kultur und zur Welt als ganzer bestimmen (ebd.).

Selbstverständlich haben die hier genannten Spielarten des „Staats-Konfuzianismus" einen wichtigen legitimatorischen Charakter. Legitimation ist im Fall ROC/ Taiwan nach 1949 vor allem als Legitimation durch Abgrenzung von der VR China zu sehen. Auf kulturellem Gebiet versuchte die ROC-Regierung mit ihrer resoluten Pflege des Konfuzianismus, sich als einzig legitime Verteidigerin der orthodoxen chinesischen Kultur zu präsentieren und damit ihren Herrschaftsanspruch auf das gesamte chinesische Festland zu begründen

---

8 Es wäre jedoch zu einseitig, konfuzianische Tugenden als ausschließliche Grundlage von Moralerziehung in Taiwan zu betrachten. Laut Hei-yuan Chiu (1986) spielen Werte, die von lokalen Religionen postuliert werden, eine wichtige Rolle bei der Herausbildung von familiären Werten. Auch einen Einfluss des Katholizismus bei der Entwicklung der Sexualmoral stellt er fest.
9 Deutsche Übersetzung u. a. in Moritz (2003).

(Hsiau 2000: 152). Ein legitimatorischer Charakter ist auch der Rolle des Konfuzianismus in der Moralbildung an Schulen zuzuschreiben. Laut Meyer beziehen viele Schulbücher zahlreiche Einzeltugenden auf die Kerntugend Patriotismus. Auch diese starke Betonung des Patriotismus muss im Zusammenhang mit dem politischen und kulturellen Alleinvertretungsanspruch der ROC-Regierung bis in die 1990er Jahre gesehen werden (Meyer 1988: 272).

Wechselbeziehungen zwischen dem Staat und dem Konfuzianismus lassen sich also auf verschiedenen Ebenen nachweisen. Diese Wechselbeziehungen sind jedoch ganz anderer Art als das Staat-Kirche-Verhältnis in Europa und Amerika. Ein wichtiger Unterschied liegt darin, dass der Einfluss des Konfuzianismus nicht über institutionelle Kontakte zwischen dem Staat und einer konfuzianischen Organisation stattfindet. Obwohl es nichtstaatliche konfuzianische Organisationen gibt, sind diese nicht annähernd mit den großen Kirchen Europas und Amerikas vergleichbar. Bestehende Organisationen, und dies führt direkt zu einem zweiten wichtigen Unterschied zu Kirchen im westlichen Sinne, verstehen sich nicht als religiöse Organisationen, darunter die ‚Confucius-Mencius Society' (*Kong Meng Xuehui*) oder die ‚Society for the Sacred Way of Kong and Meng' (*Kong Meng Shengdao Hui*). Erstere versteht sich als akademisch-ethische Studiengesellschaft, letztere als gemeinnützige soziale Organisation (Jochim 2003: 70f.). Oben erwähnte Probleme bei der Kategorisierung des Konfuzianismus als Moralphilosophie und/oder Religion sind auch bei der Beurteilung des Konfuzianismus als moralprägende Tradition zu berücksichtigen. In diesem Zusammenhang schreibt Jochim (1988: 270): „Precisely because Confucianism is, in Chinese eyes, morality but not religion, the educational authorities feel that it is accepted by all Chinese as the basis for social solidarity." Als vierter Unterschied ist schließlich der legitimatorische Charakter des Konfuzianismus zu nennen. Da der Konfuzianismus über 30 Jahre lang im Dienste einer offiziellen politischen Agenda eingesetzt wurde, konnte er eine kulturpolitische Bedeutung entwickeln, die im Nachhinein als überproportional einzustufen ist. Anders wäre kaum zu erklären, warum eine Bezugnahme auf den Konfuzianismus im parteipolitischen Wettbewerb der 1990er Jahre nicht zu beobachten ist.

Die Frage, ob sich der Konfuzianismus mit der erfolgreichen Entwicklung zu einem demokratischen System in Taiwan überlebt hat, kann und soll an dieser Stelle nicht behandelt werden. Es sei abschließend jedoch auf die fortschreitende gesellschaftspolitische Marginalisierung des Konfuzianismus seit den 1990er Jahren hingewiesen. Diese Marginalisierung zeigt sich unter anderem in der Tatsache, dass die verfassungsrechtliche Freiheit von einst, Konfuzius zu ehren, inzwischen einem „konfuziusfreien" Bekenntnis zur Religionsfreiheit gewichen ist.[10] Makeham (2005: 188) übertreibt daher keineswegs, wenn er von einer „deepening crisis of relevance for Confuciansim" schreibt. Die Betonung von kulturpolitischer Partikularität und die ideologische Loslösung von einstigen Legitimationsmustern lassen wenig Platz für eine geistesgeschichtliche Tradition, die gemeinhin als Repräsentation *par excellence* des großchinesischen Ideals von früher steht. Zusätzlich beigetragen zur Abkehr vom Konfuzianismus hat die Tatsache, dass dieser in der Volksrepublik China seit Jahren eine erhebliche Reaktivierung erfährt (Hildebrandt 2003: 463).

6. Fazit

Die Demokratie Taiwans ist ein Beispiel für ein Trennsystem: Religion ist eine nichtstaatliche Angelegenheit; Religionsgemeinschaften genießen keine politischen oder rechtlichen Privilegien (Brocker/Behr/ Hildebrandt 2003: 14). In der kurzen Phase der Demokratisierung ist zwar partieller Einfluss der PK auszumachen, im demokratischen System der Gegenwart ist jedoch wenig bis keine Interaktion zwischen Religionsgemeinschaften einerseits und politischen Parteien und staatlichen Organen andererseits festzustellen. Es wäre jedoch falsch, die strikte Trennung von Religion und Politik als statisch und unumkehrbar zu betrachten. Ein Aspekt, der diesbezüglich Aufmerksamkeit verdient, hier jedoch nicht behandelt wurde, ist die Rolle von religiösen Vertretern im öffentlichen Diskurs zum *conduct* führender Politiker. Nach einer Reihe von schwerwiegenden Politikskandalen im Jahr 2006 ist zu erwarten, dass das Thema Korruption in künftigen Wahlkämpfen erneut auf die Tagesordnung kommen wird, nachdem es zunächst seit Ende der 1990er Jahre stetig an Bedeutung eingebüsst hatte (Fell 2006). Es bleibt abzuwarten, ob religiöse Organisationen wie Foguangshan darin die Möglichkeit sehen, sich politischen Einfluss zu verschaffen. Andere Themenfelder scheinen sich für religiöse Organisationen nicht anzubieten. Dies liegt nicht zuletzt an der Überdominanz der Frage nach dem status quo Taiwans und damit verbundenen Identitätsfragen im gegenwärtigen politischen Diskurs.

Im Bereich der religiösen Alltagspraxis lassen sich zwar Beispiele für die Interaktion von Religion und Politik feststellen, hieraus können jedoch aufgrund des Fehlens breit angelegter empirischer Studien keine allgemeinen Interaktionsmuster abgeleitet werden. Zudem fußen viele Erkenntnisse auf Fallstudien aus den 1970er und 1980er Jahren, die Religion in einem lokalpolitischen Umfeld ansiedeln, womit keine konstante Referenzgröße auszumachen ist. Der

---

10 Artikel 13 von Kapitel II der Verfassung von 1994 lautet: „The people shall have freedom of religious belief" (GIO 1994).

wachsende Einfluss von Parteizentralen auf lokalpolitische Entscheidungsprozesse und Personalentscheidungen hat zu einer zunehmenden Zentralisierung von Lokalpolitik geführt. Auch die Rolle des Konfuzianismus in Taiwan bedarf einer neuen empirischen Überprüfung. Während dem Konfuzianismus in den Jahrzehnten nach 1945 eine zentrale Rolle im Bereich der moralisch-ethischen Erziehung an Schulen und als staatliche Legitimierungsinstanz zukam, erfährt er im Zuge des politisch-ideologischen Wandels der 1990er Jahre eine zunehmende Marginalisierung. Es ist nur folgerichtig, dass durch diese Marginalisierung ein Vakuum entsteht. Die Frage, ob dieses Vakuum auch neue Interaktionsmuster zwischen demokratisch legitimierten Bildungsinstitutionen und Religionen ermöglicht, ist von der empirischen Forschung noch nicht beantwortet.

Literatur

Allio, Fiorella (2004): Micro Level Analysis in the Research on Electoral Culture and Representations and National Level Election: The March 2004 Presidential Election in Taiwan. First Conference of the European Association of Taiwan Studies. London: School of Oriental and African Studies, 17.-18.04.2004.
Allio, Fiorella (2005): The Dual Processes of Mobilization and Participation During Taiwan's 2004 Legislative Election. Second Conference of the European Association of Taiwan Studies. Ruhr-Universität Bochum, 01.-02.4.2005.
Behne, Mathias (1999): Harmonie und Konflikt – soziokulturelle Entwicklung auf Taiwan. Eine Untersuchung zum Zusammenhang von Handlungsstrukturen, sozialem Wandel und Konflikt in der Gesellschaft Taiwans mit einem ausführlichen chinesisch-deutschen Glossar. Münster.
Brocker, Manfred/Behr, Hartmut/Hildebrandt, Mathias (2003): Einleitung: Religion – Staat – Politik. Zur Rolle der Religion in der nationalen und internationalen Politik. In: Dies. (Hrsg.), Religion – Staat – Politik. Zur Rolle der Religion in der nationalen und internationalen Politik. Wiesbaden, 9-30.
Chen, Lauren (2000): Lien, Soong Look For Help From Above. In: Taipei Times 28.02.2000, 3.
Chiu, Hei-yuan [Qu Haiyuan] (1986): Zongjiao xinyang yu jiating guannian (Religiöser Glaube und familiäres Bewusstsein). In: Bulletin of the Institute of Ethnology (Academia Sinica), 59, 111-122.
Chiu, Hei-yuan (2001): Jieyan, zongjiao ziyou yu zongjiao fazhan (Das Ende des Kriegsrechts, Religionsfreiheit und die Entwicklung der Religionen). In: Taiwan yanjiu tuidong weiyuanhui (Hrsg.), Weiquan tizhi de bianqian, jieyan hou de Taiwan (Der Wandel des autoritären Systems: Taiwan nach dem Ende des Kriegsrechts). Taipei, 249-276.
Chiu, Yu-Tzu (2004a): Buddhists Blast Pro-blue Monk. In: Taipei Times 12.03.2004, 3.
Chiu, Yu-Tzu (2004b): DPP to Guard 'Pan-blue' Monastery. In: Taipei Times 16.03.2004, 1.
Clart, Philip/Jones, Charles B. (Hrsg.) (2003): Religion in Modern Taiwan: Tradition and Innovation in a Changing Society. Honululu.
Commission on Extraterritoriality (Hrsg.) (1924): Constitution of the Republic of China. Peking.
Fell, Dafydd (2005): Party Politics in Taiwan. London/New York.
Fell, Dafydd (2006): Change and Continuity in Taiwanese Party Politics Since 2000. In: Dafydd Fell/Henning Klöter/Bi-yu Chang (Hrsg.), What Has Changed? Taiwan Before and After the Change in Ruling Parties (Studia Formosiana 4). Wiesbaden, 21-40.

Feuchtwang, Stephan (1974): City Temples in Taipei Under Three Regimes. In: Mark Elvin/G. William Skinner (Hrsg.), The Chinese City Between Two Worlds. Stanford, 263-302.
Feuchtwang, Stephan (2001): Popular Religion in China: The Imperial Metaphor. Richmond.
Feuchtwang, Stephan/Wang, Mingming (2001): Grassroots Charisma: Four Local Leaders in China. London/New York.
Freedom House (2006): Country Report: Taiwan. 2006 Edition. In: http://www.freedomhouse.org/template.cfm?page=22&year=2006&country=7069.
Fukuyama, Francis (1995): Confucianism and Democracy. In: Journal of Democracy, 6: 2, 20-33.
Geoffroy, Claude (1997): Le mouvement independantiste taiwanais: ses origines et son développement depuis 1945. Paris/Montréal.
GIO [Government Information Office] (1994): Constitution Republic of China. Taipei.
GIO [Government Information Office] (2005): Taiwan Yearbook 2005. Taipei.
Hildebrandt, Mathias (2003): Politik und Religion in den konfuzianisch geprägten Staaten Ostasiens. In: Michael Minkenberg/UlrichWillems (Hrsg.), Politik und Religion. Wiesbaden, 456-477.
Hsiau, A-chin. (2000): Contemporary Taiwanese Cultural Nationalism. London/New York.
Huang, Chün-chieh (2006): Taiwan in Transformation: 1895-2005. The Challenge of a New Democracy to an Old Civilization. New Brunswick.
Huang, Chün-chieh/Wu, Kuang-ming (1994): Taiwan and the Confucian Aspiration: Toward the Twenty-first Century. In: Stevan Harrell/ Chün-chieh Huang (Hrsg.), Cultural Change in Postwar Taiwan. Taipei, 69-87.
Huang, Huang-Ping/Chiu, Lian-Hwang (1991): Moral and Civic Education. In: Douglas C. Smith (Hrsg.), The Confucian Continuum: Educational Modernization in Taiwan. New York et al., 367-420.
Jacobs, Bruce (1975): Local Politics in Rural Taiwan: A Field Study of Kuan-hsi, Face, and Faction in Matsu Township. Dissertation, Columbia University, New York.
Jochim, Christian (2003): Carrying Confucianism into the Modern World: The Taiwanese Case. In: Philip Clart/Charles B. Jones (Hrsg.), Religion in Modern Taiwan: Tradition and Innovation in a Changing Society. Honululu, 48-83.
Jones, Charles Brewer (1999): Buddhism in Taiwan: Religion and the State. 1660-1990. Honululu.
Jordan, David. K. (1994): Changes in Postwar Taiwan and Their Impact on the Popular Practice of Religion. In: Stevan Harrell/Chün-chieh Huang (Hrsg.), Cultural Change in Postwar Taiwan. Taipei, 137-160.
Katz, Paul R. (2003): Religion and the State in Post-war Taiwan. In: The China Quarterly, 174, 395-412.
Kazuo, Kasahara (1967): Sōka Gakkai and Kōmeitō: The Advance of a New Religion Into Politics. In: Japan Quarterly, 14: 3, 311-317.
Laliberté, André (2003): Religious Change and Democratization in Postwar Taiwan: Mainstream Buddhist Organizations and the Kuomintag. 1947-1996. In: Philip Clart/Charles B. Jones (Hrsg.), Religion in Modern Taiwan: Tradition and Innovation in a Changing Society. Honululu, 158-185.
Laliberté, André (2004): The Politics of Buddhist Organizations in Taiwan: 1989-2003. Safeguarding the Faith, Building a Pure Land, Helping the Poor. London/New York.
Lee, Fong-Mao (2003): The Daoist Priesthood and Secular Society: Two Aspects of Postwar Taiwanese Daoism. In: Philip Clart/Charles B. Jones (Hrsg.), Religion in Modern Taiwan: Tradition and Innovation in a Changing Society. Honululu, 125-157.
Liu, Shih-hong et al. (1966/67): China Yearbook 1966-1967. Taipei.
Makeham, John (2005): Indigenization Discourse in Taiwanese Confucian Revivalism. In: John Makeham/A-chin Hsiau (Hrsg.), Cultural, Ethnic, and Political Nationalism in Contemporary Taiwan. New York, 187-220.
Metraux, Daniel A. (1994): The Sōka Gakkai Revolution. Lanham.

Meyer, Jeffrey E. (1988): Teaching Morality in Taiwan Schools: The Message of the Textbooks. In: China Quarterly, 114, 267-284.

Moritz, Ralf (Hrsg.) (2003): Das Große Lernen (Daxue). Stuttgart.

Pas, Julian (2003): Stability and Change in Taiwan's Religious Culture. In: Philip Clart/Charles B. Jones (Hrsg.), Religion in Modern Taiwan: Tradition and Innovation in a Changing Society. Honululu, 36-47.

Presbyterian Church (1971): Statement on our National Fate. In: http://www.pct.org.tw/english/statements/statesments_1.htm.

Presbyterian Church (1977): A Declaration on Human Rights by the Presbyterian Church in Taiwan. In: http://www.pct.org.tw/english/statements/statesments_4.htm.

Rigger, Shelley (1999): Politics in Taiwan: Voting for Democracy. London/New York.

Rigger, Shelley (2001): From Opposition to Power: Taiwan's Democratic Progressive Party. Boulder.

Roetz, Heiner (1995): Konfuzius. München.

Roy, Denny (2003): Taiwan: A Political History. Ithaca et al.

Rubinstein, Murray A. (1991): The Protestant Community on Modern Taiwan: Mission, Seminary, and Church. Armonk/London.

Rubinstein, Murray A. (2003): Christianity and Democratization in Modern Taiwan: The Presbyterian Church and the Struggle for Minnan/Hakka Selfhood in the Republic of China. In: Philip Clart/Charles B. Jones (Hrsg.), Religion in Modern Taiwan: Tradition and Innovation in a Changing Society. Honululu, 204-256.

Schubert, Gunter (1994): Taiwan – die chinesische Alternative: Demokratisierung in einem ostasiatischen Schwellenland (1986-1993). Hamburg.

Selya, Roger Mark (2004): Development and Demographic Change in Taiwan. Singapore/London.

Shih, Fang-long. (2006): From Regulation and Rationalisation, to Production: Government Policy on Religion in Taiwan. In: Dafydd Fell/Henning Klöter/Bi-yu Chang (Hrsg.), What Has Changed? Taiwan Before and After the Change in Ruling Parties (Studia Formosiana 4). Wiesbaden, 265-283.

Tyau, Miu-ch'ien T.Z. (1918): China's New Constitution and International Problems. Shanghai.

Weller, Robert P. (1987): The Politics of Ritual Disguise: Repression and Response in Taiwanese Popular Religion. In: Modern China, 13: 1, 17-39.

Weller, Robert P. (1999): Alternative Civilities: Democracy and Culture in China and Taiwan. Boulder.

Yang, Mayfai Mei-hui (2004): Goddess Accross the Taiwan Strait: Matrifocal Ritual Space, Nation-State, and Satellite Television Footprints. In: Public Culture, 16: 2, 209-238.

Demokratie und religiöse Erinnerungskultur in Japan: Das Beispiel des Yasukuni-Schreins

Shingo Shimada

1. Einleitung

Das Verhältnis zwischen Demokratie und Religion ist ein prekäres Thema. Selbst in den säkular verfassten modernen Gesellschaften, die die eindeutige Trennung zwischen der Politik und der Religion zu ihren Grundprinzipien erhoben haben, weist ihre Politik häufig bestimmte Bezüge zu religiösen Hintergründen auf, so dass zum Beispiel der U.S.-amerikanische Präsidentschwur ohne Bibel und Anrufung Gottes nicht vonstatten gehen kann. Doch trotz solcher wohl überall vorfindbaren Bezüge besteht in den westlichen, demokratisch verfassten Gesellschaften Einigkeit darüber, dass politische und religiöse Sphären prinzipiell voneinander zu trennen seien. Dies beruht bekanntlich auf den europäischen historischen Hintergründen, in denen die institutionelle Trennung zwischen der weltlichen und geistlichen Macht eine zentrale Rolle spielte. Daraus leitet sich auch die Erwartung ab, dass diese Trennung überall selbstverständlich sei, und diese Erwartung prägt bis heute die Begriffe Politik und Religion. Doch eine solche Erwartung ist äußerst problematisch, wenn man den Blick auf außereuropäische Gesellschaften wirft. Ohne wie oben dargestellte historische Erfahrungen bleibt die klare Trennung zwischen Religion und Politik unverständlich, wenn auch auf der Oberfläche der politischen Geschehnisse der Schein der Trennbarkeit der beiden Sphären aufrechterhalten werden mag. Auch bei den Diskussionen um die Universalität der Menschenrechte spielt diese Erwartung eine wichtige Rolle. Gerade die normative Erwartung, dass überall die Trennung der Politik von der Religion durchgesetzt werden müsse, birgt die Gefahr eines missionarischen Universalismus, worauf die angesprochenen Kulturen in der Regel empfindlich reagieren.[1]

---

1   Diese Problematik habe ich in einem anderen Zusammenhang bereits behandelt und gehe daher darauf nicht näher ein (Shimada 2004).

So birgt das Thema, das im vorliegenden Band behandelt wird, ein grundsätzliches theoretisches Problem, und zwar, wie wir damit umgehen können/sollen, dass die Verwendung bestimmter universalistischer Begriffe in ihrem Kern der Semantik eine zutiefst eurozentrische Perspektive enthält, die aber in ihrer praktischen Anwendung in Vergessenheit gerät und gerade dadurch den erneuten Universalanspruch erhebt.

Angesichts dieses allgemeinen theoretischen Problems wird im vorliegenden Text das Verhältnis von Demokratie und Religion anhand eines japanischen Beispiels diskutiert, das von einem konkreten Blickwinkel heraus die genannte theoretische Problematik beleuchtet. Betrachtet wird der Yasukuni-Schrein, der durch die massenmediale Thematisierung der Besuche japanischer Ministerpräsidenten und der immer darauf folgenden Proteste asiatischer Nachbarstaaten allgemein bekannt geworden ist. Hierbei fokussiert der Beitrag überwiegend auf das innenpolitische Verhältnis, so dass der Aspekt der außenpolitischen Beziehungen zu den asiatischen Nachbarländern nur am Rande gestreift wird.

2. Historische Hintergründe

Die Bedeutung des Yasukuni-Schreins für den japanischen Staat kann nur vor dem Hintergrund verstanden werden, dass zu Beginn der modernen Gründung des japanischen Nationalstaates der Schintoismus allgemein zu einer Art Staatsreligion erklärt wurde.[2] So bildete er die Grundlage der nationalistischen Ideologie Japans bis 1945, durch die die Einheit der Tennoherrschaft, der Nation und des Staates proklamiert wurde. Hierbei ist anzumerken, dass der Schintoismus als Religion erst im Prozess der Staatsbildung institutionalisiert wurde, indem unterschiedliche volksreligiöse Praktiken und Hofrituale des Tenno-Hauses zu einer einheitlichen Form verschmolzen. Eine der Grundlagen des Schintoismus liegt im „Ahnenkult", in dem die Beziehung zu Verstorbenen eine zentrale Rolle spielt.[3] Zur nationalen Mobilisierung des „Ahnenkultes" unter der Bevölkerung und zu seiner Verknüpfung mit dem „nationalen Tenno-Kult" spielte der bereits vor dem Einsetzen der Nationalisierung praktizierte Umgang mit Kriegsgefallenen eine zentrale Rolle. Es bestand seit jeher die Vorstellung, dass von den Geistern der gewaltsam Umgekommenen eine große Gefahr für die Lebenden aus-

---

2   Eine Art Staatsreligion deshalb, weil die Meiji-Regierung am Ende des 19. Jahrhunderts wegen der westlichen Forderung, die Religionsfreiheit zu garantieren, den Staagtschintoismus zum System der tennobezogenen Rituale erklärte (Shimada 2007:148).
3   Dieser religionswissenschaftliche Begriff ist hier nicht unproblematisch, denn dieser Kult wurde erst durch die Entstehung des Staatsschintoismus zu einem einheitlichen Kult (Shimada 2007: 144).

ginge. Die Kriegsgefallenen hatten hier eine besondere Bedeutung, da sie meist im Dienst für jemanden anderen gestorben waren. Aufgrund dieser Vorstellung entstanden besondere Rituale und religiöse Umgangsformen. Bereits vor der Meiji-Restauration begann man, um die Verstorbenen, die im Dienst für das Land gefallen waren, gemeinsam zu trauern, weshalb 1867 ein „Schrein zum Herbeirufen der Geister (*Shôkonsha*)" in Kyoto gegründet wurde, in dem die Geister aller Gefallenen verehrt werden sollten (Ôhama 1973: 115). Hierbei wurde eine historische Persönlichkeit, Kusunoki Masashige (1294-1336), als ein tapferer Diener des Tennos beispielhaft hervorgehoben, wodurch eine Identifikation aller Gefallenen mit dieser Figur möglich wurde. Daraus ging eine spezifische religiöse Richtung unter der Bezeichnung „Kusunoki-Glaube (*Kusonoki kô shinkô*)" hervor, die bis zum Ende des Zweiten Weltkriegs eine wichtige Rolle für die Verbreitung des Nationalbewusstseins spielte. Die Meiji-Regierung knüpfte nach ihrer Konstituierung 1868 an diese Tradition an und veranstaltete im selben Jahr in Kyoto ein Ritual für die Gefallenen im Dienst des neuen Staates. Darüber hinaus erklärte die Meiji-Regierung die Verehrung des Kusunoki zu einer staatsbürgerlichen Pflicht und den Minatokawa-Schrein in Kôbe, dem auch in der Hierarchie der nationalen Schreinstruktur eine besondere Bedeutung beigemessen wurde, zuständig für die Verehrung Kusunokis. Zwischen 1868 und 1869 wurden in vielen Provinzen Schreine zur Verehrung der Kriegsgefallenen errichtet; ihre Zahl betrug 109 im Jahre 1876. Die Mehrheit der Schreine wurde in den Provinzen errichtet, deren Fürsten hinter der Meiji-Restauration gestanden hatten, während in Provinzen, die auf der Seite des Schogunats gekämpft hatten, kaum Schreine gebaut wurden, was den politischen Hintergrund dieser Maßnahmen deutlich zeigt. Um dieses Ungleichgewicht zu beheben, errichtete die Meiji-Regierung 1869 in Tokyo den Yasukuni-Schrein, der in den Zuständigkeitsbereich des Heeres- und Marineministeriums gestellt wurde. Damit wurde von staatlicher Seite ein schintoistischer Schrein geschaffen, der den Gefallenen, „die sich für den Frieden des Landes, das von den Urahnen stammt, geopfert haben", gewidmet war (Ôhama 1973: 125). Wie weit die staatliche Absicht mit der Errichtung des Schreins realisiert werden konnte, bleibt zunächst fraglich, da es nicht immer möglich war, eine direkte Verbindung zwischen den Verstorbenen der Provinzen und dem zentralen Schrein herzustellen. Zunächst fehlte die Grundlage dafür, dass man sich in den entfernten Provinzen hätte vorstellen können, dass die Geister der Angehörigen in Tokyo aufgehoben sein sollten. Dies bedeutet, dass die Religiosität und Rituale in Bezug auf die Verstorbenen in dieser Phase noch weitgehend im Rahmen des Hauses und des Dorfes vollzogen wurden. Dies änderte sich drastisch durch die aufeinander folgenden Kriege. Denn es gab zum Beispiel nach dem russisch-japanischen Krieg circa 31.000 Gefallene im ganzen Land, so dass die Bedeutung des Yasukuni-Schreins deutlich zunahm. Zudem wurde von staatlicher Seite erklärt, dass die Gefallenen im Yasukuni-Schrein gleichermaßen, unabhängig von ihren militärischen Rängen „Götter (*kami*)" würden. Dies hat für das Verständnis der Nationalisierung der Ahnen eine erhebliche Bedeutung. Denn dadurch wurden die gewöhnlichen Verstorbenen zu Gottheiten auf nationaler Ebene erhoben, die sogar vom Tenno persönlich als dem obersten Priester durch Rituale verehrt wurden. Damit wurde die militärische Karriere für Männer mit der Möglichkeit verbunden, besondere Ehre zu erlangen, wenn man nach der Schulausbildung in den Militärdienst eintrat und durch einen ehrenvollen Tod in den Stand einer nationalen Gottheit erhoben wurde. Diese religiöse Sinngebung verknüpfte den individuellen Lebensentwurf mit dem nationalen Interesse. Auch die Einheit des Hauses konnte dadurch in die Historizität der Nation eingegliedert werden, da dem Haus eines Kriegsgefallenen innerhalb der Dorfgemeinschaft besondere Ehre zuteil wurde. Die Verstorbenen wurden nicht mehr im kleinen Kreis des Hauses oder Dorfes, sondern auf nationaler Ebene verehrt. Konkret konnten die Angehörigen diese neue Art des Umgangs mit den Verstorbenen an den jeweiligen Ritualtagen zu Ehren der Gefallenen erleben, die durch staatliche Unterstützung besonders prachtvoll ausgestaltet wurden. So wurde es mit der Zeit üblich, dass Dörfer in den Provinzen gemeinsame Reisen zum Yasukuni-Schrein in Tokyo organisierten, die als eine Art Pilgerfahrt zu den verstorbenen Angehörigen verstanden wurden.

Bemerkenswert ist hierbei, dass durch die zentristische Neuorganisierung der Götter eine Einheit stiftende „Transzendenz" hergestellt wurde, die als eine wichtige Grundlage der neuzeitlich-nationalistischen „Kosmologie" angesehen werden kann. Dabei ist zu beachten, dass diese Kosmologie durch eine Verbindung von gegebenen volksreligiösen Vorstellungen über die Verstorbenen und dem neuzeitlich, rationalen Geschichtsverständnis, das aus dem Westen übernommen worden war, zustande kam. Durch das lineare Zeitkonzept konnte die herrschaftliche Genealogie zu einer Grundlage der Gemeinsamkeit werden, anhand derer die Geister der Verstorbenen mit unterschiedlichen Wertigkeiten hierarchisch aufeinander bezogen werden konnten.

Vor diesem historischen Hintergrund ist eine Trennung von Politik und Religion gar nicht möglich. Die politische Vorstellung der japanischen Nation wurde dermaßen eng mit religiösen Praktiken verknüpft, so dass eine nicht religiöse Begründung der japanischen Nation in dieser Phase undenkbar war.

3. Die Situation nach 1945

Nach der Kapitulation Japans am 15. August 1945 veränderte sich diese Situation radikal. Die U.S.-amerikanische Besatzungsmacht machte sich die Demokratisierung und Entmilitarisierung der japanischen Gesellschaft zum Ziel. Zu ihren zentralen Aufgaben zählte die Trennung von Politik und Religion, speziell die Auflösung des Staatsschintoismus. Da die konkrete Anweisung zur Auflösung des Staatsschintoismus erst am 15. Dezember 1945 erlassen wurde, konnte noch am 19. und 20. November 1945 das letzte staatlich organisierte Gedenkfest des Yasukuni-Schreins für die Kriegsgefallenen unter Beteiligung der Besatzungsmacht, des Tennos, der Regierungsmitglieder sowie der Hinterbliebenen stattfinden. Somit gelang es der japanischen Regierung vor dem Erlass, offiziell im Namen des Tennos ein großes Fest für die Kriegsgefallenen veranstalten zu lassen.

Der Erlass zur Auflösung des Staatsschintoismus durch den amerikanischen GHQ (General Headquarter) beinhaltete das Verbot jeglicher Unterstützung des Schintoismus durch den Staat. Damit wurden zum einen die finanziellen und gesetzlichen Grundlagen des Yasukuni-Schreins entzogen, zum anderen wurden die religiösen Inhalte im Schulunterricht verboten. Mit diesem Erlass wurde zum ersten Mal in der japanischen Geschichte die klare Trennung zwischen Religion und Politik eingeführt, was aus der Perspektive der Besatzungsmacht als notwendige Voraussetzung der Demokratisierung der japanischen Gesellschaft angesehen wurde. Diesen Maßnahmen entsprechend schwor der Tenno in einer Radioansprache vom 1. Januar 1946 seinem göttlichen Charakter ab und erklärte, er sei ein Mensch, kein *kami*. Schließlich wurde die Struktur des Staatsschintoismus am 2. Februar 1946 dadurch zerschlagen, dass alle gesetzlichen Grundlagen zur Unterstützung des Schintoismus abgeschafft wurden. Damit verlor auch der Yasukuni-Schrein seinen Sonderstatus und wurde wie alle anderen religiösen Institutionen zu einer gewöhnlichen Rechtsperson der Religion.[4] Parallel dazu wurde im Artikel 20 der neuen Verfassung die religiöse Freiheit und die klare Trennung der Religion von der Politik festgeschrieben: Damit wurde erstens jedem Bürger religiöse Freiheit garantiert. Zweitens durfte keine religiöse Organisation Privilegien vom Staat erhalten oder politische Autorität ausüben. Und schließlich durfte drittens niemand zu religiösen Handlungen, Zeremonien, Ritualen oder Praxen gezwungen werden.

---

4   Das Gesetz zur religiösen Rechtsperson (shûkyô hôjin hô) aus dem Jahre 1951 bestimmt die rechtlichen Bedingungen, unter denen Organisationen als religiöse Rechtsperson anerkannt werden können. Der Religionswissenschaftler Shigeyoshi Murakami (1976: 215) spricht diesbezüglich von einer Zäsur in der Geschichte der Religionen in der japanischen Gesellschaft.

4. Das Problem

Auf der rechtlichen Ebene wurden die Grundlagen des Staatsschintoismus und somit auch die des Yasukuni-Schreins abgeschafft. Dennoch bleibt die Frage, ob die klare Trennung zwischen Politik und Religion auch auf der Wirklichkeitsebene vollzogen wurde. Für diese Frage müssen die religiösen Handlungen im Yasukuni-Schrein näher betrachtet werden: Das zentrale religiöse Ritual des Yasukuni-Schreins nennt sich *gôshi*, das die Einschreinung der Geister der neuen Kriegsgefallenen zu den bereits als göttlich verehrten Geistern bedeutet. Bis 1945 wurden die Geister der Gefallenen durch das Einschreinungsfest (*gôshisai*), bei dem stets der Tenno persönlich anwesend war, in den Schrein aufgenommen und dadurch göttlich (*kami*). Hierbei konnten keine namenlosen Soldaten aufgenommen und nur diejenigen eingeschreint werden, die im Dienst für den japanischen Staat gefallen sind. Damit taucht ein Anerkennungsproblem auf, denn nur diejenigen, die offiziell als Gefallene für den Staat anerkannt wurden, konnten in die Liste der Heldengeister aufgenommen werden. Diese Sachlage war für die Angehörigen eines Kriegsgefallenen auch existenziell, weil sie nur dadurch den Anspruch auf die Hinterbliebenenrente erheben konnten. Die Anerkennung durch den Staat, dass der Gefallene im Dienst gestorben ist, löste somit zwei Verfahren – das sozialpolitische und das religiöse Verfahren – aus. Diese beiden Verfahren sind bis heute so eng miteinander verwoben, dass sie nicht voneinander getrennt werden können. Die Entscheidungsbefugnis darüber, ob ein Gefallener in den Schrein aufgenommen wird oder nicht, liegt weder bei den Personen selbst noch bei den Hinterbliebenen, sondern beim Staat. Nur wenn der japanische Staat einen Sterbefall als „dienstlich" anerkennt, wird er in den Schrein aufgenommen, was zugleich die Anerkennung der Renten für Hinterbliebenen bedeutet. Die Religionszugehörigkeit der Person selbst oder die der Hinterbliebenen spielte und spielt bei dieser Entscheidung bis heute keine Rolle. Dieser Zusammenhang zwischen Staat und Yasukuni-Schrein ist rechtlich noch bis 1945 nachvollziehbar, doch nach 1945 wirft er die Frage auf, ob nicht an diesem Punkt ein Verfassungsbruch vorliegt.

Auch die Besatzungsmacht sah diesen kritischen Punkt und verbot 1945 die Hinterbliebenenrenten. Diese Maßnahme führte zu einer Gegenbewegung, aus der eine der bis heute einflussreichsten Organisationen in der japanischen Gesellschaft hervorging. Im Jahre 1945 gründeten die in finanzielle Not geratenen Hinterbliebenen die japanische Vereinigung zur Fürsorge der Hinterbliebenen (*Nihon izoku kôsei renmei*), die sich einige Jahre später, 1953, zur japanischen Stiftung der Hinterbliebenen (*Nihon izokukai*) umwandelte. Von Beginn an wurde das Koordinationsbüro dieser Organisation im Yasukuni-Schrein eingerichtet, ein Zeichen der engen Beziehung der beiden Institutionen. Diese anfänglich zum

Zweck der Fürsorge der Hinterbliebenen gegründete Organisation politisierte sich mit der Zeit und ist heute federführend für die politische Forderung, den Yasukuni-Schrein wieder zu verstaatlichen.

5. Situation nach 1952

Nach dem Ende der Besatzungszeit 1952 veränderte sich die Situation des Yasukuni-Schreins in mehreren Punkten: Erstens begann der Showa-Tenno den Schrein wieder zu besuchen, was früher eines der wichtigsten religiösen Ereignisse darstellte, zumal der Tenno-Kult in Verbindung mit der „Ahnenverehrung" zum zentralen Bestandteil des religiösen Denkens im Staatsschintoismus gehörte. Die Besuche des Yasukuni-Schreins durch den Showa-Tenno, die zwischen 1952 und 1975 sieben Mal stattfanden, werfen eine weitere Frage bezüglich der Trennung von Politik und Religion auf: Worin liegt die Legitimität des Besuchs einer religiösen Einrichtung durch den Tenno, der nach Artikel 1 der neuen Verfassung Symbol des Volkes sein soll? – Es ist offensichtlich, dass trotz der formellen Trennung des Yasukuni-Schreins vom Staat eine inhaltliche Verbindung zwischen den beiden Institutionen nach wie vor bestand. Denn die religiöse Aufgabe des Yasukuni-Schreins wurde und wird auch offiziell in der Verehrung der Personen gesehen, die im Dienst des Staates verstorben sind (Tanaka 2002: 33f.). In diesem Zusammenhang wird auch immer wieder auf die Gründung des Schreins durch den Meiji-Tenno verwiesen, so dass eine Trennung zwischen diesem Schrein und dem Tennokult unmöglich zu sein scheint.

Zweitens trat ebenfalls im Jahre 1952 das Gesetz zur Fürsorge der Hinterbliebenen der Kriegsgefallenen (*Senshô byôsha senbotsusha izokutô engohô*) in Kraft, womit die Hinterbliebenenrenten wieder eingeführt wurden.[5] Ein Jahr später wurde das Gesetz so modifiziert, dass auch die als Kriegsverbrecher Verurteilten und ihre Angehörigen Renten beziehen konnten.[6] Diese gesetzliche Grundlage ist für die Frage der Trennbarkeit zwischen Staat und Religion insofern ausschlaggebend, weil die Entscheidung, ob jemand in den Yasukuni-Schrein eingeschreint wird, von diesem Anerkennungsprozess abhängt. Das heißt, ob ein Verstorbener im Yasukuni-Schrein als Heldengeist zu einer religiösen Instanz wird, hing ab diesem Jahr wieder von der staatlichen Anerkennung

---

5   Ein wichtiger Aspekt liegt darin, dass dieses Gesetz seinen Anwendungsbereich auf die Staatsbürger Japans beschränkt, womit alle ehemaligen Reichsbürger aus Korea, Taiwan und China keinen Anspruch auf diese Renten erheben konnten und können.
6   Diese Möglichkeit beschränkte sich zunächst auf die Kriegsverbrecher der B- und C-Klasse, die weniger belastet waren. Später, 1978, wurde dies auch auf die Kriegsverbrecher der A-Klasse ausgeweitet (Tanaka 2002: 152f.; Takahashi 2005: 64f.).

ab, ob er im Dienst verstorben ist und die Angehörigen den Anspruch auf die Rente erhalten oder nicht.

Drittens begann die oben genannte Stiftung für Hinterbliebenen angesichts der gegenwärtigen Situation des Yasukuni-Schreins die politische Forderung zu stellen, alle religiösen Akte, Rituale und Feste im Zusammenhang mit dem Yasukuni-Schrein nun staatlich zu finanzieren. Mit der Gründung dieser Stiftung änderten sich auch die Ziele. Während zuvor die japanische Vereinigung zur Fürsorge der Hinterbliebenen ihre Ziele universell in Vermeidung der Kriege, Erhaltung des Weltfriedens und Fürsorge der Menschheit gesehen hatte, bestimmte die Nachfolgeorganisation die Tröstung und Rettung der verstorbenen Seelen (*irei kyûzai*) und die Verehrung der Heldengeister zu ihren Aufgaben (Tanaka 2002: 42f.). Die Stiftung beeinflusste und beeinflusst durch ständige Lobbyarbeiten die Politik. Seit 1952 wird die Forderung nach staatlicher Finanzierung des Yasukuni-Schreins immer wieder im Parlament zum Thema erhoben. Unverkennbar ist auch eine breite Unterstützung dieser politischen Bewegung. Beim Frühlingsfest des Yasukuni-Schreins 1952 beteiligten sich circa eine Million Besucher, und Tanaka Nobumasa zeigt anhand einiger Dokumente, wie stark der Yasukuni-Glaube unter der Bevölkerung verbreitet war (ebd. 54).

Diese drei Aspekte verdeutlichen die Verzahnung oder zumindest Nähe der politischen und religiösen Ebenen im Fall des Yasukuni-Schreins. Es wird hierin auch sichtbar, dass das Konzept des Staatsschitoismus keineswegs mit der rechtlichen Abschaffung aufgelöst wurde, sondern gerade in der Institution dieses Schreins weiterlebt. Dies wird bei der Besichtigung des historischen Museums direkt neben dem Schrein (*Yûshûkan*) noch deutlicher spürbar, in dem dort offiziell die nationalistische Geschichtsbetrachtung vertreten wird. Wird nur diese Seite des Phänomens betrachtet, liegt der Schluss nahe, dass sich das Verhältnis von Demokratie und Religion in der japanischen Gesellschaft sehr problematisch gestaltet. Doch es gibt gleichfalls kritische Stimmen, so dass der Yasukuni-Schrein selbst innerhalb Japans zum Gegenstand eines kontrovers geführten Diskurses geworden ist (Takahashi 2005).

6. Die Gegenpositionen

Seit Mitte der 1960er Jahre besteht ein kritischer Diskurs zum Verhältnis von Politik und Religion in der japanischen Gesellschaft, aufgrund dessen vermehrt kritische Stimmen gegenüber dem Yasukuni-Schrein vernehmbar geworden sind. Der erste in diesem Zusammenhang häufig genannte Fall ist die Anklage eines Stadtrates aus der Stadt Tsu in der Mie-Präfektur im Jahre 1965. Er sah die Finanzierung eines schintoistischen Rituals vor Baubeginn einer neuen Turnhalle durch die Stadtverwaltung als verfassungswidrig an. Das Ritual zur Besänftigung der Erdengeister (*jichin sai*) wird in der Regel vor dem Bau eines Gebäudes durch einen schintoistischen Priester durchgeführt. Der Kläger sah dies jedoch als eine politische Unterstützung der religiösen Institution. Dieser zunächst auf einer provinziellen Ebene begonnene Prozess entwickelte sich im Laufe der Zeit zu einem Präzedenzfall, an dem die Problematik des Zusammenhangs zwischen Politik und Religion grundsätzlich diskutiert wurde. Insofern ist die allgemein gesellschaftliche Thematisierung dieses Prozesses ohne den Hintergrund der oben genannten Politisierung des Yasukuni-Problems nicht zu verstehen. Zunächst wurde diese Klage auf der Ebene des Provinzgerichts mit der Begründung abgewiesen, dass dieses Ritual keine religiöse Handlung, sondern ein traditioneller Brauch sei.[7] Auf der nächst höheren Instanz, beim höheren Gericht Nagoya (*Nagoya kôsai*), wurde dagegen die Verfassungswidrigkeit dieser politischen Maßnahme bestätigt. Dieses Urteil wirkt sich nachhaltig auf die Problematik des Yasukuni-Schreins aus, denn zum ersten Mal wurde auf juristischer Ebene geklärt, dass schintoistische Rituale grundsätzlich als religiös zu interpretieren sind.[8] Damit erhob sich das Problem, ob Gesetzesentwürfe zur Verstaatlichung des Yasukuni-Schreins unter dem Gebot der Trennung von Politik und Religion durchgesetzt werden könnten. Vor diesem Hintergrund wurde es dann auch unmöglich, den Yasukuni-Schrein in seiner heutigen Form als schitoistischen Schrein zu verstaatlichen, so dass die regierende Partei LDP seit 1975 keine entsprechenden Versuche mehr unternahm.

Parallel zu diesem Prozess wurde das Problem des Yasukuni-Schreins gleichfalls aus einem anderen Blickwinkel beleuchtet: Der protestantische Pfarrer Tsunoda Saburô versuchte 1968, die Einschreinung seiner beiden älteren Brüder durch den Yasukuni-Schrein rückgängig zu machen. Es war der allererste Einspruch gegenüber einer Einschreinung, doch der Schrein argumentierte, dass aufgrund der Aufgabe und Tradition des Yasukuni-Schreins eine solche Rücknahme der Einschreinung nicht möglich sei. Es gibt seit diesem Fall immer wieder Einsprüche gegenüber dem Schrein, der seine Haltung jedoch nicht ändert (Tanaka 2002: 116f.).

Diese Fälle machen deutlich, dass zum einen die Perspektive der Verstorbenen und Hinterbliebenen bei der Verehrung der „Heldengeister" keine Rolle spielt, zum anderen die Instanz zur Aufnahme der Geister in den Schrein der Staat ist, da der Schrein aufgrund der Mitteilungen des Gesundheitsministeriums

---

7   Dies ist genau das Argument, mit dem die Religionsfreiheit unter dem Staatsschitoismus bis 1945 als gegeben behauptet wurde (Shimada 2007: 147f.).
8   Daran ändert sich nichts, auch wenn der Kläger auf der höchsten Instanz, dem obersten Gericht, im Jahre 1977 den Prozess letztendlich verlor.

(*kôseishô*) die Verstorbenen in den Schrein einschreint (ebd. 120-122). Eine Genehmigung des Einspruches von Hinterbliebenen gegen die Einschreinung lag für den Yasukuni-Schrein außerhalb des Denkbaren.[9] Dennoch verweist das Bekanntwerden solcher Einspruchsfälle auf die problematische Stellung des Yasukuni-Schreins und sensibilisiert die Bevölkerung. So begannen verschiedene christliche und buddhistische Religionsorganisationen 1967 politische Kampagnen gegen Gesetzentwürfe zur Verstaatlichung des Yasukuni-Schreins durchzuführen.

Die Bestrebung der Regierung, den Yasukuni-Schrein wieder zu verstaatlichen, wurde nicht verwirklicht. Dafür sind drei Gründe zu nennen: erstens infolge der Bürgerbewegung, in der Christen und Buddhisten die Hauptrollen spielten; zweitens aufgrund des oben genannten Rechtsurteils, wonach die Finanzierung eines schintoistischen Rituals durch die Stadtverwaltung verfassungswidrig ist, und drittens angesichts der Opposition im Parlament, wobei die regierende LDP in der Unterhauswahl von 1974 erhebliche Stimmen verloren hatte. Seit diesem Zeitpunkt ist eine neue Strategie der Regierung zu beobachten, der offizielle Besuch des Yasukuni-Schreins durch den jeweiligen Ministerpräsidenten. Aber auch dagegen werden Klagen von Bürgern aus den Provinzen erhoben. So wurden zwischen 1991 und 1997 mehrere Gerichtsverfahren gegen den Besuch und die Finanzierung des Yasukuni-Schreins durch öffentliche Gelder geführt und ihre Rechtswidrigkeit bestätigt. Die strukturellen Parallelen zu den beschriebenen Fällen sind auffällig: Während sich die Regierung in der Frage um den Yasukuni-Schrein in einem Kontext bewegt, der das Verhältnis von Demokratie und Religion zweifelhaft erscheinen lässt, sind seitens der Bürger eindeutig demokratische Bestrebungen und Handlungsweisen sichtbar.

7. Schluss

Bei der Betrachtung des Verhältnisses von Religion und Demokratie am Beispiel des Yasukuni-Schreins in Japan wird die dortige spezifische Situation sichtbar. Sie beruht weniger auf unterschiedlicher Tradition oder Kultur, sondern auf welche Weise die Religion im Verlauf der japanischen Modernisierung eingesetzt wird. Der moderne japanische Staat bis 1945 besaß einen eindeutig religiösen Kern, der durch die Figur des Tennos und des Yasukuni-Schreins als zentrale

---

9   Es ist mittlerweile auch bekannt geworden, dass mehrere zwangsrekrutierte Soldaten aus Taiwan, Korea und China ohne Einverständnis der Hinterbliebenen im Yasukuni-Schrein eingeschreint sind. Insofern ist diese Angelegenheit ebenso international.

Institution gebildet wurde. Ohne diese Institution wäre die nationalistische Ideologie inhaltsleer gewesen.

Die Frage, die sich in diesem Kontext stellt, ist, ob dieser Zusammenhang nach 1945, wie es sich die Besatzungsmacht vorgestellt hatte, zerschlagen wurde. Die Richtung, die die Regierung einschlug, lässt diese Frage eher negativ beantworten. Ihre Bemühungen zielten eindeutig auf die Wiederherstellung der nationalen Einheit zwischen dem Tenno, den Kriegsgefallenen, der Bevölkerung und dem Schintoismus. Dabei spielt nach wie vor die angeblich einzigartige historische Herkunft der japanischen Nation die zentrale Rolle, für die sowohl die Figur des Tennos als auch des Yasukuni-Schreins Anschauungsbeispiele sind. Insoweit gestaltet sich das Verhältnis von Religion und Demokratie nicht so, wie es in einer demokratischen Gesellschaft erwartet werden würde. Dass von dem konservativen Lager die Ansicht vertreten wird, dass der Yasukuni-Schrein weniger Religion als Ausdruck eines traditionellen Brauchtums sei, kommt nicht von ungefähr.[10]

Andererseits machen die Klagen und Einspruchsversuche gegenüber der Einschreinung deutlich, dass das demokratische Verständnis und der Anspruch an individuelle Rechte durchaus in der Bevölkerung vorhanden sind und sich weiter entwickeln. Hier sind Bestrebungen sichtbar, die Trennung von Politik und Religion verfassungsmäßig genau zu betrachten. So wird bis heute die vorhandene problematische Stellung des Schintoismus auch kritisch reflektiert.

Insgesamt zeigen die bisherigen Ausführungen, dass das Verhältnis von Demokratie und Religion ein höchst aktuelles Thema innerhalb der japanischen Gesellschaft darstellt. Das Problem ist keineswegs gelöst, sondern man befindet sich im gesamtgesellschaftlichen Diskurs. Dieser Diskurs zeigt wiederum exemplarisch, welche Auswirkungen universale Kategorien wie Demokratie und Religion in einem Kontext auslösen, in dem völlig andere historische Voraussetzungen vorliegen als in Europa. Das Beispiel zeigt ebenso, dass Konzepte wie Demokratie und Religion inzwischen in dem Sinne universalisiert sind, dass Teile der Bevölkerung mit ihrer Hilfe gegen die kulturalistische Auffassung von Religion rechtlich vorgehen und ihre Ansichten auch gerichtlich bestätigt werden. Auf der anderen Seite bedienen die Regierung und der Yasukuni-Schrein einen kulturalistischen Diskurs zur Legitimierung ihrer Standpunkte. Die Lösung des theoretisches Problems, wie man mit universalistischen Begrifflichkeiten umzugehen hat, muss darin liegen, den Kontext zu analysieren, zu klären, in welchen sozialen Kontexten diese Begrifflichkeiten ihre Wirkung entfalten, und aus welcher Perspektive sie betrachtet werden. So lässt sich diese Problematik

---

10 Der Yasukuni-Schrein selbst spricht in diesem Zusammenhang von einem *dô* (Weg).

von der theoretisch-methodologischen Ebene auf die empirische Ebene übertragen und als einen diskursiven Tatbestand behandeln.

Literatur

Murakami, Shigeyoshi (1976): Kokka shindô (Staatssschintoismus). Tokyo.

Ôhama, Tetsuya (1973): Eirei sûhai to tennô sei (Die Verehrung der Heldengeister und das Tenno-System). In: N. Tamaru et al. (Hrsg.), Nihonjin no shûkyô III. Kindai tono kaikô (Die Religion der Japaner. Bd. III: Die Begegnung mit der Moderne). Tokyo, 113-178.

Shimada, Shingo (2004): Politik zwischen Differenz und Anerkennung: Multikulturalismus und das Problem der Menschenrechte. In: Friedrich Jaeger/Jörn Rüsen (Hrsg.), Handbuch der Kulturwissenschaften. Bd. III: Themen und Tendenzen. Stuttgart/Weimar, 474-488.

Shimada, Shingo (2007): Die Erfindung Japans. Kulturelle Wechselwirkung und nationale Identitätskonstruktion. 2. durchgesehene Aufl., Frankfurt a. M./New York.

Takahashi, Tetsuya (2005): Yasukuni mondai (Das Yasukuni-Problem). Tokyo.

Tanaka, Nobumasa (2002): Yasukuni no sengoshi (Nachkriegsgeschichte des Yasukuni-Schreins). Tokyo.

Indiens Demokratie und Indiens Säkularismus

Jakob Rösel

Die Entstehung einer spezifisch indischen Demokratie und die Begründung eines spezifisch indischen Säkularismus bilden zwei komplementäre Prozesse. Es gilt deshalb, diese beiden eigengesetzlichen, aber sich wechselseitig bedingenden Entwicklungslinien jeweils gesondert darzustellen:

1. Indiens Demokratie

Indien bildet nicht nur seit 60 Jahren die sprichwörtlich gewordene größte Demokratie der Erde, dieser Staat konstituiert auch eine der am stärksten konsolidierten Formen demokratischer Herrschaft und Gesellschaft unter den übrigen, vergleichbaren Demokratisierungsexperimenten der Dritten Welt (Rösel/Gottschlich 2008). Dies stand und steht im Widerspruch zu den Erwartungen der britischen Kolonialmacht und zu vielen Annahmen der Demokratisierungstheorie. Nach einem, aus der europäischen Erfahrungsgeschichte abgeleiteten Konsens, wird ein Demokratisierungsprozess durch die folgenden Rahmenbedingungen und Faktoren erleichtert: Es sollte eine lange Geschichte und Tradition der politischen Einheit vorliegen; eine „Große Tradition" und die Durchsetzung einer Verwaltungs- und Literatursprache erleichtern den Demokratisierungsprozess; Prozesse des Nation- und State Building haben regionale und ethnische Sonderkulturen marginalisiert; Sozial- und Kulturgeschichte haben dazu beigetragen, dass eine Konzeption der religiösen oder gesetzlichen Gleichheit der Menschen entstanden und vorstellbar geworden ist; schließlich erleichtern Traditionen der Toleranz oder eine machtpolitische Trennung von Religion und Herrschaft den Prozess der Demokratisierung. Indien erscheint aber geradezu als Gegenbild dieser Annahmen: Vor der Durchsetzung der – im übrigen immer prekären, wenn auch bürokratischen – Herrschaft der Briten war der Subkontinent immer nur episodisch und symbolisch politisch geeint gewesen; die einzig verfügbare „Große Tradition" Indiens bestand in der nur für Bruchteile der Eliten verbindlichen Zivilisation eines brahmanischen Hinduismus; eine übergreifende

Hof- und Verwaltungssprache – neben dem, lediglich von einem Prozent der Bevölkerung beherrschten, sakralen Sanskrit – gab es nicht; stattdessen dominierten die zur Literatursprachlichkeit und Verwaltungsfähigkeit weiterentwickelten rund 20 Regionalsprachen; unter diesen Rahmenbedingungen der Regionalgeschichte, Regionalstaatlichkeit und Regionalsprachlichkeit hatte es auch, selbst während der Kolonialzeit und des Unabhängigkeitskampfes kein verbindliches Nation- und State Building gegeben. Die historische und kulturelle Realität Indiens war damit die Vielfalt der Regionen; eine religiöse oder gar rechtliche Gleichstellung der Menschen war – gegenüber einer Religion, die auf der Annahme der grundsätzlichen Ungleichheit aller Menschen und dem Kastensystem beruhte – kaum vorstellbar. Eine Theorie oder Tradition des Säkularismus fehlte in einem Land, ein in dem ein dörflicher Hinduismus als Sozialordnung, Lebensform, Verhaltenskanon und Ritualismus allgegenwärtig war. Indien konstituierte mithin fast ein Zerrbild der charakteristischen Probleme eines Entwicklungslandes. Nach den Annahmen der Demokratisierungs- und Modernisierungstheorie müsste diese historische und kulturelle Rückständigkeit Prozesse der Übernahme und Konsolidierung der Demokratie behindern. Dennoch ist trotz und in vielen Fällen aufgrund dieser Schwierigkeiten in Indien ein tragfähiges demokratisches System zunächst durchgesetzt und inzwischen von der Masse der Untertanen und Bürger akzeptiert worden. Die Einzigartigkeit dieses demokratischen Experiments besteht aber nicht nur darin, dass im Falle Südasiens zum ersten Mal und zugleich exemplarisch vorgeblich prinzipielle Hemmnisse einer Demokratisierung überwunden wurden. Die Einzigartigkeit und zugleich der Modellcharakter des demokratischen Erfolgs in Indien beruhen darüber hinaus auf der Größenordnung Indiens und der Entwicklungsabfolge dieses Experiments (Thakur 1995: 1-36).

Der Prozess indischer Demokratisierung begann in den 1920er Jahren im Rahmen begrenzter demokratischer Wahlrechte und Selbstverwaltungskompetenzen, die die Kolonialmacht den indischen Eliten konzedierte. Eine Massendemokratie, also ein auf ein allgemeines und geheimes Wahlrecht gestütztes demokratisches Herrschaftssystem, wird erst nach der Unabhängigkeit 1947 errichtet. Der Ablauf allgemeiner, gesamtindischer, ebenso wie einzelstaatlicher Wahlen setzt 1952 ein. Er wurde nur ein einziges Mal, während der zwei Jahre der „Emergency" unter Indira Gandhi 1975-77, unterbrochen. Die indische Demokratie hat damit sechs Jahrzehnte überdauert und sie überspannt einen Subkontinent. Sie organisiert heute ein Sechstel der Erdbevölkerung – 1,2 Milliarden von 6,6 Milliarden Menschen. Indiens Demokratie erfasst und mobilisiert mithin mehr Bürger und Wähler als die gesamten etablierten Demokratien der OECD-Welt insgesamt aufweisen. Die größte Demokratie der Erde stellt damit die älteste und stärkste, die der USA (290 Millionen Menschen), ebenso wie den größten supranationalen Zusammenschluss von Demokratien, die Europäische Union (490 Millionen), bei Weitem in den Schatten. Es nimmt deshalb nicht Wunder, dass die Durchführung von Wahlen in der Indischen Union einer logistischen und militärischen Großoperation gleichkommt. In den 600.000 Dörfern Indiens muss eine ordentliche Stimmabgabe abgesichert werden; mehr als zwei Millionen Wahlhelfer und Sicherheitskräfte, die Einwohnerschaft eines Kleinstaates, sind mit Ordnungsaufgaben beschäftigt; weit mehr als eine halbe Milliarde Menschen sind stimmberechtigt; weit mehr als die Hälfte der wahlfähigen Bürger beteiligt sich inzwischen auch, trotz einer immer noch hohen Analphabetenrate, an den nationalen und regionalen Wahlen. Diese Größenordnungen verweisen nicht nur auf praktische Probleme, sie machen auch demokratietheoretische Konsequenzen sichtbar: Die demokratische Herrschaft ist bislang die einzige Herrschaftsorganisation, die plausibel behauptet, sie könne Herrschaft über jedwede Größenordnung – der Untertanen oder des Territoriums – durchsetzen: mit Hilfe des Prinzips der Interessenrepräsentation, der personalen Delegation und einer föderalen Staatsordnung. Aber vor der Dekolonialisierung und Demokratisierung Indiens hatte lediglich die erste dekolonialisierte und demokratische Nation der Erde, die Vereinigten Staaten, einen solchen empirischen Nachweis bezüglich der Größen- und Wachstumsfähigkeit demokratischer Herrschaft geleistet. Indiens Demokratie stellt aber die Operationsfähigkeit demokratischer Herrschaft in einer ganz neuen Größenordnung unter Beweis. Indien konstituiert damit den empirischen Beweis für eine doppelte theoretische Hoffnung: Indiens demokratischer Erfolg unterstreicht, dass auch Entwicklungsländer mit vermeintlich unüberwindbaren historischen, politischen und strukturellen Anfangsschwierigkeiten zur Demokratisierung fähig sind – entgegen den Vorurteilen einer eurozentrischen Demokratisierungstheorie. Indiens Größendimensionen stärken darüber hinaus eine alte, scheinbar weltfremde und kosmopolitische Hoffnung: Wenn ein Sechstel der Menschheit demokratisch organisiert werden kann, wo liegen dann die endgültigen Grenzen eines supranationalen demokratischen Herrschaftssystems?

Indiens Demokratisierungsgeschichte enthält aber noch eine weitere Paradoxie und bekräftigt damit die Hoffnung auf die Universalisierbarkeit der Demokratie: Die demokratischen Revolutionen und Reformen im Europa des 19. Jahrhunderts folgten fast durchgängig dem gleichen Ablaufmodell: Demokratien, die auf Parteien und auf ein allgemeines Wahlrecht gestützt waren, wurden am Ende, nicht aber zu Beginn einer umfassenden sozioökonomischen Transformation durchgesetzt. Industrialisierung und Urbanisierung gingen der breitenwirksamen Demokratisierung voraus. Der europäische Demokratisierungsablauf verwandelt zunächst eine überwältigende und ohnmächtige Mehrheit, die Bauern, in Industriearbeiter, Verwaltungsangestellte oder Bürger; erst wenn die ursprüngliche

Mehrheit, Bauern, zu einer zunehmend bedeutungslosen Minderheit geschrumpft ist, erst wenn eine neue soziale und kulturelle Realität, diejenige der Städte, der Fabrik und des Büros etabliert ist, wird demokratische Herrschaft durchgesetzt. Indien dagegen, das noch immer größte und oft archaisch wirkende Bauernland der Erde, muss die drei Prozesse der demokratischen, der industriellen und der urbanen Revolution nicht nacheinander, sondern gleichzeitig bewältigen. Darüber hinaus verfügt die demokratische Revolution von Anfang an über eine weit größere Reichweite und Tiefenwirkung als die bis heute unvollendeten Prozesse der Industrialisierung und Verstädterung: Die Urbanisierungsrate beträgt gegenwärtig, 60 Jahre nach der Unabhängigkeit, 25 Prozent. 75 Prozent der indischen Wähler und Untertanen leben in mehr als 600.000 Dörfern nach wie vor auf dem und überwiegend von dem Land. Im Gegensatz zu europäischen Demokratisierungsprozessen, in denen das Wahlrecht über den Ablauf von Jahrzehnten erweitert wurde, verfügen die indischen Bauernmassen von Anfang an, seit 1952, über das vollständige und geheime Wahlrecht. Das indische demokratische Herrschafts- und Parteiensystem steht damit von Anfang an unter dem potentiellen Druck einer „Revolution der gestiegenen – politischen wie sozioökonomischen – Erwartungen" und unter der permanenten Drohung politischer Radikalisierung und Fragmentierung. Als größtes Bauern- und Entwicklungsland hat Indien eine Demokratisierung unter den typischen, also den unausweichlichen Rahmenbedingungen durchgeführt, die in jedem Dritte Welt-Land bestehen. Den indischen Parteien, insbesondere dem Congress ist es dabei gelungen, wachsende demokratische Bewusstwerdung und Interessenartikulation, ungenügendes sozioökonomisches Wachstum und relative politische Frustration so miteinander zu versöhnen, dass Sozialrevolten, regionale Sezessionsbestrebungen oder religiöse Radikalisierungen den Bestand dieser Demokratie nie grundlegend gefährdet haben. Indien hat damit die Umkehrung eines historischen, eines europäischen demokratischen Entwicklungsganges nicht nur zum ersten Mal durchgesetzt, sondern überlebt. Voraussetzung, aber auch Ergebnis dieses unter bislang unerhörten quantitativen wie politischen Belastungen durchgeführten Experiments war und ist das so genannte „dominante Einparteiensystem".

Auf die Entstehung dieses für Indien so charakteristischen politischen Kontrollmodells soll im Folgenden kurz eingegangen werden. Zum Zeitpunkt der Unabhängigkeit 1947 ist die 1883 von einem britischen Kolonialbeamten gegründete Congress-Bewegung die einzige politische Kraft, die nicht nur den Zugang zu den wenigen Städten, sondern auch auf das flache Land gefunden hat; die von Gandhi repräsentierte und von Nehru dominierte und geführte Unabhängigkeitsorganisation kann seit 1920 fast alle von den Briten konzedierten Wahlen gewinnen. Nur der Congress kann deshalb auch das nach der Teilung 1947 vom religiösen Bürgerkrieg bedrohte Indien zusammenhalten und ein demokratisches

System errichten. Seit den 1920er Jahren hat sich der Congress in eine bürokratisch verfasste und organisierte und zugleich durch innerparteiliche Wahlen demokratisch legitimierte Massenorganisation entwickelt. Die Führungsspitze des All India Congress war stets von anglophonen und überwiegend brahmanischen Elitepolitikern dominiert worden. Um aber Massengefolgschaften und die Unterstützung der ausschlaggebenden Schichten in den Dörfern – dominante Kasten, Großgrundbesitzer, Magnaten und „Steuerpächter", so genannte Zamindaris – zu finden, hatte der Congress eine pyramidale Organisationsstruktur zur Entstehung gebracht. Mit Hilfe der zunehmend einflussreichen Provinz- und Distriktkomitees reichte der Congress bis tief in den Binnenraum der mehr als 250 Distrikte Britisch Indiens hinein. Jedoch unterhalb der Provinzebene operierten die Con-gress-Agitatoren und Reformpolitiker in einem ganz anders beschaffenen traditionellen, regionalpolitischen und volkssprachlichen Milieu. Diese Erfahrungen, verbunden mit der Notwendigkeit, mit den ländlichen Führungseliten und Massen in Kontakt zu treten, hatten den Congress seit den 1920er Jahren zu zwei folgeschweren Entscheidungen gebracht. In den Distriktkomitees sprach man die jeweilige Regionalsprache. Darüber hinaus orientierten sich die Provinzorganisationen des Congress nicht an den kolonialen Provinzaufteilungen, sondern an den Grenzen der großen Regionalsprachen. Damit nahmen die Congress-Provinzorganisationen eine neue, eine an Sprachgrenzen orientierte Neueinteilung der indischen Provinzen vorweg. Hinzu kam, dass der Congress auf Drängen Gandhis dazu übergegangen war, eine in weiten Teilen Nordindiens gesprochene ehemalige Garnisons-, Hof- und Verwaltungssprache der Moguln, das Urdu, zu sanskritisieren und vom Persischen zu reinigen: dieses „Hindi" sollte künftig als Massenkommunikationsmittel durchgesetzt werden. Damit hatte sich der Congress bereits vor der Unabhängigkeit auf neue volkssprachliche Kommunikationsnotwendigkeiten eingestellt, mit denen er künftig im Rahmen des Demokratisierungsprozesses konfrontiert werden musste.

Nach der Unabhängigkeit ist die Congress-Führung nicht nur damit beschäftigt, die religiösen Massaker zwischen Hindus und Muslimen einzudämmen, eine Verfassung auszuarbeiten und den Kreislauf der gesamtindischen und regionalen Wahlen mit der ersten Wahl von 1952 in Gang zu setzen (Morris-Jones 1967: 36-60), darüber hinaus muss er jetzt jene parteipolitischen und bundesstaatlichen Rahmenbedingungen schaffen, mit deren Hilfe die bisherigen kolonialen Untertanen in die Bürger und Wähler Indiens umgewandelt werden. Dabei erweist sich die zunächst als bedrohlich eingeschätzte Durchsetzung einer neuen Volkssprachlichkeit als entscheidend. Nach dem Trauma der Teilung, der Sezession Pakistans, fürchtet die Congress-Führung die weitere „Balkanisierung" Indiens. Sie will deshalb von einer Aufhebung der kolonialen Provinzgrenzen und der Einführung neuer, an den Regionalsprachen orientierter Provinzgrenzen nichts wissen. Zugleich versucht sie im Rahmen der Verfassungsgebung, dem Zentrum starke Kontrollrechte und Vormachten gegenüber den Bundesstaaten einzuräumen. Der Wunsch nach der eigenen Sprachprovinz ist aber inzwischen – ausgerechnet aufgrund der Versprechen der Congress-Komitees – so weit verbreitet, dass sich in vielen Bereichen Indiens Forderungen nach einer State Reorganisation Bahn brechen. Der Congress erkennt bald, dass er diese Sprachbewegungen nicht mehr stoppen kann. Bis Mitte der 1960er Jahre wird in einem von regionalen Sprachagitationen getragenen Prozess schließlich eine neue „Provinzlandkarte" durchgesetzt. Alle großen regionalen Sprachgruppen erhalten nunmehr ihre eigenen Provinzen. In den nach der State Reorganisation entstandenen neuen Bundesstaaten sprechen rund 80 Prozent der Bevölkerung die jeweilige Regionalsprache als Muttersprache. Diese Durchsetzung eines regionalsprachlich orientierten Föderalismus ermöglicht eine vollständig neue Form der sprachlichen und politischen Interaktion. In den durch die State Reorganisation neu geschaffenen Bundesstaaten wird die jeweilige Volkssprache – also Tamil, Bengali, Gujarati oder Malayalam, etc. – nunmehr zur verpflichtenden Schul-, Verwaltungs-, Geschäfts- und Parlamentssprache. Das hat einschneidende Konsequenzen: Die Masse der Inder, in ihrem Selbstverständnis die Massen der Bewohner der Gliedstaaten – der Tamilen, Bengalen, Gujraten oder Keralesen – sind nunmehr in der Lage, ihre politischen und ökonomischen Interessen mit Hilfe ihrer Muttersprache in Schulen, Amtsstuben und Parlament durchzusetzen. Das Diktum „all politics is local" macht Sinn und verschafft Macht. Demokratische Politik wird nun in allen Dörfern, Basaren und Regionen Indiens für die Masse der Bevölkerung nicht nur attraktiv, sondern unausweichlich, unterhaltsam und notwendig. Dies führt zu einem vollständigen Wechsel des politischen Personals und zu einer Umgewichtung der politischen Apparate. Dorf-, Kasten- und Regionalführer beeilen sich nunmehr, in die praktische Politik einzutreten. Angesichts des uneinholbaren Organisations- und Machtvorsprungs des Congress sind die regionalen Parteiapparate des Congress das Ziel ihres Interesses, die Objekte ihrer Wahl. Die regionalen Congress-Apparate verstärken damit ihre Reichweite, Mitgliederzahl und Bodenhaftung. Sie gewinnen neue Macht gegenüber dem bislang allmächtigen, anglophilen und anglophonen gesamtindischen Congress Working Committee. Die gesamtindische, auf Delhi konzentrierte Congress-Spitze ist nunmehr gezwungen, sich mit den oft des Englischen unkundigen Provinzbossen und Congress-Regionalapparaten zu arrangieren. Premierminister Nehru muss von nun an in immer stärkerem Maße als ein „Primus inter pares" seine Politik mit den großen Regionalfürsten aushandeln. Die Durchsetzung einer Volkssprachlichkeit wertet damit zugleich und entgegen dem Wortlaut der Verfassung den Stellenwert der Provinzen auf: Denn aus Angst vor Sezessionen und zentrifugalen Tendenzen hatte die Congress-Führung all jene kolonialen

Interventionsrechte in die Verfassung mit übernommen, mit deren Hilfe die Briten seit 1920 die Eigenmacht der Provinzen begrenzt hatten. Dank der neuen Attraktivität und Dynamik regionaler Politik entsteht nunmehr, entgegen der Erwartung der Verfassungsväter, ein kooperativer Föderalismus (Hardgrave 1975: 84-108).

Dabei können die Bundesstaaten im parteipolitischen und Congress-internen Machtspiel mehr durchsetzen als ihnen nach dem Wortlaut der Verfassung zusteht. Denn die Congress-Führung kann nicht mehr allein, also ohne die Unterstützung der eigenmächtigen Regionalorganisationen, regieren. Volkssprachlichkeit und eine genuine, „kooperative" Föderalisierung der Union verstärken sich mithin wechselseitig. Der Prozess der Demokratisierung wird aber auch von oben, von Seiten der Congress-Führung vorangetrieben. Um seine Vormachtstellung gegenüber neuen Parteien und um seine Macht gegenüber Gesellschaft und Staat zu stärken, initiierte die Congress-Führung Mobilisierungsinitiativen, so genannte Mobilisation Drives. Bei dieser konzertierten Mitgliederwerbung ging es darum, Mitglieder in einem ständig expandierenden Spektrum der Interessengruppen, Kasten, Sekten, Regionen und politischen Milieus zu gewinnen. Da der Congress indienweit, im Zentrum wie in den Regionen, über Macht und Patronageressourcen verfügt, ist es für die hierbei vorrangig angesprochenen regionalen, dörflichen und Kasteneliten attraktiv, in den Congress einzutreten. Die Mobilisation Drives beschleunigen damit die innerparteiliche Elitenzirkulation. Denn für den Aufstieg neuer Politiker innerhalb des Congress ist diese Mitgliederwerbung unabdingbar. Congress-Politiker auf niedrigen Rängen und Vertreter bislang unterrepräsentierter Regionen, Kasten und Schichten sichern sich durch diese Mitgliederrekrutierung jene innerparteilichen Wähler, die sie künftig in das Distrikt-, Provinz- und am Ende in das All India Congress-Komitee wählen werden. Die systematische, wenn auch oft dezentral vorangetriebene Rekrutierung neuer Congress-Mitglieder bewirkt damit ein Mehrfaches: Sie verwandelt den Congress nunmehr in einen Mikrokosmos der regionalen sprachlichen, sozialen und Kastenvielfalt Indiens; sie verstärkt die innere (Informations-)Transparenz und die soziale Durchlässigkeit des Congress. Die neuen Politiker, die innerhalb der Congress-Apparate aufsteigen, die Funktionäre, die nach oben gewählt werden, sie alle tragen mit ihrem Aufstieg auch neue Themen, Entwicklungsprojekte und Programmpunkte auf die gesamtindische Entscheidungsebene. Mobilisation Drives und innerparteiliche Wahlen versetzen deshalb den Congress in die Lage, in alle Sektoren und Winkel Indiens hineinzublicken. Er kann auf vielen Ebenen mit neuen Themen experimentieren. Der Congress kann deshalb potentiellen Rivalen ihre Mitglieder und Programmpunkte abjagen. Er kann den Staat, einen Entwicklungsstaat, nach dem Bilde seiner eigenen programmatischen und wahlpolitischen Interessen aufbauen. Bei diesem, einem „Hase und Igel" entsprechenden, Wettlauf zwischen Staat und Partei ist die Congress-Organisation immer schneller und weitreichender präsent als der bis vor kurzem noch auf die Distriktverwaltung und die Distriktzentren beschränkte koloniale Staat. In dem die allgegenwärtige Congress-Organisation die neuen Verwaltungs- und Entwicklungsinstitutionen des Staates nach ihren Idealen und mit ihren Mitgliedern aufbaut, sichert sie sich neue Patronageressourcen und politische Kontrollbereiche, die die Attraktivität dieser Partei weiterhin steigern. Staat, Partei und Ideologie werden deckungsgleich; sie werden, sind und bleiben zugleich demokratisch. Das demokratische Experiment kann mithin durchgesetzt und konsolidiert werden auf der Grundlage einer bislang neuen Struktur, dem Dominant One Party System (Manor 1988).

In dieser Struktur dominiert und prägt der Congress den neuen, auf Entwicklungsaufgaben verpflichteten Staat. Darüber hinaus prägt der Congress aber auch das parteipolitische Spektrum. Diesbezüglich bildet der Congress nicht nur den Mittelpunkt, vielmehr inkorporiert der Congress weite Teile des linken und rechten Meinungs- und Programmspektrums. Dank seiner Mobilisation Drives hat der Congress eine Vielzahl linker wie rechter Wählergruppen, Programmpunkte und Ideologien übernommen. Dank seiner Macht und Patronage hat er den rechten wie den linken Parteien jene Fraktionen, Mitglieder und Wähler weggenommen, die ihm am nächsten standen. Was übrig bleibt ist radikal oder muss sich radikalisieren – will es nicht ebenfalls im Congress verschwinden. Der gleiche Absorptions-, Marginalisierungs- und Radikalisierungsprozess lässt sich nicht nur auf dem ideologischen, er lässt sich auch auf dem religiösen und regionalen Parteienspektrum beobachten. Auch hier hält der Congress eine weit ausgreifende Mittelpunktstellung besetzt. Sein „Zentrismus" deckt links und rechts, national wie regionalistisch, hindu- wie muslimreligiös weite Teile des Meinungsspektrums ab. Der Congress hat die gemäßigten Hindu- wie Muslimwähler integriert und die extremen Hindu- und Muslimschichten, Orthodoxe und Fundamentalisten marginalisiert. Ein gleiches gilt für radikale und sezessionistische Regionalbewegungen ebenso wie für die Nationalisten und Zentralisten. Hier steht der Congress bis heute für eine diffuse nationale Einheit in der regionalen Vielfalt – Unity in diversity. Auf drei Parteiachsen – der Ideologie, der Religion und der nationalen Einheit – nimmt der Congress eine weit ausgreifende zentristische Mittelpunktstellung ein. Die Oppositionsgruppen sind damit auseinanderdividiert, radikalisiert und geschwächt. Das „Dominant One Party System bleibt damit auf Inkorporation, auf eine expansive Politik des Zentrismus angewiesen. Dank dieser ideologischen Unbestimmbarkeit, Unverbindlichkeit und Allgegenwart kann der Congress die verbliebenen Oppositionsgruppen so weit auseinanderdrängen, dass deren programmatische und ideologische Unterschiede unüberwindbar werden. Sie können sich zwar mit ihnen nahe stehenden Fraktionen im Congress, aber kaum mit ihren parteipolitischen Konkurrenten verbünden. Die indische Demokratie, gestützt auf ein Dominant One Party System, wird so deckungsgleich mit der Demokratie des Congress; die Wahlprogramme dieser Partei sind weitgehend identisch mit einem Programm des Nation- und State Building, welches den Congress rechtfertigt und stärkt. Aber dieses vom Congress initiierte und über die nächsten vier Jahrzehnte vorrangig genutzte Modell der Demokratisierung bleibt von Anfang an auf das Prinzip des Säkularismus angewiesen. Auch dieser Säkularismus hat, vergleichbar der Demokratie, eine spezifisch indische und dabei eine unübersehbar parteipolitische, eine Congress-Färbung angenommen.

2. Indiens Säkularismus

Der Buddha soll gesagt haben: So wie der Ozean von einem einzigen Geschmacke durchzogen ist, dem Geschmack des Salzes, so ist meine Lehre von einem einzigen Geschmack durchzogen, dem Geschmack der Erlösung. Etwas Ähnliches ließe sich über die indische Gesellschaft sagen. Denn auch sie ist in ihrer Gesamtheit, in ihren kleinsten Alltagsgesten und stärksten Institutionen von einem Grundmerkmal durchzogen, dem Merkmal, „dem Geschmack" der Religion. Angesichts dieser Allgegenwärtigkeit und Unvermeidbarkeit des Symbolismus, Ritualismus und Glaubens nimmt es nicht Wunder, dass diese Religion von sich aus keine gesonderte und spezifische Begrifflichkeit entwickelt hat. Der Begriff des „Dharma" ist ein vielseitiger und polyvalenter Begriff, der im gesellschaftspolitischen Kontext das Kastensystem, im Religiösen Götter und Weltordnung, und in der (Sozial)Ethik die gewaltige Masse von unterschiedlichen und oft widersprüchlichen Verhaltens- und Kastenvorschriften umschreibt. Es ist angesichts dieser Grenzenlosigkeit des Religiösen nicht verwunderlich, dass sich seit Beginn der britischen Kolonialzeit der Fremdbegriff des „Hinduismus" für diese Religions- und Lebensform eingebürgert hat. Das letzte Prinzip, „Brahma", der eigentliche Gott ist „ungeboren, formlos und ohne Grenzen" – ebenso wie diese Religion (siehe Brahmabindu-Upanishad bei Hillebrand et. al. 2005: 173).

Eine Religion, die so tief in den Alltag, den Gesellschaftsaufbau, die Tradition und die Politik hineinreicht, wird sich nicht ohne weiteres, vergleichbar einer organisierten, institutionalisierten Religion, „vom Staat trennen" und aus der gesellschaftlichen Öffentlichkeit verbannen lassen. Die Einführung und Vermittlung der westlichen Erfahrung und Konzeption des Säkularismus musste somit in Indien auf ganz besondere Schwierigkeiten treffen. Dennoch ist es der indischen Politikerelite, bezeichnenderweise überwiegend Brahmanen, gelungen, parallel zu einer Demokratisierung auch eine genuin indische Form des Säkularismus zu etablieren. Zweckrationale und wertrationale Überlegungen, kurzfristige wie langfristige Risikoabwägungen spielten dabei eine Rolle:

Zunächst handelte die Congress-Elite 1947 unter dem Druck eines drohenden religiösen Bürgerkriegs. Die von der Muslimliga erzwungene und von der Kolonialmacht am Ende konzedierte Teilung des Subkontinents, die Schaffung eines neuen muslimischen Kunststaates, „Pakistan", hatte Britisch Indien im Moment der Unabhängigkeit in die Katastrophe geführt: Das neue West- und Ostpakistan wurde in den Muslimmehrheitsprovinzen im Industal und in Ostbengalen errichtet. Die Erschaffung des Kunststaates in denjenigen Regionen, in denen die Muslime die Bevölkerungsmehrheit bilden, machte es zugleich notwendig, die beiden wichtigsten britischen Provinzen zu teilen: im Westen die Kornkammer und das zentrale Soldatenrekrutierungsgebiet der britischen Kolonialmacht, den Punjab, im Osten das übervölkerte, aber fruchtbare und im Umkreis von Kalkutta relativ hoch entwickelte Bengalen. Im Westen führte diese unvorhergesehene Teilung zur Katastrophe. Die Massaker zwischen den beiden Religionsgemeinschaften waren bereits zu Jahresbeginn 1947 außer Kontrolle geraten, da die scheidende Kolonialmacht die Kontrolle über ihre Militär- und Polizeistreitkräfte verloren hatte. Hindusoldaten waren nicht mehr bereit, auf Hinduplünderer zu schießen, Muslimpolizisten machten mit Muslimmobs bei Pogromen und Vergewaltigungen gemeinsame Sache. Am Tage der Unabhängigkeit und der Etablierung einer bis dahin geheim gehaltenen Grenze quer durch den Punjab geraten die Massaker und Vertreibungen endgültig außer Kontrolle. Insgesamt werden 12 Millionen Menschen, mehr als ein Drittel des Gesamtpunjabs, von West nach Ost oder von Ost nach West vertrieben. Auf diesen riesigen Flüchtlingstrecks, die in vielen Fällen 50.000 bis 70.000 Menschen umfassten und mehrere hundert Kilometer lang waren, finden insgesamt vermutlich eine Million Menschen den Tod (Hodson 1997 [1969]: 401-519).

Das unabhängige Indien steht nun vor einem unkontrollierbaren religiösen Bürgerkrieg. Quer durch Nordindien attackieren lokale Hindu- oder Muslimmobs die jeweils feindlichen Religionsgemeinschaften. Beide Gruppen verfügen über lokale Milizen und Schlägergruppen. Jawaharlal Nehru und die Congress-Führung sind nicht einmal in der Lage, die überwiegend muslimischen Bürger von Altdelhi angemessen vor Verfolgung zu schützen. In dieser Situation ist die Congress-Führung gezwungen, ein Ideal des Säkularismus und der Toleranz zu beschwören. Dazu wird sie auch immer wieder von dem moralischen Führer und Gewissen der Unabhängigkeit, Mahatma Gandhi, ermahnt. Der Congress hält mithin inmitten des Chaos an dem Gedanken des säkularen Indiens, der einen Nation der Inder, fest – gegen die Theorie der „zwei Nationen" der Muslime und Hindus A. M. Jinnahs und der Muslimliga (Jalal 1999).

Es ist die Drohung eines eskalierenden Bürgerkriegs, die den Congress dazu zwingt, an jenem Ideal festzuhalten, das von Anfang an diese Unabhängigkeitsbewegung prägte und das ihr die Massenmobilisierung ebenso wie eine moralische Autorität gesichert hatte. Jedoch hält der Congress, nachdem 1948 und 1949 die Pogromstimmung abklingt, nicht nur aus Überzeugung, sondern auch aus strategischen und taktischen Gründen an dieser Grundauffassung fest. Es sind vor allem wahlarithmetische und parteipolitische Kalküle, die den Congress nunmehr in die Richtung eines „ergebnisorientierten" Säkularismus drängen. Der Congress als nunmehr einzige entscheidende Kraft muss sich jetzt endgültig zur politischen Partei umwandeln, Wahlen gewinnen und deshalb das Selbstverständnis, die Interessen und Werte der unterschiedlichsten Wählerschichten ansprechen und mobilisieren.

Nach der Sezession Pakistans ist der Anteil der Hindus und der Hinduwähler innerhalb der Indischen Union auf 83 Prozent gestiegen, nicht mehr 24 Prozent, sondern nur noch 11 Prozent der Wähler sind Muslime, der Rest verteilt sich auf die auf den Punjab konzentrierte, ursprünglich hinduistische Sekte der Sikh, auf die Christen und die nichthinduistischen Stammesgemeinschaften. Angesichts dieser überwältigenden Vormachtstellung der Hindus erscheint es als einfach und verführerisch, diese Wählermassen unter ihrer Hinduidentität anzusprechen. Die Wahlerfahrungen seit den 1920er Jahren warnen den Congress jedoch davor, in diese parteipolitische Falle zu treten. Erfahrungen ebenso wie Überlegungen sprechen gegen den Versuch, Hindus als Hindus mobilisieren zu wollen. Zum einen hatten hindufundamentalistische, hinduorthodoxe und hindureformistische Bewegungen und Parteien genau dies seit den 1920er Jahren versucht. Wie sich rasch zeigte, waren die Wahlerfolge dieser Parteien aber auf den nordindischen, städtischen und mittelständischen Raum begrenzt geblieben. Keine der Parteien war über zwei bis drei Prozent der Wahlstimmen hinausgekommen. Die meisten dieser Hinduparteisplitter waren schließlich als Fraktionen und „Milieus" im Congress aufgegangen. 30-jährige praktische Erfahrungen hatten damit unter Beweis gestellt, was religionssoziologische Überlegungen bereits zuvor evident gemacht hatten: Der Hinduismus, „ungeboren, ungeformt, grenzenlos", ist in seiner gesellschaftlichen Praxis und damit in seiner politischen Form und Interessenartikulation nicht von einer homogenisierenden „großen Tradition", also dem Brahmanismus, dem Sanskrit und wenigen sakralen Texten, geprägt. Der praktizierte und identitätsstiftende Hinduismus ist ein Hinduismus der zahllosen kleinen Traditionen, der lokalen, der dörflichen und der jeweils kastenspezifischen Normen und Konventionen. Wahlarithmetisch bedeutet dies, dass sich Hindus als Hindus nicht organisieren lassen, denn der südindische Hindu hat mit einem südindischen Muslim mehr gemein als mit einem Hindugläubigen aus Nordindien, etwa einem Pandit aus Kaschmir. Die Congress-Führung verzichtet deshalb von Anfang an auf eine religiöse Mobilisierungsstrategie. Sie weiß, dass der Versuch, die Hindukarte auszuspielen, ihr nicht nur magere Wahlergebnisse einbringt, sie muss darüber hinaus fürchten, dass dieser Versuch die Masse der Hinduwähler zu fragmentieren beginnt: Für die Konsenskultur des Congress bedeutet dies, dass im Binnenraum der Parteiorganisation unnötige Konflikte ausbrechen können. Eine Strategie der Hindumobilisierung setzt voraus, dass der Congress den Hindu, den er als Wähler gewinnen will, zunächst definiert. Ein jeder dieser Definitionsversuche droht den Norden gegen den Süden, die Vishnu- gegen die Shiva-Anhänger und dutzenden von unterschiedlichen Sekten gegeneinander aufzubringen. Das Bekenntnis zur einen Nation der Inder macht auf der Ebene gesamtindischer Wahlkämpfe Sinn. An diesem Bekenntnis hat die Congress-Führung deshalb selbst während der links- und rechtspopulistischen Phasen Indira Gandhis immer und bis heute festgehalten. Aufgrund der Unvorhersehbarkeiten der Erbfolge innerhalb der Nehru-Dynastie war die Parteiführung sogar bereit, dieses Bekenntnis zum Säkularismus auf ungewöhnliche Weise unter Beweis zu stellen. Sie erhob die italienische, katholische Witwe des Nehru-Enkel Rajiv Gandhi nicht nur zur Parteiführerin, sondern zur Kandidatin für den Premierministerposten. Die Reaktion der überwältigenden Masse der ländlichen Hinduwähler war eindeutig. Endgültig zeigte sich, wie eine angesehene Journalistin schrieb: „Sonja Gandhi ist Indiens liebste Schwiegertochter" (The Guardian 14.05.2004).

Seit Beginn der allgemeinen indischen Wahlen 1952 richtet der Congress mithin seine Programmversprechen und Wahlreden auf „den Inder", also den „Common Man", und auf dessen Entwicklungsbedürfnisse – Schulen, Straßen, Elektrifizierung, Arbeitsplätze – aus. Dies hat einzelne Fraktionen im Congress und insbesondere die mächtigen Regionalapparate nie daran gehindert, in jeweils unterschiedlichen religiösen und kulturellen Kontexten zu versuchen, die religiöse Karte zu spielen. Vor allem in Nordindien, etwa in Rajasthan oder in Gujarat, war der Congress versucht, den hier stärker verwurzelten hinduorthodoxen oder hindufundamentalistischen Parteien Wähler abzujagen. Aber alle diese Versuche wurden unterhalb des Wahrnehmungshorizontes der gesamtindischen Führung durchgeführt und sie fanden bis heute nicht die offizielle Duldung der Parteispitze (Rösel 1994).

Wenn sich der Congress aus durchaus eigennützigen Überlegungen auf eine Strategie der „säkularen" Wählermobilisierung verpflichtet, dann muss er aber auch genau bestimmen, welche einzelnen Wählergruppen er in diesem Falle mobilisieren möchte. Die Antwort auf den Verzicht einer Mobilisierung der Hinduwähler war die Entdeckung und Kultivierung einer so genannten „Wählerkoalition der Minderheiten". Die Selbstverpflichtung auf den Säkularismus machte es möglich und notwendig, eine von der britischen Kolonialmacht eingeführte Schutzklausel von Anfang an aufzuheben und dadurch die Muslime, Christen und die meisten Sikhs zu „Zwangswählern" des Congress zu machen. Die Kolonialmacht hatte seit der Einführung begrenzter Wahlen die jeweiligen religiösen Minderheiten, also überwiegend die Muslime, manchmal (in Muslimmehrheitsgebieten) die Hindus sowie die Christen und Sikhs in so genannten „getrennten Wählerschaften", in Separate Electorates, erfasst. Die jeweiligen religiösen Minderheiten wurden als eigene Wählerschaften organisiert. Sie wählten eigene Listen, auf denen die (dieser Religion zugehörigen) Kandidaten aller an der Wahl beteiligten Parteien aufgeführt waren. In den jeweiligen Parlamenten war dann der jeweiligen Minderheit eine Anzahl von Sitzen reserviert, die ihrem Bevölkerungsanteil entsprach. Dieses Arrangement stellt nicht nur die angemessene politische Repräsentation der Minderheiten sicher, nach Aussage seiner säkularen Kritiker führt es zugleich zu einer parteipolitischen Apartheid. Die Kritik war berechtigt, denn nur mit Hilfe dieses Arrangements hatten die britischen Kolonialbeamten seit 1909 systematisch die Muslimliga zu einem ernstzunehmenden Gegner der Congress-Bewegung aufgebaut. Im Rahmen der nun notwendigen Verfassungsarbeit konnte der Congress deshalb dieses so verhängnisvolle Interventionsinstrument der Kolonialmacht endlich mit gutem, säkularem Wissen streichen. Die Aufhebung dieser Repräsentationsgarantie brachte dem Congress zugleich enorme Vorteile. Nach der Teilung bildeten die auf 11 Prozent der Wählerschaft gesunkenen Muslime in Indien eine weithin verstreute Minderheit. In keiner Provinz – mit Ausnahme Kaschmirs – und lediglich in zwei Wahldistrikten hatten Muslime die Mehrheit. Unter den Bedingungen des überall gültigen, britischen Mehrheitswahlrechts bedeutete dies, dass die Muslimliga jetzt indienweit kollabieren musste. Wollten die Muslimwähler sich nach dem Fall der Schutzklausel weiterhin eine angemessene Form der politischen Vertretung sichern, so blieb ihnen kaum mehr übrig als sich dem mächtigsten Schutzherren, dem Congress, zuzuwenden. Der auf einen Säkularismus verpflichtete Congress war zu einem Handel gerne bereit: Von Anfang an und bis heute sicherte er den Muslimen eine, ihrem Bevölkerungsanteil entsprechende Repräsentation auf seinen Kandidatenlisten, in den Parlamenten, in seinen Regierungskabinetten und in der staatlichen Verwaltung. Im Gegenzug konnte und kann er damit rechnen, dass er die Masse der Muslimwählerstimmen erhält (Brass 1990).

Seine säkulare Grundüberzeugung und eine am Säkularismus geprägte Verfassung hatten es dem Congress verboten, religiösen Minderheiten politische Schutzklauseln, Garantien oder Beschäftigungsquoten einzuräumen. In einem ganz anderen Bereich, im Bereich der sozioökonomischen Diskriminierung, sah die Congress-Führung keine Schwierigkeit, marginalisierten und unterentwickelten Gruppen solche Schutzmechanismen und -quoten zuzugestehen. Hier war

„positive Diskriminierung" möglich. Bereits die britische Kolonialmacht hatte den Unberührbaren und Stammesgemeinschaften (18 Prozent und 9 Prozent der Bevölkerung) mit Hilfe von getrennten Wählerschaften eine angemessene politische Repräsentation verschafft. Der Congress geht von Anfang an einen Schritt weiter. Er konzediert den Unberührbaren und Stammesgemeinschaften keine getrennten Wählerschaften, dafür aber Parlamentssitze, Reserved Seats, auf die nur Kandidaten der Unberührbaren oder der Stammesgemeinschaften gewählt werden dürfen. Damit sichert er den beiden Gruppen eine ihrem Bevölkerungsanteil entsprechende politische Repräsentation zu. Ebenfalls dem Bevölkerungsanteil beider Gruppen entsprechend richtet der Congress Studien- und Arbeitsplätze in Schulen, Universitäten, der Staatsverwaltung und den aufblühenden Staatsindustrien ein. Diese Einrichtung von reservierten Sitzen, Studien- und Beschäftigungsquoten ist politisch motiviert, sie ist ein indienweit verfügbares Patronageangebot. Von Anfang an sichert sich der Congress damit die Masse der Stimmen dieser beiden Wählerminderheiten (Shah 1994).

Seit 1952 muss der Congress seine Macht gegen wenige, schwache und uneinige Oppositionsparteien ausbauen. Seine seit 1947 im Rahmen der Verfassungsarbeit vorbereitete „Wählerminderheitenkoalition" sichert ihm dabei bereits mehr als ein Drittel der abgegebenen Stimmen: 11 Prozent Muslime, 18 Prozent Unberührbare, 9 Prozent Stammesgemeinschaften. Selbstverständlich kann der Congress damit rechnen, dass er darüber hinaus auch Stimmen der höheren Kasten, insbesondere der Brahmanenkaste, aber auch Stimmen von Seiten der großen dominanten Bauernkasten erhält. Im Rahmen eines Mehrheitswahlrechtes und einer unbedeutenden und zersplitterten Opposition verfügt er über einen Stimmensockel von rund 40 Prozent. Da Koalitionen zwischen den radikalisierten Oppositionsparteien fast unmöglich sind, sichert ihm dieser Stimmensockel dank dem Mehrheitswahlrecht parlamentarische Mehrheiten von 60 bis 70 Prozent. Die „Minderheitenkoalition" sichert dem Congress in den Gliedstaaten ebenso wie im Zentrum einen uneinholbaren politischen Machtvorsprung. Der Congress ist damit „The Sole Spokesman" und der vorrangige Nutznießer der „einen Nation", also der Konzeption von der einen und säkularen indischen Gemeinschaft. Säkularismus zahlt sich aus – für den Congress (Manor 1992).

Der Congress-Säkularismus ist aber nicht nur ein wahlarithmetisches Erfolgskalkül. Der in der Verfassung niedergelegte Säkularismus hat auch für das Rechtssystem und die Organisation religiöser Institutionen weit reichende Konsequenzen.

Die britische Kolonialmacht war bereits auf einen wohldurchdachten und zugleich sparsamen Säkularismus gegründet. Oberstes Gebot dieses anfänglichen Handelskolonialismus war es stets gewesen, fremde Religionen, also die überwältigenden Mehrheiten fremdgläubiger Untertanen, nicht gegen die Kolonialmacht aufzubringen. Der Kaufmannssäkularismus begründete damit von Anfang an eine Norm der Nichteinmischung. Vor allem in dem multireligiösen und multiethnischen Indien diente diese Doktrin dazu, eine politisch abgewogene Distanz und Balance zwischen den unterschiedlichen Religionsgemeinschaften aufrecht zu erhalten. Dies war ein Säkularismus der Äquidistanz, des Aushandelns ritueller Sonderrechte und des Eingrenzens unterschiedlicher religiöser Erwartungen. Der Säkularismus ging einher mit dem kultivierten Übersehen barbarischer Rückständigkeit oder grausamer Menschenrechtsverletzungen. Diese Politik hatte der Kolonialmacht die Kontrolle über den Subkontinent möglich gemacht. Sie hatte nie vergessen, dass der große Aufstand 1856, dieses verhängnisvolle Zusammengehen der beiden großen Religionen, einiger Hindu- und Muslimfürsten und der eigenen Hindusoldaten und Muslimkrieger durch einen christlichen, missionarischen und utilitaristischen Reformeifer ausgelöst worden war. Ein solcher moralischer Interventionismus in die exotischen Angelegenheiten Indiens wurde künftig geächtet. Dieser Säkularismus eines „laisser faire, laisser aller" schloss allerdings begrenzte Einmischungen nicht aus. Solche Einmischungen mussten allerdings von Hindus oder Muslims im Namen der indischen Tradition eingefordert werden. Während der Jahrhunderte der Hinduregionalreiche waren die Hinduherrscher die selbstverständlichen Bauherren, Schutzherren, Verwalter, Nutznießer und Schiedsrichter der großen hinduistischen Tempelzentren, Höhlenkloster und Wallfahrtsstätten gewesen. Die Muslimherrscher, die seit dem 13. Jahrhundert weite Teile Indiens beherrscht hatten, hatten diese Rolle gegenüber den Muslimen übernommen. Als Glaubens- und Schutzherren hatten sie für den Bau, den ordentlichen Betrieb und die Reparatur der großen Moscheen und (Sufi-)Grabesanlagen, der Darghas, gesorgt. Erst war die East India Company, dann die British Raj in die Fußstapfen dieser einheimischen Vorgänger getreten. Um in England und in der britischen Presse nicht allzu offen als Handlanger eines barbarischen Götzendienstes dazustehen, war bereits die East India Company dazu übergegangen, zwischen sich und den Tempeln staatlich nominierte Kontroll- und Stiftungsgremien aufzubauen. Quasi staatliche Aufsichtsgremien waren entstanden, in denen hochrangige und oft pensionierte brahmanische und muslimische Kolonialbeamte dominierten. Ihnen zur Seite standen weitere angesehene Native Gentlemen. Diese Endowment Commissions waren für die Überprüfung der Buchhaltung und die Kontrolle der oft gewaltigen Einnahmen, Ausgaben und Investitionen der Tempelstädte, Moscheen und Wallfahrtszentren zuständig. Der Congress-Säkularismus verbietet es nicht, diese Aufsichts- und Koordinationsaufgaben zu übernehmen. Congress-Politiker auf allen Ebenen, insbesondere in den Regionen, treten mit großem Enthusiasmus in diese Aufgaben und Funktionsbereiche ein. Was der britischen Kolonialmacht eher Anlass zu fortdauernder Angst vor lokalen Religionskonflikten oder missionarischer Kritik in den Zeitungen der City war, das gilt in den Augen der aktiven Con-gress-Politiker als eine notwendige Unterstützung ihrer Wahlkämpfe und Karrieren. Der säkulare indische Staat, also die Congress-Herrschaft, übernimmt damit von Anfang an die Verwaltung, Kontrolle und auch die propagandistische Nutzung der großen hinduistischen und muslimischen Sakralanlagen. Politiker aller Couleur nutzen diese Verwaltungsgremien ebenso wie die Bühne der Tempel und Moscheen für philanthropische, rhetorische, kulturelle und religiöse Inszenierungen und Wahlkampfpräsentationen.

Aber auch in einem anderen entscheidenden gesellschaftspolitischen Bereich ist der Congress zu einer Stellungnahme und zur Intervention verpflichtet: Die britische Kolonialmacht hatte mit weniger als 2.000 weißen Elitebeamten einen Subkontinent mit mehr als 150 Millionen Einwohnern administriert. Da der Subkontinent nicht mit dem Einsatz von Gewaltmitteln, sondern nur mit Hilfe eines enormen Wissens- und Verwaltungsvorsprungs erfasst und kontrolliert werden konnte, hatte sich das britische Herrschaftssystem von Anfang an auf zwei miteinander verknüpfte Mechanismen gestützt. Indien war in 250 Distrikte aufgeteilt worden. Dabei hatte sich die Kolonialherrschaft darauf beschränkt, ihre direkte Erfassung bis auf die Ebene des Distrikts, das heißt bis zur zentral gelegenen District Cutchery, voranzutreiben. Dieses auf Distriktkontrolle gestützte Verwaltungs-, Kontroll- und Informationssystem hatte politische und soziale Stabilität nicht durch den Einsatz von Truppen und Gewalt, sondern durch den systematischen Ausbau eines kolonialen Rechtssystems geschaffen. Distriktverwaltung und Rechtsausbau stützten sich wechselseitig. Beide bildeten die entscheidenden, von einheimischen Fachkräften getragenen und deshalb gewaltfreien und kostengünstigen Grundlagen der British Raj. Angesichts der enormen potentiellen sozialen und rituellen Konflikte, der unübersehbaren religiösen, rituellen und sozialen Heterogenität des Landes und im Wissen um die eigene militärische und quantitative Schwäche gegenüber den Bauernmassen Indiens hatte sich die Kolonialmacht dabei von Anfang an zu einer vorsichtigen Rechtspolitik entschieden. Um sich ein wissenschaftlich und moralisch begründbares Interventionsrecht und einen rechtspolitischen Hegemonialanspruch zu sichern, begann die Kolonialmacht, die Rechtsvorschriften der Hindus und der Muslime zu sammeln, zu übersetzen und zu systematisieren. Dabei handelte es sich nicht um die klassischen „kanonischen" Texte, um die Hindu-Dharmashastra oder die Rechtstexte der Sharia, die in den Dörfern Indiens irrelevant waren; vielmehr handelte es sich hierbei um das tatsächlich in den Regionen Indiens tradierte und praktizierte, für die Regionen, Kastenstämme und Dörfer gültige Recht. Diese Sammlungen ließ die Kolonialmacht anschließend von allgemein anerkannten und von ihr approbierten, brahmanischen und islamischen Rechtsgelehrten zu gültigen Gesamtkompendien zusammenfassen. Unabhängig von dieser Konzession an die einheimische Rechtstradition – in Wirklichkeit der Schaffung eines pseudotraditionalen Rechtskanons – setzte die Kolonialmacht das britische, säkulare Recht in ihren Gerichtshöfen verbindlich durch. Die einheimischen Kläger und Beklagten hatten fortan das Recht, bei zivilrechtlichen Klagen, die Geburt, Eheschließung, Scheidung und Erbschaft betrafen, zwischen ihrem religiösen und dem neuen kolonialen Recht wählen zu dürfen (Bayly 1999: 187-305).

Diese Tradition des Rechtspluralismus setzt der Congress von Anfang an fort. Dabei handelt er sich Kritik von Seiten der Hindunationalisten ein. Diese werfen ihm vor, er verletze den Säkularismus, um Muslimen, einer für ihn wahlentscheidenden Minderheit, Sonderrechte, eine Sharia-Gerichtsbarkeit, zuzugestehen. Die Kritik ist insofern unberechtigt als Hindus über die gleiche zivilrechtliche Wahl verfügen und das Muslim Family Law nicht identisch mit der klassischen Sharia ist. Insgesamt aber hat sich diese Konzession des kolonialen und inzwischen postkolonialen Rechtssystems ausgezahlt. Mit Hilfe der Aufrechterhaltung eines Muslim Family Law ist es gelungen, die in religiösen Fragen empfindliche und agitationsbereite Muslimgemeinschaft im neuen, säkularen Staatswesen zu integrieren. In wiederum anderen rechtspolitischen Bereichen zeigt sich der Congress- und Staatssäkularismus darüber hinaus als reformorientiert und militant. Bereits Gandhi hatte den Ton gesetzt als er den Hinduglauben, das Hindu Dharma, als großartig und universal, sein Sozialsystem allerdings als rückständig, aber auch reformfähig charakterisierte. Für die Congress-Führung und insbesondere für Nehru gilt es deshalb, mit rechtspolitischen Mitteln das Kastensystem zu reformieren und die ihm innewohnenden Mechanismen der Diskriminierung zu verbieten. Damit war der Weg frei für immer wieder neue Gesetze, die die öffentlichen Institutionen und dabei vor allem die Hindutempelanlagen für Unberührbare öffnen sollten. Die für die Masse der Hindus selbstverständlichen demokratischen Freiheiten der Versammlung, der Rede und des Zutritts zu allen öffentlichen Plätzen, Gebäuden und Versorgungssystemen musste für diese entrechtete Gruppe noch einmal in besonderen Zugangsgesetzen bekräftigt werden. Die Durchsetzung dieser Reformgesetze hängt allerdings bis heute von dem Grad der Demokratisierung, der Organisationsstärke der unberührbaren Wähler, der regionalen Parteien- und Machtbalance und nicht zuletzt vom Gewaltklima in den 600.000 Dörfern Indiens ab. Für die Masse der Unberührbaren Indiens haben diese Reformgesetze bislang wenig bewirkt (Shah 1994).

Der vom Congress seit 1947 bekräftigte, in die Verfassung eingeschriebene und zur Mobilisierung einer Minderheitenkoalition genutzte Säkularismus ist damit ein vielschichtiges Phänomen, das von der Masse der indischen Bauern und Wähler bislang kaum als ein einheitliches Prinzip oder als eine fremde, aus

Europa importierte Wert- und Rechtsvorstellung wahrgenommen wurde. Bei der Verwaltung, Kontrolle und Instrumentalisierung religiöser Institutionen folgt der indische Staat den einheimischen traditionellen Vorbildern; Hindus und Muslimen gestattet der Staat wahlweise ein religiöses Zivilrecht. Mit Reformen und einer Politik der positiven Diskriminierung versucht der Staat, die Stellung und die Rechte der Unberührbaren zu stärken. Diese Versuche stoßen allerdings auf Kritik und militanten Widerstand. Insgesamt wird dieser Säkularismus mithin als ein Bestandteil traditioneller und damit genuin indischer Politik, Rechtssprechung und Religionsorganisation wahrgenommen. Einer solchen Einschätzung des Säkularismus als einem jahrtausende alten Bestandteil indischer Tradition arbeitet auch die Interpretation und Darstellung des Congress seit 1947 entgegen.

In Europa, insbesondere im Heiligen Römischen Reich deutscher Nation, war der Säkularismus als Resultat eines jahrhundertelangen und oft blutigen Kampfes von Staatsmännern ausgefochten und von Diplomaten und Juristen ausgehandelt worden. Der Säkularismus wurde hier Bestandteil von Verfassung, Abstimmungs-, Sitz- und Geschäftsordnungen. Säkularismus konnte definiert, beschrieben, eindeutig operationalisiert und überprüft werden. Ein solcher juristischer und rechenhafter Säkularismus ließ sich nicht ohne weiteres in die indische Lebenswirklichkeit übertragen; der Congress wollte auch gar nicht erst versuchen, einen solchen Säkularismus als genuinen Bestandteil indischer Tradition auszuweisen. Stattdessen bemüht sich die Congress-Führung um eine ganz andere Begründungsstrategie: Nach Auffassung Nehrus hat Indien frühzeitig, lange vor der Geburt des Buddha, eine herausragende und im Kern universalistische Philosophie und Zivilisation, diejenige des Hinduismus, hervorgebracht. Der Buddhismus konnte später grundlegende Merkmale dieser Tradition und Zivilisation nach Zentralasien und Hinterindien übertragen. Über die Seidenstraße haben diese Kultur- und Traditionselemente am Ende China und den Fernen Osten erreicht. Ein größeres Indien, ein Greater India, war entstanden, das von der grundlegenden brahmanisch-hinduistischen Tradition mitgeprägt wurde. Grundlegend für diese indische Denk- und Lebensweise war eine Praxis der religiösen Toleranz. Wo der Gott „ungeboren, ungeformt und grenzenlos" ist, können keine Dogmen, Glaubenskontroversen und religiösen Verfolgungen einsetzen. Die brahmanische Philosophie ebenso wie die ausschließlich ethische, auf jeglichen Gottesbegriff verzichtende Erlösungslehre des Buddhismus waren seit jeher auf eine umfassende Toleranzlehre angewiesen. Vor dem westlichen Säkularismus steht aber die Fähigkeit zur philosophischen und religiösen Toleranz. Mit dieser Lehre und Doktrin der Toleranz hat Indien – so Nehru – die partikulare und im Kern antagonistische westliche Erfahrung des Säkularismus vorweg genommen. Säkularismus als religiöse Toleranz ist seit jeher der indischen Erkenntnis-, Lebens- und Glaubensordnung grundsätzlich eingeschrieben gewesen und damit eine ureigenste Schöpfung Indiens. Nach der Dekolonialisierung und seiner politischen Wiedergeburt ist Indien verpflichtet, diesen Toleranzgedanken weltweit, in den internationalen Gremien, im Prozess der Entstehung der Dritten Welt und in seiner eigenen Außenpolitik zum Ausdruck zu bringen. Der Hinduismus ruht aber nicht nur auf einer Tradition der religiösen Toleranz, er stützt sich auch auf ein inzwischen menschenunwürdiges und anachronistisches Kastensystem. Diese Kastenordnung kann und soll als Bestandteil indischer Tradition nicht abgeschafft, aber grundlegend reformiert werden. Nehru „kulturalisiert" den Hinduismus zur Zivilisation, zu einer Zivilisation der Toleranz. Gleichzeitig kritisiert er den Hinduismus als reformbedürftige und reformfähige Sozialordnung. Mit Hilfe dieser interpretativen Zangenbewegung kann er den Säkularismus im Kern der indischen Tradition ansiedeln und zugleich einer westlichen, aus dem Geiste der Menschenrechte und des Universalismus gespeisten Kritik am Hinduismus ausweichen. Dieser Balanceakt der Reinterpretation verschafft dem Congress einen doppelten Vorteil: Hindus lernen bis heute, den Säkularismus als Teil einer genuinen indischen Tradition zu akzeptieren, zugleich wird ein archaisches Sozialsystem, die Kastenordnung, Gegenstand einer innerindischen Reformstrategie, einer Politik der positiven Diskriminierung, mit deren Hilfe der Congress seine Vormachtstellung ausbaut (Manor 1994: 115-137).

Diese Strategie der Retraditionalisierung des Säkularismus und der Reform des Kastensystems erleichtert dem Congress zugleich die Gestaltung einer neuen Staatssymbolik. Der unabhängige Staat muss 1947 neue Symbole und Darstellungsformen für seine Unabhängigkeit und politische Eigenständigkeit entwerfen. Zum allgemeinen Erstaunen greift Premierminister Nehru auf eine für die Masse der Inder bedeutungslose, weil ausgestorbene Religion und Philosophie zurück, den Buddhismus. Zugleich knüpft er an eine historische Epoche an, die erst dank der Ausgrabungstätigkeit britischer Archäologen überhaupt wieder ins Bewusstsein gerückt wurde, an die gesamtindische Herrschaft des zum Buddhismus übergetretenen Imperators Ashoka (circa 200 v. Chr.). Dieses Bekenntnis zu einer verschwundenen Erlösungsphilosophie und einer vergessenen Herrschergestalt gestattet es Nehru, ein Toleranzideal zu etablieren, welches Hindus wie Muslimen gleichermaßen unparteiisch, irrelevant und deshalb konsensfähig erscheint. Seit den 1920er Jahren hatte die Congress-Bewegung eine aus einem je grünen, weißen und orangenen Farbstreifen bestehende Fahne zum Zeichen des Unabhängigkeitskampfes erhoben. In dieser Trikolore stand nicht umstandslos grün für die Muslime, weiß für die Christen und safrangelb für die Hindus. Stattdessen standen die drei Farben für Glaube, Reinheit und Erlösung. In das Zentrum der Fahne, in das weiße Mittelfeld, war ein Rad, das Spinnrad Gandhis, eingezeichnet worden. Es erinnerte an die Bemühungen Gandhis um eine wirtschaftliche Autarkie als Voraussetzung für die politische Selbständigkeit und

Unabhängigkeit. Diese Fahne wird nach der Unabhängigkeit zur Staatsfahne erhoben, das Rad wird leicht umgeändert und gilt nunmehr als „Dharmachakra", als „Rad der (buddhistischen) Lehre". Aber auch auf den Geldscheinen des unabhängigen Staates erscheinen nunmehr buddhistische Symbole. Die Rupienscheine tragen eine Abbildung der so genannten Löwenkapitelle des Imperators Ashoka. Dieser zum Buddhismus übergetretene Herrscher hatte in ganz Indien Säulen und Felsinschriften errichten und anbringen lassen, in denen er seinen Übertritt zum Buddhismus, seinen Glauben an die Gewaltlosigkeit und sein Bekenntnis zur Toleranz proklamierte. Selbstverständlich ist auch auf diesen Löwenkapitellen ein Rad der Lehre zu erkennen. Nehru selbst stilisiert sich in den Jahren seiner Premierministerherrschaft zusehends als Philosophenkönig: Er steht über den Religionen und Parteien, ermahnt zur Toleranz und geht mit Geduld und Gleichmut auf die Forderungen der Congress-Regionalfürsten ein. Die Nationalhymne des neuen Staates ist das „Bande Mataram" des bengalischen Dichters Rabindranath Tagore. Hier wird das Gewicht nicht auf die säkulare Einheit, auf das nationale Zentrum, sondern auf die regionale Vielfalt gelegt. Die Hymne besingt „Mutter Indien": „Der du die Herzen der Völker durchwaltest und unsres Landes Schicksal gestaltest, Punjab und Orissa, das Land der Gujraten, Bengalen, der Süden, das Reich der Marathen, Himalaya, Vindhya, die heiligen Quellen von Jamna und Ganga, des Ozeans Wellen Erwachen bei deinem Namen, dem hehren, nach deiner Gnade sie flehend begehren ..." (vgl. Reclam: 55).

Eine Staatssymbolik ist damit entstanden, die die beiden Grundpfeiler indischer Demokratie miteinander versöhnt. Dabei stehen der Säkularismus für die theoretische Grundlage dieser Demokratie und der Föderalismus für die Praxis des anlaufenden Demokratisierungsprozesses. Beides allerdings, die Umsetzung praktischer demokratischer Politik in einem föderalen System und die Durchsetzung, Retraditionalisierung und parteipolitische Nutzung des Säkularismus, sind das Werk des Congress und des von ihm geschaffenen und bis heute genutzten Herrschaftsmodells – des Dominant One Party System. Nicht nur das Herrschaftsarrangement der Demokratie, sondern auch eine ursprünglich in Europa entstandene Ausgangs- und Rahmenbedingung, der Säkularismus, erweisen sich damit als weithin übertragbar. In der Indischen Union ist ein Säkularismus konsolidiert worden, von dem inzwischen die Bürger Indiens mit guten Argumenten behaupten können, er sei zuerst in Indien entstanden – als religiöse Toleranz und damit als primordialer Bestandteil einer jahrtausende alten Hindutradition.

Literatur

Bayly, Susan (1999): Cast, Society and Politics in India from the Eighteenth Century to the Modern Age. Cambridge.
Brass, Paul R. (1990): The New Cambridge History of India. The Politics of India since Independence. Cambridge.
Hardgrave, Robert L., Jr. (1975): India. Government and Politics in a Developing Nation. 2. Aufl., New York/Chicago/San Francisco/Atlanta.
Hillebrand, Alfred et al. (2005): Der Hinduismus. Paderborn.
Hodson, Harry V. (1997 [1969]): The Great Divide. Britain-India-Pakistan, Karachi.
Jaffrelot, Christophe (2005): Inde: la démocratie par la caste. Histoire d'une mutation socio-politique 1885-2005. London.
Jalal, Ayesha (1999): The Sole Spokesman. Jinnah, the Muslim League and the Demand for Pakistan. Lahore.
Manor, James (1988): Parties and the party system. In: Atul Kohli (Hrsg.), Indian democracy, Princeton. 62-98.
Manor, James (1992): The state of governance. In: Subroto Roy/William E. James (Hrsg.), Foundation of India's political economy. New Delhi, 37-59.
Manor, James (1994): The Prime Minister and the President. In: Ders. (Hrsg.), Nehru to the Nineties. The Changing Office of Prime Minister in India. London, 115-137.
Morris-Jones, Wyndraeth H. (1967): The Government and Politics of India. New York.
Reclam, Philipp Jun. (1988): Nationalhymnen. Texte und Melodien. Stuttgart.
Rösel, Jakob (1994): Indien – Die demokratischen Erfahrungen eines Subkontinents. In: Heinrich Oberreuter/Heribert Weiland (Hrsg.), Demokratie und Partizipation in Entwicklungsländern. Paderborn/München/Wien/Zürich, 67-80.
Rösel, Jakob/Gottschlich, Pierre (2008): Indien im neuen Jahrhundert. Demokratischer Wandel, ökonomischer Aufstieg, außenpolitische Chancen. Baden-Baden.
Shah, Ghanshyam (1994): The Prime Minister and the ‚Weaker Sections of Society'. In: James Manor (Hrsg.), Nehru to the Nineties. The Changing Office of Prime Minister in India, London. 230-255.
Thakur, Ramesh (1995): The Government and Politics of India. London.
The Guardian 14.05.2004.

Autorenverzeichnis

Detlef David Bauszus, geb. 1962, Dipl.Soz., Mitarbeiter des Instituts für Religionspolitologie e.V. in Duisburg und Lehrbeauftragter für Politische Wissenschaft an der Universität Duisburg-Essen.

Hans-Michael Haußig, geb. 1960, Dr. phil., Wissenschaftlicher Mitarbeiter am Institut für Religionswissenschaft, am Institut für Jüdische Studien sowie im Kollegium Lebensgestaltung – Ethik – Religionskunde (LER) der Universität Potsdam.

Mathias Hildebrandt, geb. 1962, PD Dr. phil. habil., Wissenschaftlicher Oberassistent am Institut für Politische Wissenschaft an der Universität Erlangen-Nürnberg.

Henning Klöter, geb. 1969, Dr. phil., Assistant Professor am Graduate Institute of International Sinology Studies der National Taiwan Normal University.

Antonius Liedhegener, geb. 1963, Prof. Dr. phil. habil., Assistenzprofessor für Politik und Religion am Zentrum für Religion, Wirtschaft und Politik (ZRWP) an der Universität Luzern.

Matthias Morgenstern, geb. 1961, Dr. phil., Wissenschaftlicher Mitarbeiter am Forschungsprojekt „Kirche und Staat in Mittel- und Osteuropa" am Bukowina-Institut an der Universität Augsburg.

Jakob Rösel, geb. 1948, Prof. Dr. phil. habil., Lehrstuhl für Internationale Politik und Entwicklungszusammenarbeit an der Universität Rostock.

Christoph Seibert, geb. 1971, Dr. theol., Wissenschaftlicher Assistent am Institut für Ethik an der evangelischen theologischen Fakultät der Universität Tübingen.

Shingo Shimada, geb. 1957, Prof. Dr. phil., Lehrstuhl für Modernes Japan II an der Heinrich-Heine-Universität Düsseldorf.

Werner Suppanz, geb. 1961, Dr. phil., Dr. iur., Wissenschaftlicher Mitarbeiter am Institut für Geschichte/Abteilung Zeitgeschichte der Universität Graz.

Ines-Jacqueline Werkner, geb. 1965, Dr. rer. pol. habil., Professorin am European University Center for Peace Studies in Stadtschlainig/Österreich.

MIX
Papier aus verantwortungsvollen Quellen
Paper from responsible sources
FSC® C105338

If you have any concerns about our products,
you can contact us on
ProductSafety@springernature.com

In case Publisher is established outside the EU,
the EU authorized representative is:
Springer Nature Customer Service Center GmbH
Europaplatz 3, 69115 Heidelberg, Germany

Printed by Libri Plureos GmbH
in Hamburg, Germany